Kristina Brenner

Nimm meine Hand

Sehnsucht und Verzicht

Memoirenroman

Das Buch

Es sind ein Schicksalsschlag und eine sich daraus ergebende glückliche Fügung, die beim vorliegenden Roman Pate stehen: Im Oktober 2017 geht eine umfangreiche Übersee-Fracht bei der Autorin ein. Es sind die Tagebücher ihrer im Februar in den USA verstorbenen Großtante.

Mit Feuereifer studiert Kristina Brenner in den folgenden Monaten alle 58 Tagebuch-Journale und taucht dabei tief in das Leben ihrer geliebten Tante Wiebke ein. Der erste Band aus dem Jahr 1933 ist noch in Sütterlin verfasst und beschreibt Alltagssituationen einer Jugendlichen. Mit den weiteren Tagebüchern und dem zunehmenden Lebensernst jedoch nehmen Wiebkes Beobachtungsschärfe und Reflexion rapide zu. Bis ins hohe Alter notiert sie täglich ihre Erlebnisse und Gedanken, jedoch ohne die Absicht einer späteren Veröffentlichung. Die daraus resultierenden authentischen Lebenseinblicke sind sowohl menschlich als auch historisch ein wahrer Glücksfall.

Für die engste Familie entsteht zunächst eine rein biographische Zusammenstellung der Tagebuch-Erlebnisse, die für den amerikanischen Ehemann sogar ins Englische übersetzt werden. Um Wiebkes außergewöhnliche Lebensgeschichte, dem Wunsch des Witwers entsprechend, jedoch auch einem größeren Publikum zugängig zu machen, wird eine kreative Bearbeitung des biographischen Materials im Sinne eines Memoirenromans notwendig.

Aufgrund der Ereignisfülle von insgesamt 99 Jahren persönlich miterlebter Weltgeschichte erscheint der Roman „Nimm meine Hand“ in mehreren Bänden. Der vorliegende erste Teil widmet sich der Zeit bis Juli 1945 und ist von dem Leitmotiv „Sehnsucht und Verzicht“ geprägt. Er ist ein mutmachendes Plädoyer für den lebensbejahenden Umgang mit Krisen aller Art.

Die Autorin

Kristina Brenner, Jahrgang 1972, zeigt schon als Kind eine besondere Liebe zur Sprache. Doch erst als Mittvierzigerin entdeckt sie ihre Passion für das kreative Schreiben.

Zuhören – Mitfühlen – Weiterdenken

Auf diesem Dreiklang beruht die Lebensphilosophie der promovierten Zahnärztin, Referentin und zweifachen Mutter und prägt nun auch ihre engagierte Arbeit als Autorin.

www.kristinabrenner.com

Inhalt

Bist Du es …?

Nimm meine Hand
und lass sie nie mehr los!

Vorwort der Autorin

Großtante Wiebke war eine ganz und gar ungewöhnliche Person. Nicht nur, dass sie im hohen Alter von 99 Jahren noch bei klarem Verstand und in bewundernswerter körperlicher Verfassung war. Sie bewegte sich auch bis an ihr Lebensende mühelos zwischen den Sprachen Deutsch, Englisch und Dänisch, gab Sprachunterricht und hielt sich durch Briefkontakte, Musik und Yogastunden rege.

Ihrer Umgebung vermittelte sie in jedem Moment die heiter-gelassene Einstellung einer in sich ruhenden, lebensweisen Persönlichkeit. Sie besaß eine außergewöhnliche innere Größe und lehnte alle Formen von prätentiösem Verhalten ab.

Zudem war sie Zeitzeugin eines besonders spannenden Jahrhunderts der Weltgeschichte: 1918 in Hamburg-Wandsbek geboren, erlebte sie als Deutsch-Dänin Aufstieg und Fall von Adolf Hitler mit sowie das Leid, das der Zweite Weltkrieg über die Menschheit brachte.

Parallel zu ihrer Schullaufbahn genoss sie die intensive, hochqualifizierte Chorausbildung des Flensburger Musikdirektors Johannes Röder, unter dessen Leitung sie auch Radiosendungen für den Norddeutschen Rundfunk mitgestaltete. Zudem war sie bis Mitte der 1950er Jahre als berufstätige Frau im Musikalienhandel in Hamburg,

München und Kopenhagen tätig und pflegte persönlichen Kontakt mit zahlreichen bedeutenden Künstlern jener Zeit. Eine besonders intensive Beziehung entwickelte sie zu dem seinerzeit sehr prominenten Münchner Kammersänger Gerhard Hüsch: Diese Jahre zwischen Sehnsucht, Verlangen und Verzicht prägten Wiebke nachhaltig.

Durch ihre späteren Kontakte zur Grande Dame der Kopenhagener Kulturszene, Inga Junghanns, bekam sie weitere wichtige Impulse. Von 1946 bis 1955 teilte sie sogar die Wohnung mit der mütterlichen Freundin, die ihrerseits wiederum von 1915 bis 1926 in enger Verbindung mit dem großen Literaten Rainer Maria Rilke gestanden hatte. Wiebke arbeitete zusammen mit Inga deren intensive Korrespondenz mit Rilke literarisch auf und unterstützte die Freundin darin, diesen Briefwechsel auch zu veröffentlichen.

Nach Wiebkes Heirat 1955 mit dem amerikanischen Militärhistoriker John Walter Larson begann für sie wieder ein ganz neues Lebenskapitel, denn nun unterstützte Wiebke an der Seite eines Kommunikationsoffiziers dessen Bemühungen um Völkerverständigung und Aussöhnung. Die ersten elf Ehejahre verbrachte das Paar in Deutschland; Wiebke war nun nicht mehr berufstätig.

Nachdem sie die amerikanische Staatsbürgerschaft angenommen hatte, übersiedelte Wiebke 1966 mit ihrem Mann in dessen Heimat Minnesota und brachte sich mutig in ihr neues Leben als Immigrantin ein, ohne jedoch ihre reichen europäischen Wurzeln zu verleugnen. Durch regelmäßige Reisen nach Europa sowie ihre rege Briefkorrespondenz blieb sie mit Freunden und Familienmitgliedern dauerhaft verbunden. Doch auch in ihrer neuen Heimat schlug sie tiefe Wurzeln, engste Bindungen entwickelten sich, das Paar gestaltete das kulturelle Leben vor Ort entscheidend mit ein und adoptierte später sogar einen sozial benachteiligten Jugendlichen teil-indigener Herkunft.

An einem schneereichen, aber sonnigen Februartag im Jahr 2017 schließlich – einem gewöhnlichen Dienstag, an dem sie vormittags noch Deutschunterricht gegeben hatte – erwachte Wiebke nicht mehr aus ihrem Mittagsschlaf. Auf amerikanischem Boden fand sie ihre letzte Ruhe.

Aus literarischer Sicht ist es ein besonders glücklicher Umstand, dass Wiebke ab dem Jahr 1933 ihre Erlebnisse und Empfindungen in Tagebüchern festhielt, eine lückenlose Dokumentation von zuletzt 58 Bänden. Zusammen mit ihrer regen Briefkorrespondenz bot sich mir, ihrer Großnichte, ein ganz persönlicher und sehr authentischer Einblick in dieses außergewöhnliche Leben.

Mich hat die intensive Beschäftigung mit Wiebkes Leben sehr bewegt und mir zugleich Lebenskraft und Inspiration gegeben. Möge Wiebke auch Sie, verehrter Leser, liebe Leserin, berühren, faszinieren und mit ihrer positiven Lebenssicht anstecken.

Kristina Brenner, im März 2020

Prolog

1944 – Das Deutsche Reich befand sich nun schon seit fünf Jahren im Krieg.

Trotz aller Bemühungen des Propagandaministers, den Siegeswillen des deutschen Volkes aufrecht zu erhalten, wussten wir, dass sich die Situation an allen Fronten zum Nachteil für Deutschland entwickelte. Die Invasion der Alliierten an der Küste der Normandie hatte bereits stattgefunden. Die Ernährungslage verschlechterte sich zusehends, wenngleich wir schon länger daran gewöhnt waren, die streng rationierten Lebensmittel über offiziell ausgegebene Lebensmittelkarten zu beziehen. Auch die Luftangriffe auf die Großstädte nahmen zu und damit für uns die nervenaufreibenden Nächte in den Luftschutzkellern.

Im September 1944 verschärfte sich zudem die Lebenssituation für alle Künstler und andere im Kulturbereich tätigen Menschen, denn das NS-Regime hatte neue Bestimmungen erlassen: Bis auf wenige Ausnahmen sollten sämtliche Theater, Hochschulen, Orchester und ähnliche Kultureinrichtungen geschlossen werden. Schöngeistige Literatur wurde bis auf Weiteres nicht mehr verlegt. Posttransport und Reichsbahnverkehr wurden stark eingeschränkt, Schulen und Berufsschulen weitgehend geschlossen. Kurzum: Es herrschte der totale Krieg!

Was unter diesen Umständen aus meiner Cousine Traute werden sollte, die als Sängerin im Hamburger Opernchor beschäftigt war, oder aus meinem väterlichen Freund, dem Münchner Kammersänger und Gesangsprofessor Gerhard Hüsch, der mich seit Beginn der Luftangriffe auf München hilfsbereit in seine Familie aufgenommen hatte, all das konnte niemand vorhersehen.

Mein Chef hatte unterdessen den Schließungsbefehl für unsere Musikalienhandlung erhalten: Bis zum 15. September sollte die Geschäftsschließung vollzogen sein, vier Wochen später sei das Lager mitsamt seinem Bestand an die Reichszentralstelle abzugeben, hieß es. Entgegen dieser unmissverständlichen Order aus Berlin wies uns die Stadt München jedoch an, das Geschäft weiter zu betreiben, und versicherte uns, man würde die Angelegenheit mit Berlin schon regeln. Wir hielten das Geschäft also weiter offen und warteten auf weitere Instruktionen. Zu tun war jedenfalls genug. Denn trotz oder gerade wegen der Schrecken des Krieges blühte in Deutschland der Musikalien- und Notenhandel.

Dann aber folgte, genau eine Woche vor Weihnachten, der bisher schwerste Bombenangriff auf München und hinterließ nichts als Elend und Verwüstung: Die Innenstadt war danach beinahe vollständig zerstört, jeder Vierte war obdachlos geworden. Das allgegenwärtige Chaos zwang die Menschen dazu, das Leben mit aller Kraft selbst in die Hand zu nehmen.

Außer Gerhard Hüsch, der zu dieser Zeit gerade zum „Künstlerkriegseinsatz“ nach Berlin abkommandiert war, erwarteten wir zum Christfest auch Tochter Gundel aus ihrem Internat in Gardelegen zurück. Leider waren aufgrund der Luftangriffe zahlreiche Bahnverbindungen empfindlich getroffen, und auch in München erlebten wir weiterhin so manchen langwierigen Fliegeralarm. Es war also völlig unklar, ob Gundel und Gerhard überhaupt bis München durchkommen würden. Wie durch ein Wunder trafen die beiden dann aber doch rechtzeitig vor dem Heiligen Abend zu Hause in Solln ein. Es wurde eines der schönsten und intensivsten Weihnachtsfeste, die ich je erlebt habe.

Was die sonstige politische Lage anbelangte, so sah es jedoch ziemlich finster aus. Von Westen her rückten die Alliierten unaufhaltsam vor, und die Rote Armee hatte bereits östlich von Berlin Stellung bezogen. In der Hauptstadt selbst herrschte ein heilloses Durcheinander, jedoch hatte der Führer die Durchhalteparole ausgegeben: „Mütter mit Kindern werden evakuiert, die gesamte übrige Bevölkerung muss bis zur letzten Wohnstätte kämpfen."

Bei uns in München wurden derweil die Essensrationen immer knapper. Außerdem gingen ausgerechnet in diesem garstig kalten Winter die Kohlen rapide zur Neige. Alles schien dem Ende entgegenzugehen – nur der Krieg ging weiter!

Für mich persönlich begann nun die schwierige Zeit des Abwägens, wann wohl der richtige Zeitpunkt gekommen sei, um in meine Heimat zurückzukehren. Sowohl mein Chef als auch mein Vater sahen durch die Invasion der Alliierten das Ende des Krieges näherkommen, und man befürchtete, dass ich bald nicht mehr bis nach Dänemark durchkommen würde.

Aufmerksam verfolgte ich die Wochenschauen und Radiosendungen, über die allerdings weiterhin fast nur Propaganda-Nachrichten verbreitet wurden. Möglichst lange versuchte ich, trotz aller Schreckensbotschaften die Ruhe zu bewahren. Auf keinen Fall wollte ich zu früh von München weg. Dennoch war mir klar, dass eines Tages Norddeutschland komplett abgeschnitten sein könnte oder – schlimmer noch – Deutsch-Dänemark evakuiert werden müsste. Spätestens dann wollte ich auf jeden Fall bei meinen Eltern sein.

Als die deutsche Wehrmacht schließlich die Parole ausgab, dass Dänemark „bis zum letzten Mann" verteidigt werden solle, wusste ich, dass dies das Signal für mich war, möglichst bald aufzubrechen.

1. Abschied von München

„Die Nachrichten sind so, dass ich doch fühle, es muss sein. Es ist nur alles so unbeschreiblich schwer ... Von allem hier wegzugehen, was endlich das ausmacht, was ich innerlich brauche und wobei ich mich wirklich wohl fühle ... und anderen Menschen etwas sein kann. Und so auf Unsicherheit von Gerhard wegzugehen, das ist am allerschwersten, aber ich sehe keinen anderen Weg mehr. Der einzige Trost ist mir, dass ich jede Stunde dieser herrlichen anderthalb Jahre voll ausgekostet und intensiv gelebt habe, das kann mir niemand nehmen. Und die Freude, die ich Vater und Mutter mache, ist natürlich eine riesengroße. Mutters Brief war so voller größter Sorge, und Mutter schreibt nur so, wenn es wirklich ganz dringend ist, und das hat bei mir auch den Ausschlag gegeben. Ich muss mich nun zusammennehmen und alles gut hinter mich bringen ... Lieber Gott, hilf mir doch, dass alles irgendwie gut wird und einen Sinn bekommt.“

(Tagebuch, 11. März 1945)

Die Entscheidung, München zu verlassen und in meine Heimat in Nordschleswig zurückzukehren, war also gefallen, und mit der Umsetzung dieses Vorhabens wollte ich nicht länger warten als organisatorisch unbedingt nötig.

Meinem Chef teilte ich am 12. März 1945 meinen Entschluss mit: Herr Horn war voller Verständnis und beteuerte, dass seine Türe für mich jederzeit offenstünde.

An diesem tristen Abend holte mich Gerhard vom Geschäft ab – zum ersten Mal in all den Jahren. „Wie ein Primaner im Frühling", sagte er strahlend und sah dabei so glücklich aus. Was dann folgte, war eine Woche des musikalischen Abschieds. Jeden Abend spielte er mir eine andere sorgsam ausgewählte Platte vor, die er, der berühmte Kammersänger und Münchner Gesangsprofessor, in der Vergangenheit höchstselbst aufgenommen hatte: Beethovens *An die ferne Geliebte*, Schuberts *Winterreise* und schließlich *Die schöne Müllerin*. Es war so anrührend zu spüren, mit welcher Feinfühligkeit Gerhard die Werke für mich aussuchte. Und wieder einmal, vielleicht ein letztes Mal, waren wir uns auf magische Weise sehr nahe. Wir nannten es „Abschied feiern", obwohl uns gar nicht zum Feiern zumute war. Die Zeit der nahenden Trennung wurde für uns alle so schrecklich schwer; selbst Gerhard habe ich nie zuvor so bedrückt gesehen.

In diese wehmütige Atmosphäre hinein platzte die Meldung, dass Gerhards Ehefrau, die herzensgute Lisa Hüsch, ihren zweitältesten Bruder bei einem Bombenangriff verloren hatte. Die Nachricht war für die gesamte Familie erschütternd, ganz besonders aber für Lisa. Denn schon zu ihrem ältesten Bruder war der Kontakt abgebrochen, weil er in Königsberg festsaß, und wie es dem jüngsten erging, der an der holländischen Grenze als Soldat kämpfte, konnte auch niemand sagen. Durch diese Hiobsbotschaft also wurde die Stimmung noch gedämpfter.

Schließlich nahte mein letzter Tag im Geschäft. Mir wurde ganz elend, als ich nun wirklich von allen Kollegen Abschied nehmen musste. Abends tröstete mich Gerhard ein letztes Mal mit Aufnahmen aus Hugo Wolfs *Italienischem Liederbuch*.

Und dann war er da, der 19. März 1945, an dem es zurück nach Kollund in meine dänische Heimat gehen sollte.

Den ganzen Tag über gab es viel zu räumen und zu packen, und nachmittags erwischte ich sogar noch eine der begehrten Vorlesungen über Musikgeschichte bei Gerhards Assistentin Adele Harmsen. An dieser Kursreihe hatte ich schon in den vergangenen Monaten mit großem Interesse teilgenommen, darum ließ ich mir den Kurs selbst an einem Tag wie diesem nicht entgehen. War es ein letzter Versuch, mich über die Trostlosigkeit des bevorstehenden Abschieds hinwegzuretten?

Warum auch nicht! Für die Rückreise in den Norden war alles vorbereitet. Sogar mein Zimmer in der Römerstraße hatte ich nun ordnungsgemäß gekündigt. Eigentlich hätte ich es ja schon im September 1943 aufgeben können, als ich zum Schutz vor Bombenangriffen bei Familie Hüsch untergekommen war. Doch hatte ich an dem Mietvertrag bis zum letzten Moment festgehalten: zunächst, weil mein Umzug nach Solln nur als provisorische Lösung gedacht war, quasi als Nothilfe nach meiner ersten Münchener Bombennacht. Später allerdings wurde das Zimmer für mich immer mehr zum Symbol meiner Unabhängigkeit und Freiheit. Wie sehr hatte ich es genossen, mich immer mal wieder vom turbulenten Familienleben der Hüschs in mein Refugium zurückziehen zu können!

Ich gebe zu, dass mir der Abschied nun umso schwerer fiel: Frau Hatz, meine liebe alte Vermieterin, war mir über die Jahre sehr ans Herz gewachsen. Als ich im April 1943 in das Studierzimmer ihres verstorbenen Ehemanns eingezogen war, hatte sie mich beinahe wie eine Enkelin aufgenommen, und tatsächlich hatte ich mich vom ersten Tag an sehr wohl bei ihr gefühlt. Zudem hatte der selige Herr Hatz einen sehr großen, geräumigen Schreibtisch hinterlassen, der ebenfalls zum Interieur meines Zimmers gehörte, sowie eine umfangreiche Bibliothek mit zahlreichen Büchern über Musik, wie ich mit Freuden feststellte. Da ich selbst für die Raumpflege sorgen wollte, kostete mich diese Unterkunft nur 30 Mark, was lediglich ein Drittel der sonst üblichen Münchener Mietpreise bedeutete. Ich durfte die Küche mitbenutzen und kochen, was ich wollte; von den Büchern durfte ich lesen, was mir gefiel; in den dafür vorgesehenen Räumen der Wohnung waren Waschen, Trocknen und Bügeln ebenfalls erlaubt. „Fräulein Sönnichsen, bitte fühlen Sie sich ganz wie zu Hause", so die Worte der fürsorglichen Vermieterin. Was für eine gute Seele sie doch war, redselig, neugierig und von einer rührenden „Alte-Leute-Umständlichkeit".

Nun aber, da ich ihr endgültig Servus sagen musste, brachte ich kaum ein Wort heraus. Für einen Moment kam es mir sogar wie verkehrte Welt vor, dass diese arme alte Dame in der Stadt blieb und sich ihrem unsicheren Schicksal ergab, während ich mich in meine sichere Heimat davonstahl. Dann aber musste ich an den schweren Bombenangriff im Juli 1944 denken, bei dem erstmals auch die Römerstraße betroffen gewesen war: Frau Hatz war mir danach Wasser schleppend entgegengekommen und hatte mich mit den Worten begrüßt: „Juhu, Fräulein Sönnichsen, es ist eine Lust zu leben!"

Damals hatte sie in meinem Zimmer spontan die 80-jährige Frau Gradliniger untergebracht, die gerade zum zweiten Mal ausgebombt worden war. Frau Hatz war also ohne Zweifel stark genug, um diese schweren Zeiten zu überstehen. Zudem hatte sie Unterstützung durch jüngere Familienmitglieder, die sich um die rüstige, tatkräftige Großmutter kümmerten und sie draußen auf dem Land unterbringen würden, wenn die Gefahrenlage sich weiter zuspitzen sollte.

Schluss also mit unnötiger Gefühlsduselei: Meine Abreise war beschlossene Sache – und damit basta! Zum Glück war in unseren letzten Minuten auch Frau Hatz nicht in Plauderstimmung und versuchte in ihrer pragmatischen Art, den Abschied möglichst kurz und schmerzlos zu halten. Allerdings nahm sie mir noch das Versprechen ab, mich bei ihr zu melden, wenn ich glücklich im Norden angekommen sei. Dann drückte ich noch einmal ihre Hand, verstaute die letzten Habseligkeiten auf meinem Rad und beendete entschlossen diesen Abschnitt meines Münchner Lebens.

Am Abend um halb sieben ging es dann wirklich los: „Abenteuerlicher Auszug der Jungfer Sönnichsen", so nannten Gerhard und ich etwas theatralisch diesen letzten Akt meines „Gastspiels" im Hause Hüsch. Nach tränenreichem Abschied der Kinder im Hausflur holte ich mein hoch bepacktes Fahrrad aus dem Schuppen, und in Begleitung beider Eltern Hüsch machte ich mich auf den Weg. Anderthalb Stunden später erreichten wir den Münchner Ostbahnhof. Hier war allerdings alles öde und leer! „Der Zug fährt heute nicht, vielleicht morgen, aber besser, Sie fahren von Pasing ab", so die wenig tröstliche Auskunft des Stationsvorstehers. Da die Abfahrt des ersten Zuges ab Pasing aber erst am folgenden Morgen um 5.25 Uhr erwartet wurde, blieb uns nichts anderes übrig, als unverrichteter Dinge mit allem Gepäck wieder nach Solln zurückzufahren.

Lisa war die Enttäuschung ins Gesicht geschrieben, und auch ich musste mich sehr zusammennehmen, um meinen Ärger nicht am unschuldigen Bahnbeamten auszulassen. Zum Glück fing Gerhard die Situation elegant auf mit einer kleinen Gesangseinlage aus der Strauss-Operette *Die Fledermaus*: „Glücklich ist, wer vergisst, was doch nicht zu ändern ist!“ Schlagartig entspannte sich die Stimmung, und mit unerklärlicher Leichtigkeit radelten wir wieder heim.

Spätestens aber, als wir wieder in die Margeritenstraße einbogen, schnürte sich mir die Kehle zu. Nach monatelangem Ringen hatte ich mich zum Gehen entschlossen. Es war weiß Gott eine reine Vernunftsentscheidung gewesen, die meinem Willen alles abverlangt hatte. Doch nun zwangen mich die Umstände dazu, wieder in genau dieses geliebte Münchener Zuhause zurückzukehren – auch wenn es nur für ein paar Stunden war! Ich versuchte, mir nichts anmerken zu lassen. Doch als die Kinder, von denen ich vermeintlich schon endgültig Abschied genommen hatte, meine Rückkehr aufs Freudigste feierten, zerriss es mir fast das Herz.

Nein, ich wollte meine getroffene Entscheidung nicht noch einmal überdenken! Dennoch hätte ich heulen mögen, so restlos fertig war ich schon vor Beginn meiner Reise. Für ein paar wenige Stunden legte ich mich also noch einmal in „mein“ Bett und versuchte, meine Gedanken zu ordnen und Kräfte zu sammeln; zur Ruhe aber kam ich nicht.

Schon viele Abschiede hatte ich in meinem Leben hinter mich gebracht, doch bei allen waren sich Herz und

Verstand einig gewesen: Damals zum Beispiel, als mir mein Leben in Flensburg zu eng geworden war und ich 1939 dem Vorschlag meiner Cousine Traute folgte, beruflich nach Hamburg zu wechseln. Oder später, im April 1943, als ich durch meinen Umzug nach München noch einmal einen kompletten Neuanfang gewagt hatte. Auch wenn mir damals die Trennung von den Eltern schwergefallen war, so hatte ich die Veränderungen jedes Mal aus tiefstem Inneren gewollt.

Diesmal aber war es nur der Verstand, der drängte, und er rief mir ja durchaus wichtige Gründe ins Bewusstsein. Mein Herz aber hätte alles darum gegeben, bleiben zu dürfen. Es fühlte sich so verkehrt an, alles hinter mir zu lassen, was für mich zum Inbegriff von Glück und Geborgenheit geworden war. Und obendrein noch Gerhard und seine Familie zurücklassen zu müssen ohne die Gewissheit, ob ich sie je wiedersehen würde, das war wohl das Bedrückendste!

Doch wusste ich ebenso genau, dass die Zeit der Abreise nun unverrückbar gekommen war: die sorgenvollen Briefe meiner sonst so selbstkontrollierten und zurückhaltenden Mutter; Vaters ernste Worte, dass der Transitkorridor durch das Deutsche Reich wegen der näher rückenden Alliierten bald wirklich unpassierbar sei; und schließlich die politische Parole des Regimes, dass Dänemark bis zum letzten Mann verteidigt werden sollte. Natürlich sah auch ich das dicke Ende näher kommen ... wenn es für mich doch nur eine Lösung ohne diese Dimensionen einer klassischen Tragödie gegeben hätte!

Um halb drei Uhr morgens stand ich also wieder auf, ebenso übrigens wie Gerhard und Lisa, die es sich auch zu dieser nachtschlafenden Zeit nicht nehmen lassen wollten, mich erneut zur Bahn zu bringen. Darüber war ich natürlich goldfroh, denn das nahm dem Abschied viel von seiner Trübseligkeit.

Stockfinster war es, als wir zum zweiten Mal loszogen. Die Fahrt bis Pasing ging sehr flott, denn auf den Straßen war um diese Uhrzeit nichts los, das Wetter war uns hold, und die Strecke ließ sich gut befahren. Glücklicherweise kam wenigstens diesmal der Zug! Hüschs halfen mir beim Verladen meiner Habseligkeiten, wofür ich ihnen sehr dankbar war. Denn selbstverständlich behielt ich nur meinen Rucksack im Passagierabteil, während das schwer bepackte Rad in den Gepäckwagen verfrachtet werden musste. Dann griff Mutti in ihre riesige Manteltasche und holte ein Vesperpaket für mich hervor. Wo sie die Extra-Ration Brot und vor allem die Leberwurst hergezaubert hatte, das blieb ihr Geheimnis. Wir hörten die schrille Signalpfeife des Stationsvorstehers, die Türen wurden geschlossen, und mit nur einer halben Stunde Verspätung trat ich endgültig meine Reise an! Mutti und Gerhard standen auf dem Bahnsteig und winkten bis zu allerletzt.

Völlig benommen ließ ich mich auf einen freien Platz fallen: Mit dem körperlichen Zur-Ruhe-Kommen schlug nun auch der Abschiedsschmerz durch. Abreisetage haben es ja generell in sich, aber dieser verlangte mir wirklich alles ab. Nur nicht sentimental werden, mahnte ich mich selbst. Also sah ich zum Fenster hinaus und war sogar ein bisschen froh, dass meine Reise nicht vom Hauptbahnhof gestartet war, denn so blieb mir wenigstens der letzte Blick auf die zerstörte Innenstadt erspart. Sinnlose Vernichtung, unendliches Leid. Konnte es überhaupt so etwas wie einen

„notwendigen“ oder gar „gerechten“ Krieg geben? Das Kriegshandwerk wurde doch von allen Militärstrategen – egal welcher Nation – wie ein Schachspiel betrieben, bei dem man „Strategien“ verfolgte und sich, wenn sie aufgingen, dafür feiern ließ. Wenn eine Taktik aber nicht erfolgreich war, dann gingen fatalerweise eben nicht nur auf einem Schachbrett Türme und Bauern verloren.

Die martialischen Worte, die eindringliche Musik, die unvergesslichen Bilder aus den Wochenschauen schossen mir durch den Kopf: Kriegstaktisch gewählte Kampflinien. Fliegerverbände, die ihre tödliche Ladung abwerfen. Luftbilder von zerstörten Städten. Stolze Soldaten. Der eiserne Durchhaltewille der jungen Kerle an der Front. Die Opferbereitschaft der Zivilbevölkerung. Es war zwecklos, nach dem Sinn all dessen zu fragen.

Ich schloss die Augen und versuchte mit aller Willenskraft, andere Bilder wachzurufen. Erinnerungen, die Hoffnung gaben inmitten dieser Hoffnungslosigkeit.

Und tatsächlich! Es hatte auch im Feuerinferno eines tobenden Krieges Ereignisse gegeben, die an ein Wunder grenzten. Sofort kam mir das zauberhafte Konzert des Barockensembles um den Flötisten Gustav Scheck und den Cellisten August Wenzinger in den Sinn: Was war das bewegend gewesen! Die Musiker traten mit vollständig geändertem Programm auf, weil sie in Kassel einen schweren Bombenangriff miterlebt hatten: Viele Noten und das Gepäck waren dabei verbrannt, doch konnten wenigstens alle Instrumente gerettet werden. Der Tourneeplan wurde also aufrechterhalten, und das Konzert in München konnte pünktlich stattfinden.

Die Erinnerung an den warmen Klang der Instrumente, das außergewöhnliche Verständnis der Musiker für

Alte Musik und die beinahe überirdische musikalische Strahlkraft, die an jenem Abend den Saal erleuchtete, rührten mich zutiefst. Die hoffnungsvolle, fast paradiesische Atmosphäre, die diese leidgeprüften Künstler hervorbrachten, war einmalig. Und doch verband uns alle, die wir die unterschiedlichsten Schicksalsschläge zu meistern hatten, dasselbe: ein unbeschreiblicher, tiefer Lebensmut. Genau genommen wusste ich gar nicht so recht, woher dieser Mut stammte, aber er war da, und er war stark.

Warum hatte es mich 1943, dreieinhalb Jahre nach Kriegsbeginn, überhaupt nach München gezogen? Meine Familie jedenfalls hatte meine Entscheidung nicht verstanden. Und wahrscheinlich konnte nun kaum jemand nachvollziehen, warum ich mit der Heimreise so lange gezögert hatte. Für mich aber waren die Gründe ganz klar: Es gab einen ganz bestimmten Menschen, für den ich überall hingezogen wäre. Doch auch in die Bayernmetropole selbst hatte ich mich bei meinem ersten Besuch im Herbst 1942 sofort verliebt.

Damals kam ich auf Einladung meiner treuen Freundin Picco nach München, die hier als Erzieherin im BMW-Kinderheim arbeitete. Wie sehr hätte ich es mir gewünscht, während meines dreitägigen Besuchs auch Gerhard wiederzusehen und ihn endlich wieder in meine Arme zu schließen. Doch bitter enttäuscht musste ich hinnehmen, dass ein Treffen mit ihm leider nicht zustande kommen würde, weil sich der gefragte Sänger gerade wegen *Figaro*-Proben in Berlin befand. Ob ich damals wohl auch bereit gewesen wäre, alle meine moralischen Grundsätze über Bord zu werfen? Wer weiß!

Jedenfalls stand Picco nun am Bahnhof und begrüßte mich mit den Worten: „Hier bist du nun in München, der Hauptstadt der Gegenbewegung!" Ich frohlockte bei dieser Bemerkung und wusste die politische Anspielung durchaus richtig zu deuten. Zugleich war ich mir aber auch der Brisanz der Aussage bewusst. Denn eigentlich trug München den nationalsozialistischen Propaganda-Titel *Hauptstadt der Bewegung:* Die Bayernmetropole galt für das Regime gewissermaßen als die Geburtsstadt des Nationalsozialismus, weil die NSDAP 1920 im Hofbräuhaus ihr Parteiprogramm verabschiedet und Hitler 1923 sogar einen Putschversuch gegen die Bayerische Staatsregierung unternommen hatte. Wer also von „Gegenbewegung" sprach, stand in dem Verdacht, sich zum politischen Widerstand zu bekennen, und das konnte sehr schnell sehr unangenehme Folgen haben. Deswegen sahen wir zu, dass wir uns rasch verdrückten.

Zu Fuß erreichten wir die feudale Wohnung, die Picco sich mit ihrer Freundin Emmi teilte: Es war die Praxis eines zum Kriegsdienst eingezogenen Kinderarztes. Emmi hatte ihr Zimmer im Gemeinschaftsraum eingerichtet, Picco schlief im Röntgenraum, im Wartezimmer wurde an den niedrigen Kindermöbeln gespeist, das Sprechzimmer diente als Ankleideraum, und die kühlen Fensterbänke nach Norden hinaus ließen sich prima als Speisekammer nutzen.

An beiden Abenden meines Aufenthaltes gingen wir ins Theater. Was für ein Genuss! Jetzt erst merkte ich, wie ausgehungert ich nach gutem Schauspiel war. Und tagsüber besuchten wir die *Große Deutsche Kunstausstellung* im *Haus der Deutschen Kunst.* Leider kamen wir danach zu dem Urteil: Viel Fleisch, viel Mist, viel zu viel Tendenz! Dramatisch, was so alles zur „Entarteten Kunst" zählte, und noch erschütternder, dass dieser Begriff inzwischen neun Gruppen unterschied: von „Zersetzung des Form- und Farbempfindens“ über „Abtötung des letzten Restes jedes Rassenbewusstseins“ bis hin zur Rubrik „Vollendeter Wahnsinn“. Warum auch die farbenfrohen Expressionisten in eine dieser Kategorien fielen, war mir völlig unverständlich.

Dennoch pulsierte in der Bayernmetropole das Leben, und insbesondere Musik, Theater und Kultur schienen ganz besonders hochgehalten zu werden. Der Wunsch, nicht mehr in Hamburg meinen Lebensmittelpunkt zu haben, sondern beruflich nach München zu wechseln, war also geboren. Doch wie sollte ich an eine passende Stelle kommen?

Schneller als gedacht fand sich auch für dieses Problem eine Lösung. Die Aufgabe der Vermittlerin nämlich übernahm meine in München tätige Flensburger Chorfreundin Ingrid: Als Organistin war sie Kundin des Musikhauses Otto Bauer in der Münchner Innenstadt. Bei ihrem nächsten Besuch dort sprach sie beim Geschäftsführer vor, legte ein gutes Wort für mich ein, und gerade einmal vier Tage später bekam ich die Aufforderung, der Geschäftsleitung meine Unterlagen zu schicken.

Nach Prüfung meiner Papiere übersandte man mir unmittelbar den Arbeitsvertrag: Man wollte mich wirklich haben! Zum Jahreswechsel kündigte ich also meine Stelle im Musikalienhandel Detmering in Hamburg und zog vorübergehend wieder nach Kollund zu meinen Eltern.

Selbstverständlich hoffte ich nun, dass die Verwaltung im dänischen Apenrade nicht allzu lange mit der Ausstellung der nötigen Papiere für meine Übersiedlung nach München brauchen würde. Denn der Neuanfang stand, wie ich meinte, unmittelbar bevor, und ich fühlte mich beinahe wie ein Rennpferd vor dem Start.

Dann aber begann die zermürbende Zeit des bangen Wartens, denn die dänischen Behörden ließen sich mit der Erteilung der Arbeitsgenehmigung Monate Zeit. Ich hätte mich gewaltig darüber ärgern können, denn alle Unterlagen einschließlich der Stellenzusage aus München lagen ihnen doch schon längst vor! Doch es half nichts: Ich musste mich gedulden!

Da ich allerdings nicht mit einer so langen Wartezeit gerechnet hatte, waren meine Ersparnisse bald aufgebraucht. Zwar hatte ich im Elternhaus freie Kost und Logis, aber auch meine Eltern kamen mit Vaters Pension nur knapp über die Runden. Also musste ich mich nach einer Tätigkeit umsehen und verdingte mich übergangsweise als Putzfrau und Gartenhilfe. Dann endlich, Anfang April 1943, erhielt ich zusammen mit der Reisegenehmigung auch die Arbeitserlaubnis, und schon am nächsten Tag saß ich im Zug nach München!

Mit so viel Freude brach ich auf in die unbekannte Zukunft, die mir vertraut und zugleich so reizvoll-anders erschien. Der Musikalienhandel Otto Bauer sollte nun also neue berufliche Impulse bringen, doch mindestens genauso sehr freute ich mich auf das Kulturleben in München, die Herausforderung, vollkommen auf eigenen Beinen zu stehen, auf meine Freundin Picco ... und vielleicht auch ein bisschen auf Gerhard?

Gerhard, was ist das für ein Verhältnis zwischen uns? Seit wir uns im April 1937 erstmals begegnet sind, gehst du mir nicht mehr aus dem Sinn: Nordischer Abend in Flensburg, die unvergessliche Künstlerfeier nach dem Konzert, dein charmantes, weltmännisches Auftreten, eine weinselige Nacht ohne Erinnerung. Dann deine ersten Briefe. Der Beginn unserer intensiven Freundschaft. Wie sehr habe ich mich mit dir in Liebe vereint gefühlt, jedes Mal, wenn du mich mit auf deine *Winterreise* nahmst: Größtes Leid, tiefste Verbitterung, leidenschaftlichsten Schmerz, all dies fühlte ich, während du mit deiner Ausstrahlung und seelischen Kraft das gesamte Publikum in deinen Bann zogst.

Unvergesslich sind mir auch die zärtlichen Momente damals auf Sylt. Das Hornveilchen als Zeuge unserer ungestörten Zweisamkeit, unschuldig und rein, hat seither einen festen Platz in meinem Tagebuch.

Doch wie oft habe ich dich schon verflucht, weil du monatelang nicht geschrieben hast. Meine Sehnsucht nach dir zerreißt mir das Herz, der Schmerz ist manchmal unerträglich.

Natürlich würde ich niemals einer verheirateten Frau ihren Mann ausspannen, den Kindern ihren Vater rauben. Und doch sehne ich mich so sehr nach dir. Es ist so unendlich schwer … und es wird bestimmt nicht leichter, wenn ich nun nach München ziehe. Ich werde die Distanz suchen und mich gleichzeitig leiden, weil sich Körper und Seele nach deiner Nähe sehnen. Verrückt!

Warum habe ich mich überhaupt entschlossen, nach München zu gehen? Warum suche ich deine Nähe, wenn sie mich doch beinahe umbringt? Ich weiß es nicht. Und solange ich mir selbst und meiner inneren Stärke nicht vertrauen kann, werde ich den direkten Kontakt zu dir meiden.

Wiebke, was tust du dir und anderen an?

Glücklicherweise erwartete mich Picco schon, als mein Zug am Münchner Hauptbahnhof einfuhr. Wie damals empfing sie mich wieder mit einem Willkommenssträußchen, doch entging ihrem aufmerksamen Blick nicht, dass ich geweint hatte. Sie meinte, es sei Heimweh, und fühlte sich nun umso mehr in der Pflicht, mir mit allen Mitteln das Einleben in der neuen Heimat zu erleichtern. Welch ein Segen für mich, dass sie hier war!

Picco begleitete mich zu dem Zimmer in der Tattenbachstraße, das sie für mich organisiert hatte, denn aus der Ferne hatte ich mich natürlich nicht selbst um eine Unterkunft kümmern können. Auch diese Bleibe war nur für zwei Wochen frei, doch hatte ich zumindest fürs Erste ein Dach über dem Kopf. Der Einfachheit halber zog ich allerdings nur mit ein paar wenigen Habseligkeiten ein, das restliche Gepäck ließ ich zunächst am Bahnhof aufbewahren. In den nächsten Wochen würde ich mich also erneut auf Wohnungssuche begeben und mich gleichzeitig durch den lästigen Behördenkram durchwühlen müssen, der nun einmal zu jedem Start in einer fremden Stadt gehört. Um auf andere Gedanken zu kommen, beschloss ich, nachmittags einen ersten Erkundungsgang zu meiner neuen Arbeitsstelle zu machen.

Da ich „incognito" unterwegs war, konnte ich die Atmosphäre im Geschäft ungestört auf mich wirken lassen. Keiner nahm von mir Notiz, weil gerade ein wahnsinniger Betrieb im Laden herrschte. Gut so. Leider war aber auch der Umgangston ziemlich rau, und die Mitarbeiter schienen sehr überarbeitet zu sein. Nicht gerade ermutigende Zukunftsaussichten! Na, erst einmal abwarten: Vielleicht brauchten die Kollegen ja einfach nur tatkräftige Unterstützung! Doch freute ich mich nun umso mehr auf Piccos

Aufmunterungsprogramm: Am Sonntag trafen wir uns erst bei ihr zu einem gemütlichen Frühstück, und abends besuchten wir eine fabelhafte Aufführung der *Maria Stuart* im Prinzregententheater. Nun sah die Welt doch gleich wieder ganz anders aus.

Dennoch bangte ich mit Spannung meinem ersten Arbeitstag entgegen. Und da das Geschäft am Montag erst nachmittags um zwei Uhr öffnete, hatte ich zuvor noch Zeit für die verhassten Behördengänge.

Dann aber ging es hinein ins Vergnügen! Man mochte es kaum glauben, aber sogar in Zeiten des Krieges blühte der Notenhandel. Für die Kunden hier in München schien Geld keine Rolle zu spielen, und das bedeutete auch für mich eine bessere Bezahlung. Glücklicherweise konnte ich auch meinen Eindruck vom Freitag entschieden revidieren und kam nun zu folgender Einschätzung bezüglich meiner Kollegen:

„Da wäre zunächst Herr Horn, der wirklich sehr, sehr anständig und nett zu sein scheint. Nur ist er natürlich vollkommen überarbeitet und sehr nervös, dazu noch immer nicht ganz gesund. Er macht sich über mich und meine Kenntnisse durchaus keine Illusion, und darüber bin ich sehr froh. Umso anständiger, dass er mich zu diesen Bedingungen eingestellt hat. Ich wünsche mir nur, dass ich mich schnell einarbeite, um bald eine wirkliche Hilfe sein zu können.

Dann die Kollegen: Fräulein Türck, bebrillte Klavierlehrerin, weiß enorm Bescheid im Lager und überhaupt im Fach, ist vonsonsten aber ein ausgemachter Strauchbesen, also mit Vorsicht zu genießen.“

(Tagebuch, 12. April 1943)

Wer hätte damals gedacht, dass ich ausgerechnet zu der „Türkisen“, wie ich Fräulein Türck bald nannte, einen so intensiven Kontakt aufbauen würde. Unserem „Stift“ Alfons jedenfalls wäre es nicht im Traum eingefallen, sich mit ihr privat zu treffen, denn sie schickte ihn im Kommandoton im Lager herum und schien den netten, aber immer etwas verschlafen wirkenden Knaben nicht gut leiden zu können.

An der Konzertkasse saß eine weitere bemerkenswerte Person: unser Fräulein Häußler. Sie hatte ebenso wie ich gerade neu angefangen, kam aber anders als ich jeden Tag in grell geschminkter „Kriegsbemalung“ zur Arbeit. Außerdem erging sie sich mit Vorliebe in derben Ausdrücken und frivolen Witzen, die ich wegen meiner mangelnden bayrischen Sprachkenntnisse zunächst nicht einmal verstand, worüber sie sich wiederum ausschüttete vor Lachen. Doch war sie dabei weder gehässig noch intrigant, sondern schien einfach ihre Rolle als „Paradiesvogel“ auszukosten. Und dass sie aus ihrer einfachen Herkunft keinen Hehl machte, machte sie mir sogar sympathisch.

Der Laden selbst war noch um einiges altmodischer als Detmering in Hamburg, und unser Aufenthaltsraum bestand lediglich aus einem Ein-Quadratmeter-Kabuff mit einem eisernen Waschbecken. Zum Glück hatten wir immer so viel zu tun, dass wir sowieso keine Zeit fanden für einen „Aufenthalt“ dort!

Was mich sehr erfreute, war der Umstand, dass wir über ein fabelhaft großes, gut sortiertes Lager verfügten, in dem es für mich unendlich viel zu lernen gab. Zudem brauchte man meine Arbeitskraft tatsächlich dringend, und so warteten schon am ersten Tag die Kontoführung und allerlei Büroarbeiten auf mich, außerdem alle ordnenden Tätigkeiten, die ich auch ohne Einweisung selbständig verrichten konnte. Zwar liebte ich Verwaltungsaufgaben überhaupt nicht. Sie waren aber durchaus hilfreich, um über eine feste äußere Struktur zur inneren Ordnung zurückzufinden.

Glücklicherweise war ich bald – nämlich nach dem unerwartet frühen Ausscheiden von Fräulein Häußler – auch für den Billettverkauf zuständig, wodurch ich wieder mit Kundschaft in Kontakt kam und meine Freude an Kultur einerseits und am Verkauf andererseits voll ausleben konnte.

Und noch einen ganz besonderen Vorzug brachte meine Zugehörigkeit zur Firma Otto Bauer mit sich: Aufgrund meines Firmenausweises hatte ich zu sämtlichen Konzerten, die in München stattfanden, freien Eintritt! Das war herrlich und wurde von mir tüchtig ausgenutzt!

Wie es der Zufall so wollte, war eines der ersten Konzerte, das ich dank meines Ausweises kostenlos besuchte, das *Requiem* von Giuseppe Verdi – und zwar mit Gerhard Hüsch als einem der Solisten!

War es Zufall? Vorsehung? Oder war es nüchtern betrachtet sogar zu erwarten gewesen, dass wir uns hier, in seiner Heimatstadt, bei der Aufführung eines großen Chorwerkes irgendwann über den Weg laufen würden? Jedenfalls war ich zunächst unangenehm nervös, als ich Gerhards Namen im Programm las, gleichzeitig aber unglaublich glücklich, ihn nach dieser langen Zeit wieder auf dem Podium zu sehen und seine vertraute, sonore Stimme zu hören.

Nach der Aufführung also fasste ich mir ein Herz und passte Gerhard an seiner Garderobe ab: Wie sehr er sich über unser unverhofftes Wiedersehen freute! Und mit großem Erstaunen und ehrlicher Begeisterung reagierte er auf meinen Bericht, dass ich nun in München lebte und bei

Otto Bauer arbeitete. Unsere Wiederbegegnung war einer dieser ganz besonderen, magischen Momente.

Kurz darauf jedoch gesellte sich seine Frau zu uns und begrüßte mich ebenfalls sehr freundlich. Lisa Hüsch aber war etwas in Eile und erinnerte ihren Mann, dass sie die nächste Bahn nach Solln bekommen sollten, um möglichst schnell wieder daheim bei den Kindern zu sein. Gerhard lächelte, dankte seiner Frau mit einem Küsschen auf die Stirn und lobte ihr Organisationstalent. Dann wandte er sich mir zu und meinte schulterzuckend: „Na, dann ziehe ich mich mal schnell um!"

Ich begleitete Gerhard und Lisa Hüsch noch bis zum Bahnhof, nutzte die Zeit zum Plaudern und revidierte dabei meinen ersten Eindruck von Gerhards Gattin: Lisa war doch um vieles netter und tüchtiger, als ich nach unserem ersten Zusammentreffen im Oktober 1937 vermutet hatte. Damals nämlich hatte ich sie für ein typisches, naives Künstler-Weibchen gehalten, das selbst nichts zuwege brachte, dafür aber den ganzen Tag anhimmelnd zu ihrem berühmten Mann aufschaute. Diese Einschätzung stellte sich nun aber als böses Vorurteil heraus.

Mein Start in München war also geglückt, die Hoffnung auf weitere Begegnungen geboren. Jedenfalls hatte Gerhard sehr zu meiner Freude angekündigt, mich in der kommenden Woche im Laden zu besuchen. Leider begann nun wieder die Zeit des Wartens. Zuverlässigkeit in privaten Termindingen, das wusste ich ja schon aus Flensburger Zeiten, war Gerhards Sache nicht! Denn entgegen seiner spontanen Ankündigung ließ er sich monatelang nicht blicken. Ich fragte mich, ob es eigentlich sehr unverschämt von mir sei, es rücksichtslos zu finden, dass er schwieg und so gänzlich abtauchte. Denn es gab doch schließlich Telefon oder im Notfall auch Postkarten! Ihn privat draußen in Solln anzurufen, wollte ich aber auch nicht.

Also blieb mir nichts anderes übrig, als abzuwarten und mich anderweitig zu vergnügen: Das Jahr ging einem wunderschönen Frühjahr und Sommer entgegen, beste Voraussetzungen also für schöne Fahrradtouren. Vom Fahrradsattel aus entdeckte ich die Münchner Umgebung: Mal führte mich der Weg nach Großhesselohe und Solln, wo ich ganz nebenbei auch das Haus der Hüschs in der Margeritenstraße inspizierte – ein großes, zweistöckiges Doppelhaus mit einem schmalen Gartenstreifen, auf dem gerade der wonnige kleine Gottfried spielte. Ein anderes Mal radelte ich an den Starnberger See und nach Tutzing. Mehrmals fuhr ich das Isartal entlang, entweder mit dem Ziel Ludwigshöhe, um vom höchsten Punkt im Münchner Süden aus die grandiose Aussicht zu genießen; oder aber ich besuchte die Benediktinerabtei Schäftlarn, um in der historischen Klosterbrauerei das – wie ich fand – beste Weißbier der gesamten Region zu trinken. Es war so herrlich hier! Ich genoss die liebliche Voralpenlandschaft mit den majestätischen Chausseen, bunten Wiesen, malerischen Seen und dichten Wäldern sowie die erhabenen, schneebedeckten Berge in der Ferne. Vor allem aber schloss ich die freundlichen, hilfsbereiten und bodenständigen Menschen ins Herz, von deren bayrischem Redestrom ich allerdings zunächst noch nicht allzu viel verstand.

Und dann gab es ja auch noch die „zugereisten" guten Seelen, zu denen neben Picco auch Ingrid gehörte: Sie war es gewesen, die mir die Stelle bei Otto Bauer besorgt hatte.

Kurz nach meiner Ankunft rettete sie mich nun ein zweites Mal, denn sie gab mir den Tipp, dass die alte Frau Hatz in der Römerstraße mitten in Schwabing ein Zimmer zur Untermiete anböte. Hier also traf ich meine rührende alte Vermieterin zum ersten Mal und hatte nun endlich das Gefühl, wirklich angekommen zu sein.

Außerdem tauchte ich mit Picco ganz und gar in das Kulturleben von München ein. Wir gingen ins Theater, wann immer es sich einrichten ließ: Hans Leips *Idothea* und Henrik Ibsens *Peer Gynt*, Goldonis *Kaffeehaus* und Klabunds *Kreidekreis*, aber auch das ebenso unerquickliche wie brillant auf die Bühne gebrachte *Spiel des Lebens* nach dem Roman von Knut Hamsun erweiterten unseren Horizont. Sogar den *Ur-Faust* sah ich im Schauspielhaus, eine wahrlich ausgezeichnete Inszenierung mit großartigen Schauspielern. Allerdings fragte ich mich hinterher, ob eine Aufführung des *Ur-Faust* überhaupt in Goethes Sinne sein konnte, da er ja doch in so Vielem hinter dem vollendeten *Faust* zurückbleibt.

Daneben besuchte ich verschiedenste Konzertabende namhafter Solisten und Ensembles oder verbrachte meine freien Nachmittage als Gasthörerin in Vorlesungen über Kunstgeschichte. All diese sehr verschiedenartigen Anregungen hatten eine überaus inspirierende Wirkung auf mich.

Überraschenderweise kam ich in diesem Sommer sogar in den Genuss von Urlaub, denn zu meiner Freude erfuhr ich, dass der Laden in der zweiten Augusthälfte wegen Betriebsferien geschlossen bliebe. Ganz neue Perspektiven taten sich da auf! Und weil sich für genau diese Zeit auch meine Freundin Bäberlein zum Heimatbesuch angekündigt hatte, stand für mich fest, dass ich ebenfalls meine Ferien in Kollund verbringen würde. Also kümmerte ich mich rechtzeitig darum, meinen Urlaubsschein beim Arbeitsamt abstempeln zu lassen, das Visum für den deutsch-dänischen Grenzübertritt zu beantragen und ein Billett für den Schlafwagen von München nach Hamburg zu bestellen. Für die Bahn weiter nach Flensburg war eine Reservierung erfahrungsgemäß nicht nötig, ganz zu schweigen von der Busfahrt über die Grenze nach Kollund.

In München selbst war für die Zeit meiner Abwesenheit nicht allzu viel zu organisieren, denn mein Zimmer war durch die gute Frau Hatz bestens bewacht. Jedoch suchte ich nach einer Möglichkeit, um mein Fahrrad sicher unterzustellen, denn leider bot unser Haus in der Römerstraße dafür keinen Platz. Picco erging es übrigens ebenso, und sie war es auch, die Familie Hüsch ins Gespräch brachte. Eigentlich hatte ich mir ja fest vorgenommen, nicht in Solln anzurufen. Doch in diesem Fall ging es ja nur um die Anfrage, ob wir unsere Räder für die Dauer unseres Urlaubs bei Hüschs unterstellen dürften. Also telefonierte ich doch an einem der nächsten Vormittage mit Solln – und war sehr erleichtert, als nicht Gerhard, sondern Lisa Hüsch das Gespräch annahm. Sie ging zwar davon aus, dass ich ihren Mann sprechen wolle und erklärte mit Bedauern, dass er gerade an der Hochschule sei. Ich wiederum teilte ihr mit, dass ich kurz vor meinem ersten Heimaturlaub stünde. Und da es in Dänemark deutlich günstiger sei, modische Damenschuhe zu kaufen, wollte ich ihr anbieten, für sie und ihre Tochter Schuhe aus meiner Heimat mitzubringen. Nach einem kurzen Moment des überraschten Schweigens überschlug sich Lisa förmlich vor Freude und orderte dann für sich und Tochter Gundel schwarze Lederschuhe mit dezentem Absatz. Da war meine Frage bezüglich unserer Fahrräder nur noch eine Formsache: „Aber Fräulein Sönnichsen, selbstverständlich nehmen wir die Räder bei uns in Obhut, wir haben doch genug Platz in der Scheune. Sagen Sie uns nur, wann Sie sie vorbeibringen wollen."

Was war das doch für ein unkompliziertes und angenehmes Gespräch! Ich mochte Lisa Hüsch immer lieber leiden. Vielleicht war sie auf den ersten Blick keine so beeindruckende Persönlichkeit wie Gerhard, dafür aber konnte sie organisieren und schien absolut zuverlässig zu sein. Für die Übergabe der Räder verabredeten wir den Freitag vor unserer Abreise. Außerdem lud mich Lisa schon für den Sonntag davor zum gemeinsamen Hühneressen ein. Gern nahm ich ihre Einladung an und verabschiedete mich von ihr wie von einer alten Freundin.

Tatsächlich wurde die Sonntagseinladung bei Familie Hüsch ein großer Erfolg. Außer mir war noch Professor Enge zu Gast, ein sehr feiner Mensch und – wie man hörte – ein begnadeter Gesanglehrer. Wenn solch ein hoch künstlerischer Mann ins Schwärmen geriet über den neuen Münchhausen-Film mit Hans Albers in der Hauptrolle, dann war das schon ganz besonders unterhaltsam.

Von den Kindern nahmen nur die dreizehnjährige Gundel und der kleine Gottfried am Essen teil. Gundel war ein getreues Ebenbild ihres Vaters und ebenso konventionell-liebenswürdig wie er. Gottfried wiederum lockerte in seiner kindlich-unbedarften, wenn auch wohlerzogenen Art die anfangs etwas steife Stimmung bei Tisch deutlich auf. Während sich Gerhard nämlich auffällig zurückhielt und beinahe etwas schüchtern wirkte, blühte Lisa in ihrer Funktion als perfekte Hausfrau zunehmend auf. Schade, dass ich die ausnehmend reizende Person nicht schon viel früher so gut kennengelernt hatte, denn das hätte mir viel Grübelei ersparen können. Gerhards untypischer Schweigsamkeit zum Trotz fühlte ich mich also sehr wohl im Hause Hüsch und interessanterweise ganz besonders in der bisher gemiedenen Nähe zu Lisa und den Kindern. Es wurde spät an diesem Abend, bevor ich mich wieder auf den Weg in die Römerstraße machte.

Fünf Tage später war ich gleich wieder im Haus, diesmal aber in Begleitung von Picco und eigentlich nur, um unsere Räder abzugeben. Diesmal aber schien Gerhard auf unseren Besuch besser vorbereitet zu sein und wirkte deutlich entspannter. Er berichtete, dass er gerade 28 neue Lieder von Yrjö Kilpinen, dem berühmten finnischen Komponisten, zugeschickt bekommen hatte, und lud uns auf einen Kaffee in die gute Stube ein. Natürlich baten wir um eine Kostprobe der Lieder, denn auch ich kannte Yrjö schon seit Jahren und stand mit ihm in freundschaftlichem Kontakt. Gerhard ließ sich nicht lange bitten, und gemeinsam setzten wir uns an den Flügel. Doch genau genommen musizierte nur Gerhard, indem er sang und sich gleichzeitig selbst am Klavier begleitete, während ich mich nur hin und wieder mit einem Finger – oder beim Blättern – beteiligte. Umso mehr aber konnte ich die neu entstandenen *Huber-* und *Löns-Lieder* genießen, und gemeinsam freuten wir uns auf die Uraufführung im September, zu der uns Gerhard einzuladen gedachte. Da war er nun wieder ganz der mir so vertraute, gönnerhafte Künstler von Weltrang, der geistreich seinen Charme versprühte. Picco war schwer beeindruckt – und ich erleichtert, dass Gerhard zu alter Liebenswürdigkeit zurückgefunden hatte. Selbstverständlich begleitete er uns abends noch an die Bahn, die uns zurück in die Innenstadt brachte. Zwar hatte ich den Eindruck, dass es ihm lieber gewesen wäre, wenn Picco nun nicht mehr dabei gewesen wäre. Aber ich wusste ja aus früheren Zeiten, dass es sowieso zu keinem ernsthafteren Gespräch gekommen wäre: Er war schon immer ausgewichen, wenn man an der Oberfläche kratzte und es für ihn unangenehm zu werden drohte.

Für die Zeit bis zur Abreise blieb Picco bei mir, und tatsächlich funktionierte auch unsere Heimfahrt wie geplant, zumindest bis zu unserer Ankunft in Flensburg. Spontan nämlich hatte Picco sich überlegt, mit mir nach Kollund weiterzureisen, sich jedoch nicht rechtzeitig um die Papiere für den Grenzübertritt gekümmert. Trotz aller Bemühungen scheiterte ihre Einreise nach Dänemark an den Behörden, und so mussten wir in Flensburg vorerst Abschied voneinander nehmen. Während sie also auf der deutschen Seite der Grenze blieb, fuhr ich mit dem Stadtbus hinüber in meine dänische Heimat.

Wie schön es war, wieder daheim zu sein und die Eltern so heiter und gesund vorzufinden! Doch hielt es mich nicht lange in unserem Hause, denn nebenan wartete schon Bäberlein auf mich! Getragen von einer riesigen Glückswoge genossen wir unsere gemeinsame Urlaubszeit im Norden. Es wurden sehr erholsame und friedliche Tage bei herrlichem Wetter, wir unternahmen allerlei Ruder-, Bade- und Einkaufstouren und knüpften nahtlos an die alten Zeiten unserer unerschütterlichen Jugendfreundschaft an.

Das dicke Ende kam dann allerdings am 29. August 1943, dem Tag unserer geplanten Abreise. Frühmorgens stellten wir nämlich fest, dass die Telefone nicht mehr funktionierten. Fieberhaft versuchten wir herauszubekommen, ob es sich nur um einen Defekt des Telefonnetzes handelte, oder ob auch die Zugverbindungen unterbrochen waren.

Zu unserem Entsetzen erfuhren wir, dass seit diesem Morgen der Ausnahmezustand über ganz Dänemark verhängt worden war. Offensichtlich hatten die Demonstrationen gegen die deutsche Besatzung und die zunehmenden Sabotageakte auf Eisenbahnlinien überhandgenommen. Für uns in Nordschleswig bedeutete dieser Zustand nun: keine Telefonverbindung mehr, keine Postzustellung, kein Personentransport mit Omnibus oder Zug, gar nichts! Man saß völlig abgeschnitten da. Zudem war die Grenze gesperrt für jeglichen Warenverkehr. Das war bitter für unsere recht umfangreichen Fress- und Schuhpakete, die ein Freund für uns hatte über die Grenze mitnehmen wollen. In der Nacht aber hatten sich die Prioritäten verschoben. Und da die Truppentransporte nun Vorrang hatten, standen unsere Pakete morgens immer noch da. Bäberlein und ich waren fast den ganzen Tag unterwegs, um wenigstens für uns den Grenzübertritt zu erwirken. Und wir konnten wahrlich von Glück sagen, dass wir schließlich doch die Grenze passieren durften. Dank unserer charmanten Hartnäckigkeit fand sich sogar für unsere Pakete noch eine Lösung: Ein Flak-Postholer erbarmte sich unseres Gepäcks und brachte es für uns über die Grenze.

Die erste Hürde war also genommen. Doch durch die völlig außerplanmäßigen Ereignisse verschoben sich im Folgenden auch alle Fernreisen. Bis Hamburg kamen wir noch, doch dann waren wieder Organisationstalent und Überzeugungskunst gefragt. Für Bäberlein fand sich recht schnell eine Verbindung über Frankfurt und Stuttgart zurück nach Überlingen. Für mich aber war es um einiges schwieriger, denn die Züge nach München waren alle ausgebucht. Doch dank der dänischen Mettwurst, mit der ich den Schaffner bestach, schaffte ich es sogar, einen Platz im Schlafwagen zu ergattern. Als ich mit einem halben Tag Verspätung im Geschäft auftauchte, herrschte allgemeine Begeisterung über mein Erscheinen. Denn selbstverständlich hatte man die Nachricht vom Ausnahmezustand in Dänemark längst vernommen und sich wenig Hoffnungen gemacht, mich allzu bald wiederzusehen. Ich aber freute mich, dass sogar meine verspätete Ankunft mit so viel Enthusiasmus gefeiert wurde.

Gleichzeitig aber ereilte mich die Nachricht, dass Picco mitsamt dem gesamten BMW-Kinderheim an den Starnberger See evakuiert worden war. Das war misslich für sie, denn nun war sie gezwungen, ihr Zimmer in der Stadt endgültig aufzugeben. Aber wenigstens lag Starnberg nicht aus der Welt, sodass wir uns weiterhin am Wochenende würden sehen können.

Abends dann fuhr ich mit meinen Schuhpaketen nach Solln hinaus, überreichte unter großen Begeisterungsstürmen die aus Dänemark importierten, tadellos passenden Schuhe für Lisa und Gundel Hüsch und holte mein Fahrrad ab. Wie schön, wieder „dahoam“ zu sein!

Gut zwei Wochen vergingen, dann allerdings rückte auch München als viertgrößte Stadt Deutschlands und „gesegnet“ mit kriegswichtiger Industrie in den Fokus der feindlichen Kriegshandlungen. Offensichtlich waren die gegnerischen Bomberverbände nun technisch in der

Lage, den weiten Weg von der britischen Insel bis nach Süddeutschland und zurück zu bewerkstelligen, denn in der Nacht vom 5. September 1943 erreichten uns die ersten alliierten Fliegerstaffeln:

„Nachts hatten wir einen ausgedehnten, recht scheußlichen Alarm, bei dem viel passiert ist, besonders in Sendling, Thalkirchen und Solln, aber auch sonst noch allerhand. Wir sind diesmal noch verschont geblieben, aber dies ist natürlich erst ein milder Anfang."

(Tagebuch, 5. September 1943)

Dies also war der erste Bombenangriff, den ich in München – noch in der Römerstraße wohnend – miterleben musste. Besorgt über die Nachricht, dass ausgerechnet Solln Ziel der Angriffe gewesen war, rief ich sofort bei Familie Hüsch an und erfuhr, dass man bis auf den Umstand einer beklemmenden Nacht im Schutzkeller alles gut überstanden hatte. Lisa Hüsch, mit der ich sprach, war ebenfalls sehr erleichtert zu hören, dass mir nichts passiert war, und fragte spontan, ob ich während dieser kritischen Zeit nicht bei ihnen schlafen wollte. Wie rührend von ihr und wie fürsorglich! Ich nahm das Angebot selbstverständlich mit Freuden an, wusste ich doch, dass ich mit der Aussicht, nicht mehr mitten in der Innenstadt zu wohnen, Vater und Mutter sehr beruhigen würde. Außerdem war ich natürlich auch selbst goldfroh, dass ich beim nächsten Fliegeralarm nicht mehr einsam in der Stadt würde sitzen müssen.

Die erste Fahrt mit dem Rad nach Solln allerdings war recht unheimlich: Überall brannte es noch, alles war verqualmt, staubig und schmutzig. Jeden Augenblick dachte ich: Jetzt kannst du nicht weiter oder musst große Umwege machen! Aber es ging gut: Um halb zehn Uhr abends kam ich heil in der Margeritenstraße in Solln an. Zufällig war Gerhard gerade am Gartentor und nahm mich freudig in Empfang. Dann zeigten mir Lisa und die Kinder das nette kleine Zimmer, das sie im Obergeschoss für mich vorgesehen hatten, und kochten mir einen Tee zum Einstand. Ach, es war überhaupt alles so rührend nett bei meiner Ankunft im Hause Hüsch.

Natürlich machte ich mich von nun an auch nützlich: Ich hütete das Haus, wenn Gerhard auf Konzertreise war und Lisa die beiden Großen – Hartmut und Gundel – nach Gardelegen ins Internat begleitete; ich half im Haushalt und im Garten, unterstützte Lisa bei der Vorbereitung von Festlichkeiten und passte schon mal auf die beiden Kleinen auf. Im Winter stand ich mit Gerhard auf den Dächern von Haupthaus und Scheune und fegte eifrig den meterdicken Schnee herunter. Oder ich brachte mein Fachwissen ein, indem ich die Hausbibliothek archivierte. Dafür legte ich ein Verzeichnis aller im Haus vorhandenen Bücher und Noten an: erstens der Übersicht zuliebe; zweitens vorsichtshalber zur Dokumentation möglicher Kriegsschäden; und drittens, weil ich einfach Lust dazu hatte.

Von Solln aus fuhr ich nun meist mit dem Zug zur Arbeit, und für die Rückfahrt am Abend verabredeten Gerhard und ich als Treffpunkt den letzten Wagen der Bahn um halb sieben. Ich genoss diese Zeit der gemeinsamen Heimreisen sehr. Dennoch rief ich mich immer wieder zur Ordnung: Ich wollte immer schön bescheiden sein und diesen Glückszustand bloß nicht durch Leichtsinn oder Übermut gefährden.

Doch tat auch Abstand manchmal ganz wohl: Die Sonntage, die ich fleißig schreibend und allein in der Römerstraße zubrachte, wurden zwar seltener, waren aber hin und wieder auch nötig. Ich behielt also bis auf Weiteres mein Zimmer bei Frau Hatz, bewahrte mir so meine Unabhängigkeit und hatte weiterhin eine Adresse, an der Postsendungen für mich abgegeben werden konnten. Grundsätzlich hätte die Post natürlich auch nach Solln geschickt werden können, doch aus Gründen, die mir selbst schleierhaft waren, wäre mir das nicht recht gewesen. Zum einen hätte ich mich dann wohl mit meinem Wohnsitz ummelden müssen, was unnötige Behördengänge zur Folge gehabt hätte; zum anderen wäre ich dann offiziell und dauerhaft Mitbewohnerin im Hause Hüsch gewesen, was der Familie vielleicht gar nicht recht gewesen wäre. Der eigentliche Grund aber war wohl, dass ich vor meinen Eltern, vor allem aber vor meiner Cousine Traute nicht hätte dastehen mögen als die unmoralische Freundin eines berühmten Künstlers, die nicht einmal davor zurückschreckte, sich in dessen Familie breitzumachen. In gewisser Weise konnte ich Trautes Bedenken ja verstehen: Meine Cousine wusste um meine intensiven Gefühle für Gerhard und hätte sich nicht vorstellen können, wie artig ich mich nun hier in München verhielt.

Wie dem auch immer sei: An meiner offiziellen Postadresse in der Römerstraße wurden immer wieder phantastische Pakete für mich abgegeben: Es war geradezu rührend, wie Vater und Mutter mich mit den besten Lebensmitteln aus der Heimat bedachten. Ich wiederum revanchierte mich, indem ich ihnen von meinem Ersparten jeden Monat 125 Reichsmark nach Hause schickte und damit half, die heimatliche Haushaltskasse aufzustocken.

Doch trotz aller Bemühungen, ein möglichst normales Leben zu führen, drängte sich immer wieder die Erkenntnis ins Bewusstsein, dass auch in München der Krieg angekommen war. Seit dem nächsten großen Angriff am 2. Oktober 1943, bei dem das Nationaltheater völlig ausbrannte und die Residenz schwer beschädigt wurde, war Gerhard nun deutlich häufiger zur Nachtwache in der Stadt eingeteilt. Welch ein Glück, dass er vorerst noch nicht zum Kriegsdienst eingezogen wurde.

Später allerdings wurde er dann doch noch zum Volkssturm kommandiert: Diese Reservetruppe erfasste alle arbeitsfähigen Männer von 16 bis 60 – und damit die allerletzten verfügbaren Zivilisten. Gegen Ende des Krieges war er sogar zum „Künstler-Kriegseinsatz" verpflichtet: Er sang in Marineschulen, unter anderem auch in meiner alten Heimat Mürwik und Glücksburg, bereiste in musikalischer Mission die SS-Truppen im Protektorat Böhmen und Mähren und gestaltete musikalische Umrahmungen und Feierlichkeiten in SS-Schulen, wo bis zuletzt noch feudalste Hochzeiten gefeiert wurden.

So heiter diese musikalische Mission auch klang, so bedrückend war die gesamte Situation. Man durfte auf keinen Fall darüber nachdenken, was die Zukunft wohl noch alles bringen könnte. Jede Stunde intensiv auszunutzen, das war die einzige Möglichkeit, um trotz dieser bedrohlichen Aussichten dem Leben noch möglichst viel Schönes abzugewinnen.

Von diesem Lebensmut war auch der Weihnachtsbrief meiner Cousine Traute getragen, wenngleich er nicht die Hamburger Kriegserlebnisse verschwieg:

Meine liebe Wiebke, *Hamburg, 13.12.43*

ich schreibe Deinen Weihnachtsbrief im Keller! Jedenfalls wünsche ich Dir ein bisschen Ruhe und Gemütlichkeit, meine Beste. Mit meinem Urlaub ist es leider nichts, über Weihnachten bekommen nur die Urlaub, die totalbeschädigt sind und durch die Katastrophe von ihren Angehörigen getrennt wurden. Ich war in der Stadt, in der Rauhen-Haus-Buchhandlung – da kam Alarm. Nun bin ich schnell ins Theater, die Elektriker-Bude ist im Handumdrehen voll, und es wird sehr geschossen: Scheiße! Ob nun der Tanz von vorne losgeht? Jedenfalls sind wir diesmal gemeint. Hoffentlich macht Dir das kleine Buch etwas Freude. Und das kleine auf Holz gemalte Bild ist eine echt russische Ikone : In diesem Fall der Heilige Georg … das Bildchen soll gut 100 Jahre alt sein. Einen Talisman kann man heute ja gebrauchen, nicht wahr? Darum trage ihn immer bei dir! –

Der Angriff dauerte eineinhalb Stunden und war recht scheußlich. Es hat den Anschein, als wenn es nun wieder losginge, keine schöne Aussicht. Ist es bei Euch ruhig?

Ach, Wiebke, dies ist kein richtiger Weihnachtsbrief, aber ich möchte das Päckchen auf die Post bringen – und die Alarme bringen einen ganz aus dem Geleise und kosten so viel Zeit.

Es galt natürlich Hamburgs Elbanlagen. Der Bahnhof ist ganz weg und die Industrie wie gesagt schwer getroffen, Bahnverbindung gestört … Lass es Dir so gut wie nur irgend möglich gehen, meine liebe Wiebke, und sei sehr, sehr herzlich gegrüßt von Deiner Traute

Auch in München ging der Krieg weiter, allerdings stand mir von nun an der Heilige Georg schützend zur Seite. Außerdem sorgten weiterhin kulturelle Ereignisse für wohltuende

Abwechslung. Aufgrund der Bombenschäden an den eigentlichen Konzertstätten fanden sie jedoch teilweise in provisorischen Musiksälen statt – und leider manchmal auch an schlecht präparierten Instrumenten. So war es in meinen Augen eine Affenschande, dass selbst für einen Pianisten von Weltrang wie Walter Gieseking der Konzertflügel so schlecht gestimmt war, dass er seinen Schubert-Abend auf einem Ersatzinstrument geben musste! Dennoch hätte ich mir das Konzert niemals entgehen lassen, denn ich verehrte Gieseking sehr und bewunderte ihn vor allem für die Fähigkeit, mit seiner Musik so viel Ruhe und Zuversicht auszustrahlen.

Auch die Filmkultur blühte und sorgte für willkommene Ablenkung. Denn tatsächlich hatten die Tagesalarme drastisch zugenommen, sodass wir jetzt beinahe jeden Mittag ab halb eins frierend in unserer Eishöhle von Luftschutzkeller saßen und dem Moment entgegenzitterten, an dem der Spuk wieder vorbei war. Schade um die Zeit!

Nach mehreren auf einander folgenden Fliegeralarmen im März 1944 gab uns der Chef sogar für den Rest des Tages frei. Diesen geschenkten Tag feierte ich mit zwei Kolleginnen, indem wir uns die *Feuerzangenbowle* im Kino ansahen. Der Film gefiel uns ganz ausgezeichnet, Heinz Rühmann in der Hauptrolle hatte wirklich ganze Arbeit geleistet und schaffte es mit Leichtigkeit, uns für ein paar Stunden in eine andere, friedvolle Welt zu entführen.

Wenig später wiederum folgte der große Bombenangriff vom 24. April, bei dem die Briten ihre Bombenladungen gleich tonnenweise über der Stadt abwarfen. Es war eine verheerende Nacht, München brannte lichterloh. Glücklicherweise hatten wir in Solln außer dem nächtlichen Bombenalarm nicht viel mitbekommen.

Am nächsten Tag machte ich mich besonders früh auf den Weg zur Arbeit, diesmal per Rad, denn selbstverständlich fuhr nun die Stadtbahn nicht mehr. Schon an der Isar kam ich in Qualm und Funkenflug, und ich schwor mir, von nun an nur noch mit Gasmaske und Schutzbrille bewaffnet in die Stadt zu fahren. Ganz schlimm wurde es dann in der Maximilianstraße: Man konnte fast nicht weiter. Ich befürchtete Schlimmstes. Denn überall in der Altstadt war so unfassbar viel zerstört, es brannte so ziemlich das ganze Zentrum. Schließlich erblickte ich unser Geschäft: Es stand inmitten brennender Häuser ... aber es stand noch!

Unser Laden hatte also wieder einen Schutzengel gehabt. Diesmal galt es, die Geschäftsräumlichkeiten komplett von Rußverschmutzungen zu reinigen sowie Schäden durch Löschwasser und Trümmerteile, die durch die geborstenen Fenster ins Innere geschleudert worden waren, zu beheben. Dennoch war Herr Horn zuversichtlich, dass wir den Laden bereits zum 1. Mai wieder würden öffnen können.

Tatsächlich aber war selbst am 4. Mai noch nicht an normalen Geschäftsbetrieb zu denken, weil es keinen Strom gab. Jeden Vormittag trafen wir uns also für ein halbes Stündchen, besprachen die aktuelle Lage und verabredeten uns wieder für den nächsten Tag. Ich genoss diese kleinen „Zwangsferien" ohne Bedenken, denn man konnte ja nie wissen, was noch alles kommen würde und wie man seine Kräfte dann würde brauchen können.

Ohne es zu wollen, befanden wir uns nun also in der heißen Phase des Krieges. Dennoch behielten wir alle so gut wie möglich den Rhythmus des Alltags bei. Und dieser bedeutete in einem Musikerhaushalt wie dem der Familie Hüsch auch regelmäßige Gesangsabende im Wohnzimmer, gestaltet von Gerhards Schülerinnen – die männlichen Studenten waren ja zum Kriegsdienst eingezogen. Wir bewunderten die Leistungsbereitschaft und Gestaltungsfreude der jungen Sängerinnen und natürlich auch Gerhards großartiges Talent, jede einzelne Schülerin bestmöglich zu fördern, die Individualität der jeweiligen Stimme gekonnt herauszuarbeiten und seinen Studentinnen das Bewusstsein für ihre persönlichen Stärken mitzugeben. Gerhard war eben nicht nur ein Meister der Stimme, sondern auch der Motivation. Von der Routine der Hauskonzerte wurde übrigens nicht einmal dann abgewichen, wenn Gerhard im Künstler-Kriegseinsatz war, dann allerdings fanden die Abende unter der Leitung seiner Assistentin Fräulein Harmsen statt.

Wenig später, im Juni 1944, begann die Invasion der Engländer und Amerikaner an der Küste der Normandie, und ich notierte in mein Tagebuch:

„Ein grausames Morden fängt an, vorneweg die ganz Jungen, die ganz Begeisterten: Hitlerjugend-Division der S. S. – und das Volk strahlt: „Denken Sie nur, die Invasion hat angefangen!“ Solche fröhlichen Mitteilungen hörte man verschiedentlich. Dabei ist es, abgesehen davon, dass wir eigentlich in England invadieren wollten, ja wirklich kein freudiges Ereignis.“

(Tagebuch, 6. Juni 1944)

Die Antwort Hitlers ließ gerade einmal zehn Tage auf sich warten, dann erfuhr man über Radio und Wochenschau: „Wir haben seit heute den Kampf mit der Geheimwaffe des Führers gegen Südengland eröffnet.“ Es handelte sich dabei um ein führerloses Flugzeug, das in Wirklichkeit eine gigantische Bombe darstellte. Diese explodierte dann an ihrem vorausberechneten Ziel und sorgte dabei für unvorstellbare Verwüstung. Die Berichte im Radio waren mit wohlklingender „Invasions-Geheimwaffen-Fanfare“ versehen und sollten Siegeswillen und Zuversicht vermitteln. Die Fratze des Krieges wurde immer hässlicher.

Derweil verschärfte sich ab Juli 1944 auch die Lage für uns in München: Nach dem schweren Angriff auf Schwabing und das BMW-Werk fuhren gar keine öffentlichen Verkehrsmittel mehr. Fräulein Türck und ich wurden tags darauf nach einem weiteren schweren Luftschlag vorzeitig nach Hause geschickt, doch auch entlang der Isar brannte alles. Kurz nachdem wir uns getrennt hatten, ging 50 Meter hinter mir ein Zeitzünder hoch, es regnete Pflastersteine, die Menschen liefen schreiend auseinander, die Verwundeten blieben reglos liegen. Ich kam mit dem Schrecken davon.

Bald aber sah ich die Rauchwolken über Solln aufsteigen! Ich nahm die Beine in die Hand und jagte zur Margeritenstraße: Das Nachbarhaus war nur noch ein Trümmerhaufen, bei uns fehlte die gesamte Ostwand, sämtliche Räume im Erdgeschoss waren bis unter die Decke angefüllt mit Schutt. Bewohnen konnte man eigentlich nur noch die Kinderzimmer in der oberen Etage ... doch das Wichtigste war, dass alle Bewohner gesund und unverletzt geblieben waren!

Nun also war Krisenbewältigung gefragt: Lisa Hüsch und ich begannen sofort, den Schutt ins Freie zu schaufeln, und die ukrainische Haushälterin Eugenia baute sich im Garten einen Steinherd, um von nun an alle Küchenaktionen nach draußen zu verlegen. Parallel dazu wurden wir sehr gut und reichlich von einer Hilfsorganisation verpflegt, die als einzige über „unterbrechungsfreie Stromversorgung“ – kurz USV – verfügte: Sie schlug ihre Zelte in unserer direkten

Nachbarschaft auf und versorgte die Bevölkerung mit nahrhafter, dicker Suppe, reichlich Brot und Obst.

Satt wurden wir also. Zur Ruhe aber kam ich erst, als wir den Flügel freigeschaufelt hatten. Er hatte zwar vorne eine Leiste verloren, und die Klaviatur war übersät mit Staub und Steinchen, ansonsten aber war er unversehrt geblieben. Welch ein Segen, dass der Resonanzboden keine Risse bekommen hatte!

Unser Nachtlager allerdings mussten wir weiterhin unter der Linde im Garten aufschlagen, und unser Horizont verengte sich auf nur noch vier Tätigkeiten: Schaufeln, Räumen, Essen und Schlafen. Als Gerhard und die Kinder wenig später wohlbehalten eintrafen, war die Seligkeit vollkommen. Nun also schaufelten wir zu Acht, klopften Steine, stapelten sie mittels Helferkette hinter dem Haus auf und waren froh, auf diese Weise viel mehr schaffen zu können.

Doch trieb mich auch die Unruhe zu erfahren, wie Frau Hatz, unser Geschäft in der Maximilianstraße und Familie Horn die schweren Angriffe überstanden hatten. Also nahm ich all meinen Mut zusammen, schwang mich aufs Rad und schlug mich bis nach Schwabing durch: Es war grausig, überall brannte es, wirklich jede Straße war von den Zerstörungen betroffen. Auch in der Römerstraße schlugen mir meterhohe Flammen entgegen – verschont geblieben waren nur unser Haus Nummer 26 und die unmittelbar angrenzenden Häuser, wenngleich sie nun ohne Fensterscheiben, ohne Strom und Wasser auskommen mussten. Die Anwohner – allen voran meine liebe alte Frau Hatz – waren mit dem Schrecken davongekommen, und ich war überglücklich, sie alle wohlbehalten wiederzusehen. Inmitten dieser Kriegswirren, wartete dort, in meinem Zimmer, Post auf mich.

Wie skurril das doch war: Geschäftspakete kamen nicht mehr an, aber ein Futterpaket aus Kollund stand einfach da und harrte meiner!

Durch die Leopoldstraße und die Ludwigstraße, beide völlig verqualmt, fuhr ich nun zum Geschäft und konnte mich davon überzeugen, dass auch dieses den Angriff überstanden hatte. Natürlich traf ich dort niemanden an, ebenso wenig wie in der Wohnung von Familie Horn. Doch erfuhr ich, dass Herr Horn einen Herz-Kollaps erlitten hatte und mit seiner Frau aufs Land gefahren war. Man konnte also davon ausgehen, dass an eine Ladenöffnung vorläufig nicht zu denken war, wenngleich sich die Schäden in Grenzen hielten.

Die Theatinerkirche aber und das Künstlerhaus brannten, und ab dem Stachus begann die ganz große Zerstörung: Die Akademie der Bildenden Künste, die Universität und nahezu alle großen Gebäude vom Siegestor bis zum Odeonsplatz waren ausgebrannt. Dabei bot das Siegestor ein beinahe apokalyptisches Bild: Der Torbogen als solcher stand noch – wenn auch schwer beschädigt. Aber die Siegesgöttin und ihre vier Löwen waren hinuntergestürzt und lagen nun im Dreck der Geschichte.

An der Isar entlang fuhr ich zurück, und auf der anschließenden Strecke durch den Wald kam ich alle 50 Meter an einem Bombentrichter vorbei. Inzwischen hatte ich gelernt, dass man in der Nähe von Trichtern auch immer mit Blindgängern rechnen musste, und war deshalb sehr angespannt. Welch ein Genuss, endlich nach Solln hinauszukommen! Die Arbeit dort in Staub und Schutt erschien mir nun wie wonnigster Frieden. Und man wurde sehr dankbar, dass man überhaupt noch am Leben war! Sobald der Plattenspieler und die Schallplatten freigelegt waren, feierten wir dieses Ereignis mit einer ganz besonderen Aufnahme der *Matthäus-Passion*, nämlich jener Einspielung mit dem Thomanerchor und mit Gerhard als Solisten.

Die nächste Aufgabe bestand darin, die wichtigsten Wände im Erdgeschoss fachmännisch abstützen zu lassen, damit wir wenigstens die obere Etage wieder gefahrlos bewohnen konnten; unser romantisches Feuerchen im Garten unterhielten wir aber weiterhin. Selbstverständlich hatten wir die Maurer auch gleich engagiert, damit sie die Ostwand wiederherstellten, und zwar möglichst noch, bevor das Wetter umschlug. Allerdings dauerte ihr Werk ewig, denn jeden Morgen gab es nun Luftangriffe, auch auf Münchens Vororte.

Unbeeindruckt davon installierten wir eine neue Radioantenne auf dem Dach und hatten nun geradezu märchenhaft guten Empfang. Die ersten Nachrichten allerdings, die wir hörten, waren alles andere als schön: Auf den Führer war ein Bombenattentat verübt worden, bei dem einige Generäle schwer und andere leicht verletzt worden waren. Der Führer selbst aber hatte nur Verbrennungen leichterer Art und Prellungen davongetragen: „Die Vorsehung hat gesiegt!", so das Fazit des Nachrichtensprechers. Schade, dachte ich! Wie schnell hätte das Leben für uns alle eine andere Wendung nehmen können! Doch es war nicht zu ändern: Das unsägliche Kriegsdrama ging weiter, nun allerdings ergänzt um das blutige Massaker gegen die „Volksverräter" um Graf von Stauffenberg, die doch – zumindest aus meiner Sicht – in edelster Absicht gehandelt hatten!

Für mich lief derweil die Arbeit im Laden wieder an, doch beschränkte sie sich im Wesentlichen auf die Wiederherstellung der Ordnung, denn Kunden hatten wir zunächst sehr wenige. Deswegen senkten wir bald die Preise und versuchten, möglichst viel zu verkaufen, anstatt zu riskieren, die Ware vielleicht beim nächsten Brand zu verlieren. Und siehe da: Die vergünstigten Preise sprachen sich schnell herum und brachten wieder Kunden ins Geschäft. Das machte Spaß und baute unsere Moral etwas auf. Dafür aber ging uns die andauernde Zappeligkeit unseres Chefs ganz schön an die Substanz: Jede halbe Stunde musste ich zum Hausmeister laufen, um die aktuellen Luftnachrichten einzuholen. Wenn ich mit einer Meldung kam, geriet Herr Horn in Panik! Lag aber keine Gefahrenmeldung für den Luftraum vor, war er auch unzufrieden.

Für meine Eltern erschienen die Nachrichten aus dem fernen München natürlich doppelt so schlimm, und sie machten sich große Sorgen um mich – mehr, als ich es für nötig hielt. Aber das war ja meistens so. In Kollund jedenfalls herrschten Ruhe und Frieden, was nun wiederum mich sehr tröstete. Anders als wir waren sie ja von der deutschlandweiten Schließung von Schulen, Universitäten und Kulturinstituten nicht betroffen. Für unseren Betrieb aber stellte der von Berlin aus befohlene Schließungsbefehl eine existenzielle Bedrohung dar. Glücklicherweise standen die bayerischen Entscheidungszentren auf unserer Seite: München sicherte uns zu, die Angelegenheit mit Berlin zu regeln und wies uns an, den Laden weiter zu betreiben. Und tatsächlich zahlte sich diese bajuwarische Sturheit aus: Herr Horn konnte seinen Laden bis in die letzten Kriegstage geöffnet halten!

Die Zerstörung von Deutschlands Infrastruktur schritt derweil voran. Etliche Bewohner wurden obdachlos, teilweise waren sie sogar schon zum zweiten Mal ausgebombt. Darunter war auch Fräulein Harmsen, Gerhards Assistentin, die alles außer ihrem Leben verloren hatte und nun zusammen mit ihrer Mutter Unterschlupf im Hause Hüsch fand. Beide waren sehr nett, aber auch ziemlich neugierig; dazu kam die Enge im Haus, die allen aufs Gemüt schlug.

Doch es kam noch schlimmer. Nach dem bisher schwersten Angriff am 17./18. Dezember 1944 wurde die Münchener Innenstadt nun beinahe vollständig verwüstet. Diesmal nun war auch unsere Musikalienhandlung betroffen: Das Schaufenster war gänzlich herausgerissen, Strom und Heizung funktionierten nicht, und wir hatten unsere liebe Not, die Fensteröffnung wenigstens notdürftig zu verkleiden. Das schien unsere Kundschaft aber nicht von ihren Kaufabsichten abzuhalten. Und so nahmen wir das in diesem Winter überraschend florierende Weihnachtsgeschäft – wenn auch in einem nur provisorisch aufgeräumten Laden – gerne mit, bevor uns Herr Horn mit großzügiger Gratifikation in die Weihnachtstage entließ.

Fataler Weise war es im Dezember barbarisch kalt geworden, und im Januar wurde es sogar noch eisiger, so dass wir auch dann noch froren, als das Geschäft soweit wieder beheizt werden konnte. Die Wärme aber zog einfach ab, da half auch die Isolierung gegen den provisorischen Schaufenster-Ersatz wenig.

Doch auch die Organisation des Alltags gestaltete sich immer schwieriger. Die Essensrationen wurden knapper, die Notlager für die Geflüchteten, aber auch für die Ausgebombten waren hoffnungslos überfüllt. Außerdem zehrte die klirrende Kälte sämtliche Vorräte an Kohle und Brennholz schnell auf.

Das Elend der Endzeit war bei jedem Einzelnen angekommen und nicht mehr zu leugnen.

2. Umwege durch Bayerisch-Schwaben

Das gleichmäßig-beruhigende Geschaukel des Zuges und die rhythmisch-monotonen Geräusche der Räder wirken auf viele Menschen sehr einschläfernd, insbesondere auf solche mit akutem Schlafmangel. Offenbar verfehlte die Zugfahrt auch bei mir ihre Wirkung nicht, denn plötzlich schreckte ich hoch, als die Bremsen quietschten und der Zug unerwartet zum Stehen kam.

Soeben waren wir in Augsburg angekommen, der Stadt der zauberhaften schmiedeeisernen Gitter, der entzückenden Fuggerei und des herrlichen Rathauses. Ich lächelte, als ich mich an meinen letzten Besuch hier erinnerte. Er war keine 18 Monate her. Und doch schien es eine komplett andere Zeit gewesen zu sein. Inzwischen bot die Stadt ein ganz anderes Bild. Die Augsburger Bombennacht im Februar 1944 hatte innerhalb von nur 15 Minuten die Altstadt in ein Flammenmeer verwandelt; während man tagsüber die Messerschmidt-Werke ins Visier genommen hatte, galt nachts die Zerstörungskraft von Spreng- und Brandbomben der Augsburger Bevölkerung. Der bedeutsame *Augsburger Religionsfrieden* von 1555, er war so lange her. Ach, wenn es doch bald einen neuen Frieden gäbe!

Leider erfuhren wir, dass wir unsere Reise in diesem Zug nicht würden fortsetzen können: „Dieser Zug endet hier", so die knappe Ansage. Auf meine bescheidene Frage, wie ich denn nun am besten nach Hamburg weiterreisen könne, bekam ich die spöttische Antwort: „Da setzen Sie sich nur auf Ihr Rad und fahren Sie hin!“ Zunächst war ich ziemlich entgeistert, und wie in Trance stieg ich aus und nahm mein Gepäck an mich. Dann aber weckten die allgemeine Ungewissheit, aber auch die Erkenntnis, komplett auf mich allein gestellt zu sein, meinen Kämpfergeist: Auf wundersame Weise setzte er genau zur richtigen Zeit wieder ein.

Wie meine Erkundigungen ergaben, sollte bald eine Bahn Richtung Norden mit dem Ziel Donauwörth kommen. Also wartete ich zunächst geduldig und setzte dann meine Reise mit einem, wie ich dachte, kleinen Umweg durch Bayerisch-Schwaben fort.

Doch auch diese Bahn hielt vorzeitig. Aufgrund von Bombenschäden war die Bahnstrecke so zerstört, dass die Züge nicht mehr ganz bis Donauwörth fahren konnten und man die letzten acht Kilometer zu Fuß bewältigen musste. Zum Glück hatte ich mein Rad dabei, auf dem sich meine Habseligkeiten sehr gut verstauen ließen. Und so radelte ich zeit- und kräftesparend der nächsten Station entgegen, kam deutlich vor den anderen Reisenden in Donauwörth an und erreichte dadurch noch den mittags abfahrenden Zug nach Treuchtlingen.

Der nächste Teil meiner Reise gestaltete sich nicht besonders komfortabel und bedeutete zudem eine ziemliche Tortur für meine Nase, denn diesmal fuhr ich in einem Viehwaggon. Über eine Rampe betraten wir Passagiere den geschlossenen Güterwagen, in dessen Inneres nur wenig Licht fiel. Man fühlte sich in diesem dunklen und stickigen Verschlag eingepfercht wie Nutzvieh auf dem

Weg zur Schlachtbank. Auch der intensive Stallgeruch deutete darauf hin, dass in diesem Wagen zuvor Tiere transportiert worden waren. Die Hauptsache war aber, dass man überhaupt mitkam, was bei dem Andrang und der absoluten Planlosigkeit stets ein Glücksfall war.

Eine Viertelstunde vom eigentlichen Bahnhof entfernt endete auch diese Fahrt, und so mussten wir erneut die letzten zwei Kilometer auf Schusters Rappen oder mit dem Rad zurücklegen. In Treuchtlingen hatte ich aber wieder Glück und erreichte den Anschlusszug, der noch an diesem Abend nach Würzburg abfuhr.

An der Altmühl entlang zuckelten wir nun unserem nächsten Etappenziel entgegen. Im Gegensatz zu den kriegszerstörten Städten, die ich auf meiner Reise bereits gesehen hatte, erschien mir der Anblick des Fränkischen Seenlandes im Licht der untergehenden Sonne geradezu paradiesisch. Der Frieden, den die verträumte Idylle dieser Landschaft ausstrahlte, erinnerte mich an unvergessliche Urlaubstage in Überlingen – wenngleich es die Seenlandschaft hier natürlich nicht mit der Majestät eines Bodensees aufnehmen konnte und vom anderen Seeufer auch nicht die hell erleuchtete Schweiz herübergrüßte. Es brachte mich aber auf ganz andere Gedanken, und bald war ich tief in meinen Tagträumen versunken. Krieg und Idylle – wie oft in den letzten Jahren waren sich genau diese zwei Gegenpole in meinem Leben begegnet ...

„Die Politik und der Krieg rasen, es ist entsetzlich! Am 9. und 10. April 40 die Besetzung Dänemarks und Norwegens. In Lille Danmark ist alles ohne Widerstand abgegangen, aber in Norwegen kämpfen sie noch heute, hauptsächlich

bei Narvik und um die Eisenbahnlinie zu den schwedischen Erzen.

9. und 10. Mai 40 die Besetzung Hollands und Belgiens. Holland ergab sich nach 5 Tagen bis auf Rotterdam, was deshalb gänzlich zerstört wurde. In Belgien war die Sache ungleich schwieriger, weil dort die besten Armeen Frankreichs und ein englisches Expeditionsheer sich den deutschen Truppen entgegenstellten. Die Kämpfe spielten sich in Flandern ab, sie müssen grauenvoll gewesen sein, und die deutschen Soldaten haben fabelhafte Leistungen vollbracht. Die französischen Armeen haben sich ergeben, das englische Expeditionsheer wurde aufgerieben bei dem Fluchtversuch, den es als letzten Ausweg sah. Hoffentlich hat alles bald ein Ende, ich fürchte aber, das Gegenteil wird der Fall sein."

(Tagebuch, 9. Juni 1940)

Die politische Lage im Juni 1940 war niederschmetternd, meine Stimmung entsprechend gedrückt. Umso beglückender schien da der Plan, Ende Juli eine Reise zu meiner treuen Freundin Bäberlein an den Bodensee zu unternehmen. Der Zug von Hamburg aus war natürlich gerammelt voll, doch ich war so müde, dass ich schon kurz nach dem Einsteigen einschlief. „Scheinbar schlummert der Leib, aber die Seele ist wach." Dieses Zitat von Wilhelm Busch beschreibt meinen Zustand wohl am besten: Ich hörte alles, was um mich herum vor sich ging, schlief dabei aber tief und entspannt.

„Ob die junge Dame vielleicht in Hannover aussteigen will?"

„Sollten wir sie dann nicht besser wecken und fragen?"

„Ja, man kann es ja nicht wissen, so ein alleinreisendes Fräulein."

Dann also wurde ich sanft geweckt: „Fräulein, wollen Sie hier aussteigen?“ Ich wollte nicht, dankte aber für die Nachfrage und schlief sofort wieder ein. Neben mir saß ein junger Flak-Soldat, der ebenso müde war. Nach einer Weile kippte sein Kopf zu mir herüber, und kurz darauf sank der ganze Kerl an meine starke Schulter und schlief dort selig weiter. Mich störte das nicht weiter: Ich verbuchte es als meinen Beitrag zum „Dienst am Vaterland“.

Nach meiner glücklichen Ankunft in Überlingen holte Bäberlein mich vom Bahnhof ab, und gebührend feierten wir unser lang ersehntes Wiedersehen. Ich war sehr froh, die Stadt am Abend kennenzulernen, denn ich finde, dass Städte abends oder ganz früh morgens am schönsten sind. Dies trifft ganz besonders auf Überlingen zu mit seinen alten, bergigen Straßen und den gemütlichen Brunnen; dazu das herrlich milde Wetter, der Sternenhimmel und als besonderer Glanzpunkt das Lichtermeer der Schweiz am Südufer des Sees. Das bedeutete mir jetzt, da man aufgrund der angeordneten Verdunkelung nachts nur noch finstere Städte erlebte, so viel mehr als früher. Das Herrlichste aber war, sich abends mit der Gewissheit schlafen legen zu können, dass es bestimmt keinen Fliegeralarm geben würde!

Für glückliche zehn Tage genoss ich die landschaftliche Schönheit des Bodensees, die vielfältigen Unternehmungen, vor allem aber das intensive Zusammensein mit Bäberlein und erholte mich prächtig.

Es gefiel mir so ausnehmend gut, dass ich zwei Jahre später gleich noch eine Reise an den Bodensee unternahm. Bäberleins Atelierhäuschen war nun noch gemütlicher geworden, als ich es in Erinnerung gehabt hatte. Es lag etwas außerhalb der Stadt, und schon auf dem Weg dorthin roch es herrlich nach Korn, frisch geschnittenem Gras und saftiger Muttererde. Am Ende des stetig ansteigenden Feldweges erblickte man schließlich das romantische kleine Häuschen, das sich Bäberlein und ihr Mann, der begabte Skulpturenkünstler Werner Gärtner, als ihre künstlerische Wirkungsstätte eingerichtet hatten. Das Atelier hatte nur einen einzigen Raum, von dem allerdings eine Wohnecke abgeteilt war. Außerdem hatte Werner über der Hälfte dieses Raumes einen Zwischenboden eingezogen, der mit einem Matratzenlager und wärmenden Heidschnuckenfellen ausgelegt war und als Schlafstätte genutzt werden konnte.

Strom gab es so weit außerhalb der Siedlung natürlich nicht, dafür aber viele schöne Kerzenleuchter. Über der Eckbank im Wohnbereich standen auf einem Bord die schönsten Bücher, und die gegenüberliegende Kochecke war mit einem Spirituskocher ausgestattet, auf dem sich die wunderbarsten Gerichte zaubern ließen. Das breite Fenster, das fast die gesamte Schmalseite des Hauses einnahm, ging zur Terrasse hinaus. Hier befand sich auch ein Brunnen mit herrlichem Quellwasser, rechts von ihm stand ein großer Apfelbaum. Für Gesellschaft in dieser Zurückgezogenheit sorgte Bäberleins rostbrauner Kater Giorno, ein überaus gemütliches Wesen. Es war die reinste Wonne, wieder hier zu sein. Nach einer langen, sehr erholsamen Nachtruhe machte ich morgens einen kleinen Spaziergang durch die Weinberge und genoss die frische, würzige Luft. Mittags dann holte ich Bäberlein von der Fabrik ab: Sie musste nun immer bis zwölf Uhr in einem nahegelegenen kleinen Betrieb ihre „Pflicht am Vaterlande“ ableisten. Die Nachmittage aber hatte sie frei und konnte diese Zeit dann mit mir verbringen. Wir mieteten uns ein Ruderboot, gondelten auf den See hinaus und genossen die Mußestunden bei herrlicher Sonne. Ein andermal besuchten wir das großzügig angelegte Strandbad von Überlingen, machten einen Schiffsausflug nach Konstanz oder gingen in der lieblichen Landschaft spazieren. Man hätte völlig vergessen können, dass Krieg war: Sonne, See, Ruhe und Gemütlichkeit – das waren die Eckpfeiler unserer Tage, und sehr viel mehr brauchten wir tatsächlich nicht, um glücklich zu sein.

Allerdings war die Ernährungslage nicht die beste, selbst hier, in dieser ländlichen und fruchtbaren Gegend nicht. Da wurde unsere nächtliche Maisernte also zu einer notwendigen Angelegenheit: Ich stand Schmiere bei einem Feld an der Landstraße, das wir tagsüber schon ausgespäht hatten. Bäberlein tobte währenddessen eifrig darin herum und warf mir die geernteten Kolben zu. Ich verstaute sie schleunigst in meiner Windbluse, sodass ich mich in kürzester Zeit zur „Dicken Dame vom Jahrmarkt" verwandelte. Nicht länger als drei Minuten dauerte das „Einbringen der Ernte", dann war unser nächstes Mittagessen gesichert.

Ein weiterer kulinarischer Höhepunkt meiner Zeit am Bodensee war die Ankunft eines Paketes aus Kollund. Alle unsere Erwartungen wurden übertroffen, als wir es öffneten: Eier, Butter, eine ganze Wurst, Marmelade, Zwieback, Dosensahne, ein halbes Schwarzbrot, Grütze und Apfelmus – meine Eltern hatten an nichts gespart.

Unglücklicherweise kam, während wir gerade auspackten, eine Nachbarin vorbei und klopfte, um ein Schwätzchen zu halten. Schnell versteckten wir die Schätze, um nicht unnötig Neid zu erwecken. Während wir uns aber mit der Besucherin unterhielten, hörten wir hinter uns auf der Werkbank ein

Knistern und Poltern. Und siehe da: Kater Giorno hatte die Wurst entdeckt und schleifte sie seelenvergnügt durch das Atelier! Nachdem nun durch diese amüsante Einlage unser kleines Geheimnis gelüftet war, luden wir die Nachbarin zu einem Festmahl aus Zwieback, Apfelmus, Schlagsahne und Gelee ein. Dabei wurden Erinnerungen wach an unsere Kindheit im deutsch-dänischen Kollund: Vor allem im Winter hatten wir immer wieder mit Genuss von Mutters selbstgekochtem Apfelmus genascht, hergestellt aus Äpfeln des eigenen Gartens – genau wie jenes Apfelmus also, das wir im Paket gefunden hatten und nun mit großem Behagen verspeisten.

Ja, Bäberlein war meine engste, meine beste Freundin, und dies, seit wir uns im zarten Alter von fünf Jahren erstmals über den Weg gelaufen waren. Im Frühjahr 1923 war nämlich der Korvettenkapitän Gernot Götting mit seiner Frau und den drei Töchtern in eines der Nachbarhäuser gezogen. Das heißt, zunächst waren nur die beiden älteren Töchter Enid und Gerda zu Großmama Elmenhorst übergesiedelt, die in unserer unmittelbaren Nachbarschaft wohnte. Die Eltern Götting selbst aber waren mit der jüngsten Tochter Elsa, genannt „Bäberlein“, erst nachgekommen, als diese ihre schwere Scharlach-Infektion überstanden hatte. Zufällig wurde ich Zeugin des familiären Wiedersehens am Fähranleger. Die älteren Schwestern freuten sich und riefen: „Bäberlein, was bist du groß geworden!“ Ich hingegen, genauso alt wie das begeistert begrüßte Nesthäkchen, war mir sicher, dass ich lange kein so kleines Kind mehr gesehen hatte.

Aus dieser Begegnung entwickelte sich die beste Jugendfreundschaft, die man sich nur wünschen kann. Da wir beide deutschstämmig waren und in unserer Zweisamkeit keine weiteren Kinder brauchten, machte es uns auch nichts aus, wenn dänische Kinder teils sehr hässlich oder ausgrenzend mit uns umgingen. Umgekehrt waren jedoch auch wir nicht gerade zimperlich, zumindest dann, wenn uns die fremden Kinder nicht zusagten. In einem Sommer beispielsweise tauchte in Kollund ein Mädchen aus sehr wohlhabender Hamburger Familie auf, das mit etwas noch nie Dagewesenem, ja geradezu Unerhörtem herumlief: einer kleinen schwarzen Lack-Handtasche! Zudem hatte die junge Dame einen unerträglich weinerlichen Unterton in der Stimme und trug die Nase unserer Ansicht nach etwas zu hoch. Also wurde sie kurzerhand in eine Erdhöhle gelockt. Als das Mädchen über eine Strickleiter hinuntergeklettert war, zogen wir die Leiter einfach wieder hoch und ließen sie da unten schmoren.

Bei einem anderen Sommergast, einer kleinen Holländerin aus ebenfalls sehr vornehmer Familie, war unsere Taktik eine andere. Zunächst erzählten wir ihr, dass der Weihnachtsmann nur eine Erfindung der Erwachsenen sei. Als wir ihr später dann noch erklärten, dass es auch keinen Gott gebe, sorgten ihre Eltern sehr schnell dafür, dass sie nicht mehr mit uns spielen durfte. Das war uns nur allzu recht, denn so hatten wir bald wieder unsere Ruhe.

Ein weiteres Kind, das regelmäßig die Sommermonate in Kollund verbrachte, hieß Maria und war ein Jahr jünger als wir beide. Sie wollte unbedingt zu unserer Gruppe dazugehören und ließ sich daher bereitwillig für alle möglichen Dienste einspannen. Zu ihr entwickelte sich später eine enge Freundschaft.

Als dauerhaft ansässige deutschsprachige Kinder aber waren nun einmal Bäberlein und ich dazu auserkoren, unzertrennliche Spießgesellen zu werden: Gleich im ersten Winter nach Elsas Ankunft war es so kalt, dass die Förde zufror und wir darauf Schlittschuh laufen konnten. Im Sommer dann war ganz Kollund unser Spielplatz, und auf Streifzügen durch die Felder, Wälder und entlang der Förde lernten wir unsere Heimat gründlich kennen. Bäberlein war klein und zierlich, ich selbst ziemlich lang und nicht so zierlich, und somit ergänzten wir uns vortrefflich. Kilometerlange Fußmärsche machten uns beiden nichts aus; und wurden wir unterwegs hungrig, so kannten wir bestimmt ein Haus in der Nähe, dessen Bewohner uns bereitwillig mitverpflegten.

Außerdem vertrauten wir einander blind und konnten uns immer auf die Hilfe der jeweils anderen verlassen. An einem kalten Tag kurz vor Weihnachten beispielsweise fuhren wir unsere Puppen am Strand spazieren und überquerten dabei eine Brücke. Dort erfasste eine Windböe den Puppenwagen, und schon lag er im Wasser. „Wiebke, spring nach“, schrie Bäberlein. Und so sprang ich, ohne auch nur einen Moment zu zögern. Tatsächlich bekam ich den Wagen zu fassen und kämpfte mich vor, um wieder festen Boden unter die Füße zu bekommen. Meine kleine Freundin aber, die zu dem Zeitpunkt noch nicht sicher schwimmen konnte, behielt alles im Überblick, watete dann vom Ufer aus ins Wasser und half mir mit dem Puppenwagen zurück aufs Trockene. Dann rannten wir nach Hause und verschwanden, noch bevor wir Ärger bekommen konnten, in unseren Betten.

Ja, wir hielten zusammen wie Pech und Schwefel. Und wegen unserer Neugier und unbändigen Phantasie wurde uns nie langweilig. Worauf Bäberlein nicht kam, das fiel mir ein, und umgekehrt – sehr zum Leidwesen unserer Eltern.

Doch genau genommen gab es immer nur Ärger mit Mutter Götting: Regelmäßig kam es zum Streit wegen der mangelnden Ordnung in Bäberleins Zimmer – dabei sah es auch in Göttings Küche häufig ziemlich unaufgeräumt aus. Wiederholt warf Bäberleins Mutter ihre eigenen Kinder aus dem Haus, wenn diese nicht pariert hatten. Und mehr als einmal wurde auch ich – „Für immer!" – des Hauses verwiesen, um bereits nachmittags wieder mit am Kaffeetisch zu sitzen. Die Krönung aber war der Versuch, Bäberlein zu zwingen, ihren Geburtstag vorzufeiern, damit bestimmte Verwandte eingeladen werden könnten, die aber nur der Mutter wichtig waren. Natürlich endete das in großem Streit und führte dazu, dass Frau Götting selbst über den Ehrentag ihrer Tochter fortfuhr, während wir das verlassene Geburtstagskind bei uns aufnahmen. Hier aber wurde es, dem Anlass entsprechend, tüchtig gefeiert.

Wie sich also denken lässt, verbrachte Bäberlein viel Zeit bei uns, denn im Hause Sönnichsen ging es deutlich friedlicher zu. Besonders beliebt waren unsere beiden „Theaterkoffer" auf dem Dachboden: ein Strohkorb mit Requisiten und eine Truhe mit Kleidern, Kostümen, Schuhen, Hauben und sogar Perücken. Diesen Fundus hatten wir schon im zarten Alter von sechs Jahren entdeckt und uns damit über so manchen kühlen Regentag hinweggetröstet. Spielerisch wuchsen wir also ins Agieren auf der Bühne hinein und führten zwischen 1926 und 1932 zusammen mit meiner Großfamilie sechs Theaterstücke in plattdeutscher Sprache auf. Diese stammten aus der Feder meiner geliebten Tante Luke und fanden auf den *Deutschen Abenden* im deutsch-dänischen Grenzland zu Recht große Anerkennung.

Das erste Stück dieser Art hieß *Nis Puk*, nach der gleichnamigen Sagengestalt aus dem schleswigschen Raum. Als koboldhaftes Wesen, ähnlich den Heinzelmännchen zu Köln, hatte Nis Puk für Haus und Hof sowie für das Wohl der Bewohner zu sorgen und sie zugleich vor Habgier und moralischem Verfall zu schützen. Zum Ausgleich dafür mussten die Hofbesitzer ihrem guten Hausgeist zu Weihnachten eine Schüssel Grütze hinstellen. Geschah dies nicht, zog Nis Puk entweder weiter, um ein anderes Gehöft zu schützen, oder aber er trieb in seinem alten Heim wüsten Schabernack mit den undankbaren Familienmitgliedern.

Und da kamen Bäberlein und ich ins Spiel: Als Siebenjährige spielten wir nämlich die beiden Nis Puks, die auf zwei benachbarten Höfen ihr Unwesen trieben, und hatten wahrlich einen Riesenspaß auf der Bühne.

Inzwischen gingen wir natürlich schon zur Schule und besuchten die von unseren Vätern 1923 offiziell gegründete *Deutsche Privatschule Kollund*. Diese war aus dem Privatunterricht meines Bruders Sönke hervorgegangen und hatte zum Zeitpunkt unserer Einschulung bereits zehn Schüler. Ebenso wie in allen anderen Deutschen Schulen in Dänemark musste auch bei uns Dänisch unterrichtet werden, damit alle Schüler die von der Schulkommission auferlegte jährliche Dänischprüfung ablegen konnten. Als Dänischlehrerin fungierte meine Mutter, die ein ganz vornehmes, feines Dänisch sprach. Leider erkannten wir diesen Wert zu spät, denn Dänisch war in unseren Augen die Sprache der Dorfkinder, von denen wir uns abheben wollten. Ansonsten aber genossen wir unser dörfliches Schulleben in vollen Zügen.

Im Jahr 1928 übrigens waren es schon 20 Schüler, die an der Deutschen Schule unterrichtet wurden, weswegen ein geräumigeres Gebäude gesucht werden musste. Passenderweise fand sich im Nachbardorf Süderhaff ein hübsches altes, strohgedecktes Bauernhaus, das den Umzug wirklich wert war, denn zu unserer Freude verfügte es hinter dem Hauptgebäude über einen großen „Schulhof" und bot dank seiner Lage hoch über der Förde eine herrliche Aussicht auf die Ochseninseln.

Die neue Lehrerin, eine äußerst begabte Pädagogin, die zeitgleich mit dem Umzug ihren Dienst antrat, verstand es glänzend, 20 Schüler im Alter von sechs bis zwölf Jahren gleichzeitig in nur einem Raum zu unterrichten. Wir waren immer beschäftigt, mal getrennt, mal alle zusammen, und die Größeren halfen den Kleineren. Naturkunde wurde draußen unterrichtet, ebenso Sport. Im Sommer gingen wir schwimmen – mit Freude hatten wir schon als Siebenjährige gelernt, uns 15 Minuten lang ohne Unterbrechung über Wasser zu halten –, und im Winter machten wir allerlei Spiele auf dem Schulhof. Ab dem Osterfest 1929, in meinem letzten Grundschuljahr also, bekamen wir zudem auch Englischunterricht.

Ab 1930 schließlich war für Bäberlein und mich die idyllische Zeit der Privatschule zu Ende, denn nach bestandener Vorprüfung traten wir in die Quarta des Flensburger *Auguste-Victoria-Lyceums* ein. Das war nun eine ganz neue Erfahrung für uns, denn plötzlich saßen wir mit 26 Mädchen gleichen Alters in einer Klasse zusammen. Auch unser Schulweg war nun deutlich beschwerlicher, vor allem zur Winterzeit, wenn die Fördedampfer zwischen Kollund und Flensburg nicht fuhren. Dann brachen wir nach einer kurzen Morgenwäsche spätestens um halb sieben auf und liefen im flackernden Kerzenschein einer Messinglaterne eine halbe Stunde lang durch die Dunkelheit des Kollunder

Waldes, bis wir die Grenze erreichten. In Krusau stellten wir dann im Wachhäuschen des dänischen Grenzers die Laterne ab, um sie mittags dort wieder abzuholen. Dann ging es über die Grenze nach Wasserleben, von dort fuhren wir mit dem Bus bis zum Flensburger Stadtrand. Häufig kamen wir erst auf dieser Fahrt dazu, unser eingepacktes Frühstück zu verputzen. Die Straßenbahn brachte uns dann bis in die Stadtmitte, und schließlich wanderten wir noch eine Viertelstunde den Südergraben hinauf bis zur Schule. Der Unterricht fing um acht Uhr an. Frühestens um halb drei am Nachmittag waren wir wieder daheim. Viel freie Zeit blieb da nicht mehr, denn es gab nun auch jede Menge Hausaufgaben zu erledigen.

Während des Winters 1931/32 wohnte ich unter der Woche bei Familie Roeper in Flensburg. Diese Übereinkunft war getroffen worden, weil meine schulischen Leistungen während der Untertertia sehr abgesackt waren und man dies auf den strapaziösen Schulweg zurückführte – sicher nicht zu Unrecht. Der Kontakt kam über die Roeper-Töchter zustande, die beide auf dasselbe Lyzeum gingen wie ich und Klavierunterricht bei meiner Mutter nahmen. Ihre Liebe zum Gesang und zur klassischen Musik teilte ich zu dieser Zeit jedoch noch nicht, weshalb sich kein engerer Kontakt zu den beiden einstellen wollte. Stattdessen „entdeckte" ich in meiner Freizeit lieber die Stadt Flensburg. Bäberlein war für den Winter ebenfalls in Flensburg untergekommen, und zwar bei zwei Lehrerinnen des Lyzeums, so dass es ein Leichtes war, sich nach getaner Arbeit mit ihr in der Stadt zu treffen. In den Sommermonaten aber wohnten wir selbstverständlich wieder bei unseren Familien in Kollund.

Seit unserem Wechsel auf das Lyzeum stand nicht mehr das ungeliebte Dänisch auf dem Stundenplan, sondern die Sprachen Latein und Französisch sowie das steife Schul-Englisch, dessen Früchte allerdings nicht zu besonderen Höhenflügen Anlass gaben. In diesen Zeiten ging ja auch niemand ernsthaft davon aus, dass unsereiner jemals ins englischsprachige Ausland reisen würde. Dennoch gehörte Englisch zu den Sprachen, die zu lernen waren. Ende der Diskussion!

Im Herbst 1932 schließlich begann für Bäberlein und mich die Konfirmandenzeit bei Pastor Kähler in Flensburg, und im März 1933 feierten wir in St. Nikolai unsere Konfirmation. Was Pastor Kähler in seiner Konfirmationspredigt sagte, weiß ich nicht mehr. Es war sicher etwas Bedeutendes, denn er war ein bedeutender Mann und zudem ein hervorragender Kanzelredner. Leider war auch bekannt, dass die Jungen in seinem Ansehen deutlich höher standen als wir Mädchen, so dass wir für unsere Konfirmandenzeit Schlimmstes befürchteten.

Eines aber tat er, wofür ich ihm ewig dankbar bin: In der zweiten Konfirmandenstunde schickte er uns – vielleicht mit dem Ziel, uns loszuwerden – in die Nikolaikirche hinüber, um dort beim Organisten einige Choräle zu lernen. Damit begann für mich die unvergesslich schöne Zeit des Chorsingens unter der brillanten Leitung von Johannes Röder. So etwas hatte ich bislang noch nie erlebt: Vom ersten Werk an – Bachs *Weihnachtsoratorium* – fühlte ich mich musikalisch und menschlich auf großen Wellen hinweggetragen. Von „Nicht-Verstehen“ keine Rede: Ich sang einfach alles mit, von Röders Enthusiasmus und seiner Kreativität mitgerissen.

Bald war ich in drei weiteren Chören aktiv, nämlich im Kantatenchor, im Oratorien-Verein sowie nach einiger Zeit sogar im Kammerchor des Norddeutschen Rundfunks, der in langen Extraproben Sendungen für das Radio vorbereitete: Vier Stunden Probenzeit, von sieben bis elf Uhr abends, waren da keine Seltenheit, danach blieb ich dann meist in der Stadt und übernachtete bei Freunden meiner Eltern.

Der Kammerchor sang im Wesentlichen weltliche Musik, die über den Rundfunk direkt übertragen wurde. Die *Nordischer Rundfunk Aktiengesellschaft*, kurz *NORAG*, unterhielt interessanterweise nämlich auch einen Sendesaal in Flensburg. Und da die Zahl der Rundfunkempfänger in Deutschland inzwischen auf über 600.000 registrierte Geräte gestiegen war – Dunkelziffer unbekannt –, lohnte es sich umso mehr, für die große Hörerschaft ein hochwertiges und abwechslungsreiches Programm auf die Beine zu stellen. Manchmal kam uns sogar die Ehre zu, Stücke einzusingen, die zunächst in Wachs aufgezeichnet und später als Platten verlegt wurden. Und ich war mittendrin, es war des Lernens kein Ende! Selbstverständlich gestalteten wir parallel zu diesen Aktivitäten auch die allwöchentlichen Sonntagsgottesdienste mit dem Kirchenchor mit, was bedeutete, dass man zur Probe bereits eine Stunde vor Gottesdienstbeginn in St. Nikolai sein musste. Alles unterstand der künstlerischen Leitung von Johannes Röder, der es mit seinem Engagement und Musiktalent bald zum Städtischen Musikdirektor brachte: Er entführte mich in die himmlische Welt der Musik und wurde für sieben Jahre Gegenstand meiner ersten, schwärmerischen Liebe.

Leider konnte Bäberlein weder meine Leidenschaft für das Singen, noch für Johannes Röder so recht teilen, so dass wir nun erstmals seit Beginn unserer Freundschaft getrennter Wege gingen. Gemeinsam aber bewältigten wir weiterhin unseren allmorgendlichen Schulweg. Und auch bei den kleinen Eskapaden, die wir uns in der Schule leisteten, hielten wir fest zusammen. Um die kalten Pausen an der frischen Luft zu umgehen, hatten wir uns beispielsweise eine fabelhafte Strickecke eingerichtet: Mehrere Wochen lang kauerten wir nun während jeder Pause strickend in unserem mit Kissen ausgepolsterten Versteck hinter den Heizungsbänken, wo uns selbst die schlaueste Lehrerin nicht fand. Einmal jedoch hätte uns Fräulein Schlicke beinahe doch erwischt. Wir hatten zwar rechtzeitig mit dem Schwatzen aufgehört, bevor sie auf Höhe der Heizungsbänke war, dann aber passierte mir ein Missgeschick und eine meiner Stricknadeln fiel klirrend zu Boden. Welch ein Glück, dass sie nicht noch unter der Holzverkleidung bis in den Gang vorrollte, denn dann hätte uns die hellhörig gewordene Lehrerin wohl wirklich gefunden. So aber begab sie sich umgehend auf die intensive Suche nach dem Grund für das metallische Geräusch. Sogar die Heizungsrohre in unserer unmittelbaren Nähe tastete sie ab und murmelte dabei vor sich hin: „Seltsam. Schon wieder Luft in der Heizung?“ Wie gut, dass sie sich dann schnellen Schrittes auf den Weg zur Hausmeisterstube machte. Denn lange hätten wir die Spannung nicht mehr ausgehalten, bis eine von uns vor Lachen losgeprustet hätte. So aber sahen wir zu, dass wir unser Versteck schnell verließen – selbstverständlich ohne Stricknadeln oder Kissen zurückzulassen. Und in den nächsten Wochen mieden wir zwangsläufig unseren kuscheligen Rückzugsort.

Da man uns nicht erwischt hatte, entgingen wir auch jeglicher Strafe.

Eines anderen Morgens jedoch saßen wir noch etwa eine Viertelstunde plaudernd am Flurfenster, bevor wir in die Klasse gingen und dort behaupteten, der Bus sei verspätet gewesen. Der Mathelehrer aber hatte uns rechtzeitig vor Schulbeginn über den Schulhof kommen sehen und veranlasste wegen unserer Schwindelei eine öffentliche Anhörung beim Rektor. Glücklicherweise ging alles glimpflich aus, allerdings wurde uns für den nächsten Schulausflug ein freier Tag gestrichen. Das deuteten Bäberlein und ich so, dass wir am nächsten Wandertag nicht teilzunehmen brauchten – und sparten uns gleich die umständliche Anreise nach Flensburg.

Leider trug mir das einen „Klecks" im Betragen ein und verdarb mir unnötigerweise mein Zeugnis – aber das störte einen großen Geist nicht weiter. Außer vielleicht Vater und Mutter. Jedoch war ich mir auch da nicht so ganz sicher; denn Vaters „Vorladung" bei der Schulleitung mündete dann doch wohl eher in einer ziemlich heiteren Unterredung mit dem Rektor. Herrlich war das, einen so souveränen, humorvollen Vater zu haben!

Weniger schön dagegen gestalteten sich meine Tanzstunden-Erfahrungen. Auch hier gingen Bäberlein und ich getrennter Wege. Leider! Während sie nämlich an einer Tanzstunde mit Schülern teilnahm und dabei viel Spaß hatte, besuchte ich eine mit Fähnrichen. Ein ziemlicher Reinfall! Mein fester Tanzstundenherr wusste zwar, dass ein Blumensträußchen zu seinem Antrittsbesuch gehörte, außerdem zeichnete er sich durch Zuverlässigkeit aus, wenn er mich nach dem Unterricht wieder nach Hause brachte. Ansonsten aber war die Tanzstundenzeit für mich wahrlich nichts Besonderes. In Erinnerung blieb mir nur der frenetische Jubel der Fähnriche, als Hitler bei der Reichstagswahl am 12. November 1933 angeblich mit 96 Prozent der Stimmen zum Reichskanzler gewählt worden war. Hatte es denn überhaupt ernsthafte Gegenkandidaten gegeben? Diese kritische Frage behielt ich aber besser für mich.

Schleichend breitete sich in Deutschland nun eine braune Gesinnung aus. Auch vor höheren Lehranstalten machte sie nicht Halt, und bald waren alle Lehrkräfte mit dem Hitlergruß zu begrüßen. Außerdem war unsere Schule sehr fortschrittlich in der Abschaffung der Sütterlin-Schrift: Die schnörkelige Schriftart der Kaiserzeit war ab sofort durch die als „Normalschrift" bezeichnete lateinische Schreibschrift zu ersetzen. Diese Umstellung allerdings fiel mir verhältnismäßig leicht: Je schnörkelloser und ungekünstelter, desto besser!

Wie gut, dass neben dem ansonsten recht öden Schulalltag bei mir die Choraktivitäten für willkommene Abwechslung sorgten – und bei Bäberlein ihre zahlreichen Männerbekanntschaften! Sie genoss die Aufmerksamkeit ihrer zahlreichen Verehrer und hielt mich mit durchaus unterhaltsamen Episoden über ihre wechselnden Freundschaften auf dem Laufenden. Zum Glück war aber der Richtige noch nicht dabei. Denn so blieb noch genügend Zeit, um auch unsere Freundschaft weiter zu pflegen, zumindest in den Ferien. Wenn es das Wetter zuließ, unternahmen wir herrliche Radtouren zu zweit. Dabei konnte es passieren, dass wir bei schönem Wetter sogar bis nach Sankt Peter-Ording fuhren, ein Bad in der Nordsee eingeschlossen.

Außerdem besuchten wir im Mai 1939 gemeinsam das Bach-Fest in Bremen. Bis wir dort allerdings ankamen, hatten wir schon manche Aufregung durchlebt. Denn da wir ja mit dem Rad anreisten, mussten wir unterwegs Übernachtungspausen einlegen. Allerdings begann die problematische Suche nach einer passenden Unterkunft schon in Itzehoe: Die Jugendherberge war ausgebucht; und die uns als Alternative empfohlene *Herberge zur Heimat* war zwar billig, aber dort wimmelte es von Tippelbrüdern und sonstigen dubiosen Gesellen. Einer von ihnen wurde sogar während unserer kurzen Anwesenheit von der Sicherheitspolizei abgeführt. Wir beschlossen angesichts dieser Eindrücke, es doch lieber im Gasthof zu versuchen. Dort aber warteten stark geschminkte Wasserstoffweiber Bier trinkend und rauchend auf männliche Kundschaft. Und auch der Wirt brabbelte aufgrund seines erhöhten Alkoholpegels nur noch dummes Zeug vor sich hin. Als zu allem Überdruss dann auch noch das Zimmer, das er uns zeigte, jegliche Sauberkeit vermissen ließ, entschieden wir uns, auch diesen Ort wieder zu verlassen und es bei noch einer anderen Herberge zu versuchen. Diese sah zwar von außen etwas heruntergekommen aus, doch bekamen wir hier wenigstens ein Zimmer mit frisch bezogenen Betten. Die fürsorgliche Wirtin riet uns allerdings, in Ermangelung eines Zimmerschlüssels die Tür von innen mit einem Stuhl zu verrammeln: „Wir haben Tschechen im Hause, die wissen manchmal nicht, in welche Tür sie hineinsollen." Also taten wir wie geheißen und schliefen prima – bis auf eine kurze Störung in der Nacht, als es an der Nachbartür zu wüstem Gerüttel und Geschimpfe kam. In allerfrühester Frühe brachen wir auf, um auch dieser Herberge schleunigst den Rücken zu kehren. Über Glücksburg erreichten wir Stade, und tags darauf kamen wir endlich in Bremen an.

Hier kamen wir Gott sei Dank im *Heim der Freundinnen junger Mädchen* unter. Von nun an waren die Leitmotive unserer Tage völlig andere, nämlich „Bach – Musik – Dom“. Alle drei zogen uns mit mächtigem Klang vollkommen in ihr Brausen hinein. Es war ein unvergesslicher Genuss. Und als das Bach-Fest nach einer Woche mit einer Aufführung der *Messe in h-Moll* zu Ende ging, fühlten wir uns bestens gewappnet für die kommende, entbehrungsreichere Zeit.

So klein und zierlich Bäberlein auch war: Sie zählte doch ganz entschieden zu den unabhängigen, selbstbewussten jungen Frauen in meiner Umgebung. Entsprechend bewegt ging ihr Leben weiter: Während ihres Kunststudiums in Berlin verschenkte sie ihr Herz an einen Mann, der ihre guten Charaktereigenschaften glücklicherweise zu schätzen wusste: Werner war Skulpturenkünstler und in seiner ruhigen Art der wohltuende Gegenpol zu meiner Freundin. Ich mochte ihn sofort gut leiden und hatte das unbedingte Gefühl, dass Elsa und Werner tatsächlich füreinander geschaffen waren.

Schade, dachte ich nun, dass meine beste Freundin jetzt nicht hier war; sie hätte mir die langweiligen Reisestunden sicherlich unterhaltsam verkürzen können.

Auch hätte ich Bäberleins tatkräftige Unterstützung bald sehr gut gebrauchen können. Noch aber ahnte ich nicht, was mir unmittelbar bevorstand.

3. Im Land der Unterfranken

Mit sehr viel Verspätung kam ich kurz vor Mitternacht in einem kleinen Winzerort südlich von Würzburg an. Hier endete unsere Fahrt, denn seit dem Bombenangriff der Amerikaner im Februar waren alle Mainbrücken der Umgebung zerstört. Dies wiederum bedeutete, dass die vom Süden her ankommenden Züge momentan nicht mehr auf das rechte Flussufer wechseln konnten, um den Würzburger Hauptbahnhof zu erreichen. Doch wegen der starken Zerstörungen am Gebäude und am Gleisbett hätte es selbst von dort kein Weiterkommen gegeben. Ich kletterte also aus dem Zug, holte mein Rad aus dem Gepäckwagen und überlegte, wie ich wohl am schnellsten weiterkäme.

Unter den Reisenden verbreitete sich die Nachricht, dass man sich auf den Weg nach Zell machen solle, einem kleinen Ort nördlich von Würzburg, am besten immer entlang des Mainufers; denn der Fluss gebe sichere Orientierung und biete Schutz vor Funkenflug, aber auch vor eventuell auftauchenden Tieffliegern.

Kurz entschlossen folgte ich also dieser Empfehlung. Zunächst kam ich recht zügig voran, denn es lag zwar intensiver Brandgeruch in der Luft, aber man konnte noch halbwegs atmen. Das änderte sich aber, je näher ich der Würzburger Löwenbrücke im Süden der Stadt kam. Beim Blick hinüber auf die Bischofsstadt erschauderte ich: Die

Stadtsilhouette war rauchverhüllt, außerdem konnte man das Glühen letzter Brandnester erkennen. Das Feuerinferno, das am 16. März 1945 in Würzburg getobt und die Innenstadt innerhalb von nur 20 Minuten fast völlig zerstört hatte, war auch vier Tage danach immer noch nicht überstanden. Warum hatten britische Bomberverbände jetzt, da das Ende des Krieges unmittelbar bevorstand, die militärisch absolut unbedeutende Würzburger Altstadt in Schutt und Asche legen müssen? Warum hatten sie eine Lazarettstadt angegriffen, in der sich zahllose Evakuierte und Verwundete befanden? Eine Kulturstadt, die wegen ihrer unzähligen Kunstdenkmäler und Kirchenbauten noch bis vor kurzem als die „Perle am Main" berühmt war und nun den traurigen Namen „Grab am Main" trug. Was hatte die feindlichen Flieger bewegt, diesen todbringenden Militärbefehl auszuführen?

Ich kam an einem älteren Herrn vorbei, der am Mainufer stand, völlig apathisch auf die zerstörte Stadt hinüberblickte und seinen Tränen freien Lauf ließ. Wie ein hilfloses Kind stand er da. Direkt neben ihm zeterte ein etwa ebenso altes Weiblein. Sie war offensichtlich seine Frau, denn sie maßregelte den Mann und herrschte ihn an, er solle sich nicht so gehen lassen. Doch drang sie nicht mehr zu ihm durch. Für einen Moment kehrte erschöpftes Schweigen ein, und sie folgte seinem Blick auf das andere Mainufer hinüber. Dann aber, beim Anblick der geschundenen Stadt, kam sie noch mehr in Rage. Sie schrie ihr Leid unüberhörbar in die Nacht hinaus und verschaffte ihrer Seele fränkisch fluchend Luft. Offensichtlich hatten sie und ihr Mann in der Bombennacht gerade noch rechtzeitig aus den Feuerfluten fliehen können, bevor der Sauerstoff in ihrem Brandschutzkeller zur Neige ging. Also raus aus dem

Keller, rein in die „Feuerhölle der Tommys". Die Kameraden der Brandschutztruppe waren zwar vor Ort gewesen, doch hatten sie mit ihren Spritzenwagen nur noch Fluchtschneisen Richtung Main freihalten können. Auf dem Weg runter zum Fluss waren die Fliehenden über verkohlte Leichen gestolpert und an panisch schreienden Kindern vorbeigekommen, die offensichtlich ihre Eltern verloren hatten. Schwimmend hatten sie sich schließlich bis ans andere Ufer retten können. Andere Familienangehörige aber waren im Schutzkeller geblieben, seither fehlte jede Spur von ihnen.

Die Verzweiflung dieser beiden leidgeprüften Würzburger übertrug sich auf die Umgebung, und ich spürte, dass auch ich mit den Tränen zu kämpfen hatte. Dann aber rief ich mich wieder zur Ordnung: Was fragte man in Kriegszeiten nach Ursache und Wirkung, nach Schuld und Vergeltung? Jeder musste zusehen, dass er irgendwie durchkam.

Inzwischen hatte ich mich an das Brennen in meinen Augen gewöhnt, und sogar der Hustenreiz ließ langsam nach. Meine Gasmaske und die Schutzbrille würde ich nun wohl nicht mehr brauchen, was mir sehr recht war. Außerdem erwies mir die Dynamoleuchte an meinem Fahrrad gute Dienste, denn so hatte ich zumindest ein wenig Orientierung im unbekannten Gelände. Andere Mitreisende stolperten ohne jegliche Beleuchtung durch die Nacht oder mussten sich ihren Weg mühsam mit Gaslampen erhellen.

Es hätte ein nachdenklicher, aber ruhiger Weg durch die Nacht werden können, wenn ich nicht bald darauf in eine äußerst gefährliche Situation geraten wäre. Ich wurde nämlich in eine kritische Auseinandersetzung mit einem SS-Offizier verwickelt, die dramatisch hätte enden können. Dabei begann dieses „Intermezzo" zunächst recht harmlos. Der Offizier war in Begleitung seines Burschen, der eine schwere Holzkiste zu schleppen hatte. Was darin befördert wurde, entzog sich meiner Kenntnis, aber es musste etwas sehr Gewichtiges sein, denn der Ärmste ging sehr gebeugt und schwitzte gewaltig. Als der Offizier mich kommen sah und sein Blick auf mein Rad fiel, war mir sofort klar, weshalb er mich nun ansprechen würde. Und selbstverständlich kam ich seiner Bitte nach und erlaubte seinem Untergebenen, das schwere Gepäck auf meinem Fahrrad zu transportieren. Der junge Kerl warf mir einen dankbaren Blick zu, nahm die Kiste von seiner Schulter und verfrachtete sie auf mein Rad.

Sein Vorgesetzter jedoch schien meine Unterstützung für selbstverständlich gehalten zu haben. Denn ohne ein Wort des Dankes wandte er sich nun von uns ab und marschierte, die Augen geradeaus, der Gruppe von Reisenden voran. Ich jedoch musste nun mein Rad schieben, damit der Bursche die ominöse Kiste auf dem Sattel in Balance halten konnte. Als Zweier-Gespann aber schlugen wir uns ganz ordentlich.

Inzwischen waren wir in Sichtweite der Alten Mainbrücke angelangt. Sie war noch nicht vollständig zerstört, wenngleich die berühmten steinernen Heiligenfiguren massive Rußspuren trugen oder sogar komplett fehlten.

Der unfreundliche Offizier zeigte weiterhin keinerlei Gesprächsbereitschaft. Zudem schien er es eilig zu haben, denn er marschierte zügigen Schrittes voran, sodass wir uns größte Mühe geben mussten, hinterherzukommen. Dennoch konnten wir Anschluss halten – zumindest bis zu dem Zeitpunkt, als ich den Platten am Hinterrad bemerkte. Kein Wunder: Mein Rad war momentan massiv überladen. Zudem wanderten wir auf einem unebenen Weg, der zwar befestigt, aber keineswegs geteert war. Die kleinen Steinchen hatten meinem Reifen wohl den Rest gegeben. Also rief ich den Offizier zurück und bat ihn höflich, die Kiste wieder herunterzunehmen.

Im schwachen Kerzenschein der Laternen anderer Mitreisender sah ich blanke Fassungslosigkeit in seinem Gesicht, als der Offizier mir ein knappes „Warum?!" entgegendonnerte.

Ich zeigte ihm den platten Reifen: „Tut mir leid, ich muss noch bis Flensburg. Mit Platten wird das aber nichts. Deshalb ..."

„Und wenn das Rad dabei draufgeht: Die Kiste bleibt, wo sie ist!", herrschte mich der sichtlich aufgebrachte SS-Offizier an. Er wäre mir besser nicht ins Wort gefallen. Vor allem aber hätte er dabei lieber nicht einen solchen Kommandoton angeschlagen. Denn nun erwachte mein Kämpfergeist. Ich drehte mich ihm frontal zu und entgegnete:

„Das Fahrrad geht nicht drauf, und Sie nehmen die Kiste runter!"

Mein Ton war ruhig, die Aussage aber unmissverständlich. Daraufhin riss der Offizier ruckartig den Kopf hoch, nahm Haltung an und schleuderte mir Blicke entgegen, deren einschüchternde Wirkung ich nicht leugnen konnte. Widerspruch war man bei der SS offensichtlich nicht gewohnt. Dennoch hielt ich seiner Machtdemonstration stand, und da ich mich absolut im Recht fühlte, stachelte mich sein aggressives Verhalten überdies nur noch mehr an. Selbstbewusst baute ich mich vor meinem Gegenüber auf, meine beeindruckende Körperlänge von knappen 1,80 Metern, deren Schattenwurf mich im Licht der flackernden Laternen noch größer wirken ließ, tat ihr Übriges. Unbeirrt und vermeintlich unerschrocken blickte ich meinem etwa gleich großen Kontrahenten direkt in die Augen.

Ich weiß nicht, wie lange wir so dastanden. Während ich mich auf meinen entschlossenen, starren Blick konzentrierte, den ich schon zu Chorzeiten gelernt hatte, schienen vor dem inneren Auge des hochdekorierten SS-Offiziers alle möglichen Szenarien einer finalen Konfliktklärung abzulaufen. Die Härte seines Gesichtsausdrucks nahm zu, die Lippen wurden noch schmaler als zuvor, seine Augen verengten sich zu Schlitzen. Ich meinte sogar ein Zucken seiner Hand in Richtung des Pistolenholsters wahrgenommen zu haben. Dennoch wandte ich meinen Blick nicht von meinem Gegner.

So also standen wir mitten auf dem Fußweg, beide klar erkennbar auf Kollisionskurs und keiner bereit, nachzugeben. Allmählich schloss eine immer größere Zahl Mitreisender auf. Obwohl sich nun eine Menschentraube um uns bildete, breitete sich gleichzeitig eine gespenstische Stille aus. Jeder nahm die knisternde Spannung wahr, die in der Luft lag: Alle Gespräche verstummten, die Menschen wagten nicht, an uns vorbeizugehen, sondern verharrten bewegungslos.

Zwischen dem SS-Offizier und mir tobte trotz der äußerlichen Erstarrung ein Machtkampf, der kein Ende zu nehmen schien. Schließlich aber wandte der bewaffnete Offizier doch seinen Blick ab, und durch die Zähne zischte er mir zu: „Wenn Sie darauf bestehen!“

Ich nickte kurz, ohne allerdings meine Körperspannung aufzugeben: Noch war die Schlacht nicht gewonnen.

Der junge Soldat war der erste, der sich bewegte: In Erwartung weiterer Befehle hob er den Kopf und blickte fragend zu seinem Vorgesetzten hinüber. Jedoch erst, als der Offizier ihm tatsächlich mit einer unwirschen Handbewegung die Weisung gab, die Kiste vom Rad zu nehmen, löste er sich vollständig aus seiner Starre. Er stemmte die Kiste hoch und trat dann einen Schritt zurück, um mich mit dem ramponierten Rad vorbeizulassen. In diesem Moment entspannte sich die Lage, und der Tross kam wieder in Bewegung. Ich aber sah zu, dass ich mich zwar ohne Hektik, aber so zügig wie möglich aus der Gefahrenzone entfernte.

Nun also musste ich den Rest der Strecke mit einem „humpelnden" Rad zurücklegen. Während die Anspannung allmählich auch von mir abfiel, wurde mir bewusst, in welcher Gefahr ich soeben geschwebt hatte. Ohne Weiteres hätte der Offizier mich erschießen und mein Rad konfiszieren können. Es galt schließlich das Kriegsrecht, das in diesen Zeiten durchaus dehnbar ausgelegt werden konnte. Vielleicht war mir zugutegekommen, dass ich zahlreiche Kriterien einer arisch aussehenden, jungen Frau mitbrachte. Vor allem aber hatte ich das Glück gehabt, von so vielen Mitreisenden umgeben gewesen zu sein: Bei einer gewaltsamen Lösung hätte es einfach zu viele Mitwisser gegeben. Dennoch wurden mir noch im Nachhinein die Knie weich; wusste ich doch zu genau, dass mein eigener Vater bereits aus viel nichtigeren Gründen mit dem NS-Regime in ernsten Konflikt geraten war.

Am 23. April 1940 nämlich hatte das Ausländeramt des Kreises Stormarn an „Herrn Ingenieur Rudolf Sönnichsen in Ahrensburg" folgendes Schreiben gesandt:

„Auf Grund des § 5, Abs.1, Buchstabe a der Ausländerpolizeiverordnung v. 22.8.1938 - RGBl. I S.1053 - wird Ihnen hiermit der weitere Aufenthalt im Reichsgebiet verboten. Sie haben das Reichsgebiet innerhalb von 24 Stunden zu verlassen.

Ich weise darauf hin, dass Sie mit Zwangsmaßnahmen zu rechnen haben, falls Sie dieser Aufforderung nicht nachkommen."

Dann folgte der Passus, dass mein Vater gegen diese Verfügung binnen zwei Wochen nach Zustellung Beschwerde beim Herrn Regierungspräsidenten in Schleswig einreichen könne, diese Beschwerde aber keine aufschiebende Wirkung habe.

Äußerlich erschien dieses Behördenpapier sehr unscheinbar, es war mit Schreibmaschine auf qualitativ minderwertigem, beigefarbenem Briefbogen verfasst und trug natürlich den Stempel des Landrates – mit Hakenkreuz und Reichsadler. Tatsächlich aber veränderte es nicht nur das Leben meines Vaters grundlegend, sondern auch das unserer Familie. Eine rechtsgültige Ausweisung, verbunden mit einem Aufenthaltsverbot im Reichsgebiet, bedeutete schließlich den Verlust von Vaters Betrieb sowie den Sturz in die Arbeitslosigkeit. Bis dahin nämlich hatte Vater in Hamburg und Flensburg als Sachverständiger für elektrische Anlagen bei der Firma *Elektrowacht* gearbeitet, deren Inhaber er zugleich war. Auf einer seiner zahlreichen Geschäftsreisen erhielt er nun also völlig unerwartet die Aufforderung, sofort das Deutsche Reich zu verlassen. Ohne die Möglichkeit, persönlich zu den Anschuldigungen Stellung zu nehmen, wurde Vater des Landes verwiesen und bekam seinen Reisepass entzogen.

Kaum zu Hause im dänischen Kollund angekommen, legte er tatsächlich Beschwerde beim Regierungspräsidenten in Schleswig ein. Mit der Antwort allerdings ließ sich die übergeordnete Stelle drei Monate Zeit. Dann teilte man Vater mit, seine Beschwerde gegen das erlassene Aufenthaltsverbot werde als unbegründet zurückgewiesen, weil er sich „trotz nachdrücklicher Verwarnung fortgesetzt volks- und staatsfeindlichen Verhaltens schuldig gemacht" habe. Da gegen die Ausweisung alle Rechtsmittel ausgeschlossen waren, galt die Anordnung ab sofort und endgültig. Nicht einmal in das wenige Kilometer entfernte Flensburg durfte er noch fahren. Wie hatte es nur so weit kommen können?

Nun, es stimmte schon, dass mein Vater dem Nationalsozialismus und dessen Kriegstreiberei kritisch gegenüberstand und in Diskussionen innerhalb der Familie oder mit guten Freunden seine Meinung auch verteidigte. Da Vater aber ein ausgeglichenes Wesen hatte, wurde er dabei niemals aufbrausend. Vor allem wäre er nicht so dumm gewesen, in der Öffentlichkeit mit „volksfeindlichem Verhalten" aufzufallen. Es blieben also Fragen offen, vor allem die nach dem konkret zugrundeliegenden Vergehen und den möglichen Denunzianten.

Vielleicht war er der Staatsmacht ins Gehege gekommen, weil er weiterhin auch nicht-arischen Betrieben seine Dienste angeboten hatte? Möglicherweise hatte er in der falschen Gesellschaft über einen Flüsterwitz geschmunzelt wie den des „idealen Deutschen": „Blond wie Hitler, groß wie Goebbels, schlank wie Göring und keusch wie Röhm" – solche Witze waren tatsächlich im Umlauf! Eventuell hatte auch jemand mitbekommen, dass er verbotenerweise über seinen Volksempfänger ausländische Sender empfing. Dafür war Anfang des Jahres ein Gastwirt am Hamburger Hafen sogar zu drei Jahren Zuchthaus verurteilt worden.

Als Spioninnen jedenfalls hatte ich die beiden komischen alten Jungfern vom *Gasthof zur Doppeleiche* in Ahrensburg im Verdacht, bei denen Vater wohnte, wenn er in Hamburg zu tun hatte. Ich hatte sie kennengelernt, als ich ihn Anfang März 1940 dort besuchte, sie waren mir sofort unsympathisch gewesen mit ihrer naiven Neugier und einer großen Sympathie für nationalsozialistisches Gedankengut. Doch konnte ich auch hier nur spekulieren.

Tatsache war aber, dass Vater von einem Tag auf den anderen seiner deutschen Heimat, seiner wirtschaftlichen Existenz und auch seiner persönlichen Kontakte zu Familie und Freunden beraubt wurde. Doch hatte er auch Glück im Unglück: Denn vom Tage seiner Ausweisung an erhielt er in Dänemark als inzwischen 68 Jahre alter Mann eine nicht unerhebliche Altersrente, von der wir immerhin unseren Lebensunterhalt bestreiten konnten.

Wenn auch unsere Familie noch halbwegs glimpflich davongekommen war, standen wir dem Allmachtsanspruch des Führers, der Gleichschaltung der Gesellschaft, der schwindenden Meinungsfreiheit und dem Terror durch die braunen Horden natürlich noch kritischer gegenüber.

Wann hatte ich eigentlich zum ersten Mal persönlich mit dem gottgleichen Huldigungskult um Adolf Hitler zu tun gehabt? Ganz offensichtlich war es im August 1933 gewesen, als von uns Schülern erwartet wurde, die Lehrkräfte mit „Heil Hitler“ zu begrüßen. Zum *Jahrestag der Machtergreifung* gehörte von nun an auch die feierliche Fahnenhissung auf dem Schulhof, und nachmittags hatte man dann der Hitlerrede im Radio zu lauschen. Im Januar 1935 wurde zu Ehren des Führers sogar ein Gottesdienst in

St. Nikolai zu Flensburg abgehalten, ebenfalls durchsetzt von Ruhmesreden und Ansprachen.

Die Zahl der Propagandafilme im Kino nahm zu. Allein im September 1933 waren es die Streifen mit den markanten Titeln *Deutschland erwache!* und *Jung Deutschland marschiert!*; aber auch der Spielfilm *Hitlerjunge Quex*, der die politische Feindschaft zwischen Kommunisten und Nationalsozialisten zum Thema hatte und zwischen Lagerfeuerromantik und Heldentod ein Drama der besonderen Art erzählte. Im Vergleich dazu war der Kinofilm *Reife der Jugend* geradezu wohltuend andersartig und viel näher an der Gefühlswelt von uns Mädels – oder hatten wir hier die erzieherische Absicht nur nicht erkannt? Jedenfalls musste man sich daran gewöhnen, dass auch die im Kino öffentlich gezeigten Wochenschauen zunehmend tendenziöser wurden. Flaggenmeer und Fackelbeleuchtung, wirkungsvolle Massenaufmärsche und enthusiastische Szenen der Hingabe: Die Macht der Bilder verfehlte ihre Wirkung nicht und erzeugte beim Zuschauer eine seltsame Mischung aus Heimatgefühl und Volksstolz. Ganz extrem war diesbezüglich der Film *Sieg des Glaubens* von Leni Riefenstahl.

Nicht nur die Inszenierungen der Reichsparteitage im fernen Nürnberg, die an Herrschaftszeichen und Uniformen, Volksbegeisterung und Pathos nicht sparten, nahmen an suggestiver Gewalt zu, sondern auch die neuen Ehrentage bei uns in der Provinz: Der *Tag der Machtergreifung* am 30. Januar gehörte nun zum staatlichen Festkalender, ebenso wie *Führers Geburtstag* am 20. April und die *Reichsparteitage* im September. Der Volkstrauertag, den man auf den zweiten Sonntag der vorösterlichen Fastenzeit gelegt hatte und der vor allem der Heldenverehrung diente, wurde gerne dazu genutzt, um Amtshalter in ihre neuen Ämter einzuführen. Und am 8./9. November gedachte man feierlich der 1925 während des Münchner Hitler-Putschs getöteten NSDAP-Sympathisanten. Das Regime bot zahllose Anlässe, um sich mit dem Führer in Dankbarkeit verbunden zu fühlen und sich Hitlers straffer Führung bereitwillig anzuvertrauen.

Auch die Rede zum 30. Januar 1937 verfolgte ich am Radio: Öffentlich verkündete der Führer, dass er die deutsche Unterschrift unter dem Versailler Diktat feierlichst zurückgezogen habe, „zur Wiederherstellung der deutschen Gleichberechtigung", wie er sagte. Außerdem sei die Wiedereinführung der Wehrpflicht erfolgt sowie die Wiederbesetzung des entmilitarisierten Rheinlandes durch „unsere" Truppen. Die Zeit der Entfremdung der Völker habe mit dem heutigen Tage ein Ende, denn nun sei die nationalsozialistische Revolution, die seit 1933 notwendigerweise stattgefunden habe, vorbei. Wenngleich ich dies nicht ganz glauben konnte, hoffte ich doch inständig, dass die zurückliegende unschöne Entwicklungsperiode nun tatsächlich abgeschlossen sei.

Doch dem war nicht so: Weiterhin empfand ich es als sehr beängstigend, wenn die braunen Horden, selbstgefällig und gewalttätig durch die Straßen marschierten, denn irgendwie lagen dann immer Krawall und Ärger in der Luft.

Als ich später im Musikalienhandel arbeitete, wurde mir sogar die Verflechtung des kulturellen Lebens mit der neuen Nazi-Wirklichkeit bewusst: Selbstverständlich musste alle Arbeit ruhen, wenn im Radio eine der martialischen Führer-Reden aus dem Reichstag übertragen wurde. Eine Sendung unseres Chores im Norddeutschen Rundfunk fiel ebenfalls aus, weil Hitlers Rede zu lange dauerte und anschließend keine Sendezeit mehr für die Musik übrig war. Nicht einmal die Aufnahme auf Wachsplatten war an diesem Tag noch drin. Das ärgerte sogar meinen lieben Chorleiter Johannes Röder, wenn er es auch herunterzuspielen versuchte. Sogar bei der Stückauswahl musste man nun zunehmend berücksichtigen, dass immer mehr männliche Musiker eingezogen wurden und dadurch große Orchesterwerke wie zum Beispiel Bruckners 9. Sinfonie nicht mehr aufgeführt werden konnten. Dafür aber gehörten inzwischen „Heil-Hitler"-Rufe zum Applaus-Ritual des Publikums – was für eine Schande!

Auch das erste Volkssinfoniekonzert im Oktober 1936 blieb mir in zwiespältiger Erinnerung: Die Konzerteröffnung mit der *Oberon*-Ouvertüre von Carl Maria von Weber war grandios. Während man aber noch eifrigst klatschte, tönte schon Hitlers Stimme aus den Lautsprechern des Saales in den Applaus hinein: Eine Rede zum Beginn der Spendenaktion für das Winterhilfswerk! Da war nun leider nichts zu machen: Wenn die Politik im Rampenlicht stand, hatte die Kultur zu schweigen.

Doch nicht nur an politischen Lautsprecherdurchsagen zu Unzeiten war zu erkennen, dass wir in anderen Zeiten lebten. Hinzu kam auch der Umstand, dass nachmittags immer häufiger Verdunkelung angeordnet wurde, nämlich immer dann, wenn das Stadtgebiet von feindlichen Fliegern überflogen wurde. Für uns bedeutete dies, dass wir an solchen Tagen das Geschäft schon um 16 Uhr schließen mussten. Auch wenn der Anlass nicht gerade angenehm war: Mit vorzeitigem Feierabend konnte ich mich gut anfreunden.

Leider gehörte ich ja nicht zu den glücklichen Abitur-Absolventinnen meines Jahrgangs, weil meine schulischen

Leistungen in der Untersekunda – wohl vor allem wegen meiner intensiven außerschulischen Choraktivitäten – nicht zu einem der begehrten Freiplätze in der Oberstufe berechtigten. Und da aus finanziellen Gründen an die Zahlung des vollen Schulgeldes gar nicht zu denken war, musste eine andere Lösung her. Hier wiederum griff uns das staatliche System helfend unter die Arme, indem man mir auf einer Fortbildungsschule des *Vereins für das Deutschtum im Ausland V. D. A.* einen Freiplatz anbot: Die Volkshochschule Tingleff, 20 Kilometer nordwestlich von Kollund, war ein Lehrinstitut für deutsche Mädchen, die dort in Hauswirtschaft und Sprachen unterrichtet wurden. In meinem Winterkurs waren außer zwölf Schleswig-Holsteinerinnen und einer Berlinerin zwei Mädels aus Siebenbürgen, je eines aus Estland und Island und 13 Nordschleswiger Däninnen – zu denen ja auch ich zählte! Das Ziel des Vereins, die deutsche Jugend aus dem In- und Ausland zusammenzuführen, um sich auszutauschen und vielleicht sogar länderübergreifend Kontakte zu knüpfen, erfüllte sich in meinem Fall voll und ganz, denn aus dieser Zeit rührte meine Freundschaft zur Estin Dita Frese.

Und noch einen Vorteil hatte meine Ausbildungszeit in Tingleff: Ich entging auf diese Weise elegant dem staatlich verordneten „Landjahr", eine Erziehungseinrichtung für Schüler im letzten Schuljahr. Da bevorzugt junge Menschen aus wirtschaftsschwachen und „politisch gefährdeten Gebieten" zu dieser Zwangsschulung eingezogen wurden, um national-politisch auf Linie gebracht und weltanschaulich gefestigt zu werden, wäre ich bestimmt dabei gewesen. Wie gut, dass ich die angenehmere Form dieser Erziehung beim V.D.A. erhielt … zumal ich zugeben muss, dort einige

Haushaltskniffe gelernt zu haben, die mir auch später noch nützlich waren.

Tief in Gedanken versunken, hatte ich inzwischen den nächtlichen Fußmarsch nach Norden absolviert. Morgens um vier Uhr erreichte ich endlich den beschädigten Bahnhof von Zell und war goldfroh, mich endlich setzen zu können.

Kaum angekommen, gab es erst einmal einen längeren Alarm, bei dem wir uns zusammen mit unendlich vielen anderen Schutzbedürftigen in niedrigen Felsenbunkern zusammenkauern mussten. Einige der Schutzsuchenden kannte ich inzwischen vom Sehen her. Der SS-Offizier allerdings und sein Bursche tauchten nicht mehr auf. Ich hoffte inständig, dass dies auch weiterhin so bleiben möge: Die große Sorge, diesem bedrohlichen Mann vielleicht noch einmal über den Weg zu laufen, verfolgte mich bis zur Abfahrt und hinterließ das beklemmende Gefühl, eine Gejagte zu sein.

4. Zwangspause in Gemünden

Um fünf Uhr morgens war der Alarm in Zell endlich vorbei, und um halb sieben ging ein Zug nach Gemünden. Was war ich froh, als die Bahn sich endlich in Bewegung setzte und ich nicht mehr befürchten musste, noch einmal dem unheimlichen SS-Offizier über den Weg zu laufen! Doch leider erschien mir auch die Aussicht auf die nächste Station, der wir nun entgegenfuhren, nicht besonders reizvoll, denn Gemünden lag von Zell aus gerade einmal 30 Kilometer mainabwärts, was mich also meinem großen Ziel „Flensburger Förde" nur in Trippelschrittchen näherbrachte. Die gewundene Strecke entlang des Flusses zog sich gewaltig, und meine Ungeduld wuchs.

Als wir dann aber kurz nach acht in Gemünden eintrafen, änderte sich meine Stimmung schlagartig: Die Sonne ging gerade über den Hängen des Spessarts auf und tauchte die Scherenburg-Ruine oberhalb des Mains in zauberhaftes Licht. Welch eine Wohltat: Man erkannte wieder klare Konturen, und auch die Sonne hatte wieder Strahlkraft, wenngleich sie immer noch von einem gelbbraunen Schleier umhüllt war.

Hier nun hatten wir fast den ganzen Tag Aufenthalt. Ein rührender junger Marine-Obergefreiter, der mit mir angekommen war, erklärte sich bereit, meinen platten Reifen zu flicken, und nahm sich der Sache mit großem

Sachverstand und der nötigen Andacht an. Dabei wurde er allerdings immer wieder unterbrochen, denn es gab den ganzen Tag über Fliegeralarm.

Zwischendurch schnackten wir beiden Nordlichter miteinander, und es war ein Genuss, mal wieder heimische Mundart zu hören: Der junge Mann kam ursprünglich aus Eckernförde, nur etwa 20 Kilometer von Kiel entfernt, und hatte eine so angenehm-unkomplizierte Art, dass ich ihn kurzerhand zu meinem „großen Bruder ehrenhalber" erklärte. Er grinste über das ganze Gesicht und meinte, er fühle sich sehr geschmeichelt, denn er habe sich schon immer eine kleine Schwester gewünscht, sei aber mit drei großen Brüdern aufgewachsen, von denen zwei bereits ... hier stockte er, und ich ahnte, was er hatte sagen wollen. In diesen Tagen redete niemand freiwillig über gefallene Brüder oder sonstige Schicksale. Dankbar ging er also auf meinen spontanen Themenwechsel ein, und wortreich malten wir uns aus, mit welcher „steifen Brise" und in welchem Farbenspiel uns die Ostsee wohl empfangen würde, wenn wir endlich wieder an der „Waterkant" ankämen.

Dann aber ließ ich den jungen Seemann in Ruhe seine Arbeit tun, setzte mich etwas abseits und beobachtete ihn aus der Entfernung. Abgesehen von seiner Uniform erinnerte er mich so sehr an meinen leiblichen Bruder: Er hatte etwa die Größe und vermutlich ein ähnliches Alter wie Sönke, war braun gebrannt und besaß eine sportliche Statur. Auch im Stahlblau der Augen glichen sich die beiden, jedoch hatte der Obergefreite keinen so melancholischen Ausdruck in seinem Blick wie mein Bruder.

Das war auch bei Sönke nicht immer so gewesen. Als kleiner Blondschopf hatte er die Menschen mit seiner ruhigen, sonnigen Ausstrahlung in den Bann gezogen. Und als älterer Bruder war er auch mit mir meist sehr fürsorglich umgegangen – auch wenn Großmutter Sönnichsen berichtete, dass er von meiner Geburt nicht sonderlich angetan gewesen war. In einer kalten Januarnacht des Jahres 1918 war ich zur Welt gekommen, es tobte gerade der Erste Weltkrieg, und Vater war als gut ausgebildeter Ingenieur ins ferne Kiel zur Inspektion des Torpedowesens abkommandiert. Großmutter Johanna Emilie also, die nach dem Tod ihres Mannes zu uns nach Wandsbek gezogen war, hütete meinen drei Jahre älteren Bruder, während meine Mutter, unterstützt von der Hebamme, voll und ganz mit mir beschäftigt war.

Als Oma Sönnichsen kurz nach der geglückten Geburt meinte: „Komm, Sönke, nun musst du dir deine kleine Schwester ansehen, sie ist so niedlich“, war Sönke wenig begeistert. Ob er mich nicht mochte, weil ich schon in meinen ersten Lebensminuten zu viel Geschrei gemacht hatte, oder ob es andere Gründe gab, weiß ich nicht. Obendrein fand er mich ausgesprochen hässlich – was ich ja aus Sicht eines Dreijährigen vielleicht auch war. Jedenfalls war es nicht gerade Liebe auf den ersten Blick. Zu Sönkes Ehrenrettung muss ich allerdings zugeben, dass ich als Kleinkind wohl tatsächlich ein „kleines Grimmbild“ war – und ein Energiebündel von Anfang an. Ersteres änderte sich mit der Zeit, Letzteres nicht. Meine Betriebsamkeit zeigte sich auch darin, dass ich im Kinderwagen so sehr hin- und herschaukelte, dass Mutter den Wagen mit einem starken Tau zwischen zwei Lehnstühlen festbinden musste, um ein Unglück zu vermeiden.

Bereits zwei Jahre später, der Krieg war inzwischen vorbei und mein Vater wohlbehalten zurückgekehrt, beschloss die Familie, ins deutsch-dänische Kollund überzusiedeln: Die dort ansässige Großmutter mütterlicherseits war verstorben und hatte uns ihr Sommerhaus hinterlassen. Zudem war im Dezember 1919, kurz nach Weihnachten, auch Oma Sönnichsen von uns gegangen. Und so gab es keinen Grund, weiter in Wandsbek wohnen zu bleiben – zumal dort inzwischen marodierende Banden durch die Straßen zogen und es daher für die Anwohner notwendig geworden war, eine Bürgerwehr aufzustellen.

Unser Haus bei Hamburg wurde also verkauft, und im Januar 1920 zog die Familie nach Kollund. Es war ein eiliger Umzug, denn es galt, zu einem festen Stichtag in Nordschleswig ansässig zu sein, um über die Neuordnung der deutsch-dänischen Grenze mitentscheiden zu können. Politisch gesehen wurden wir im März, nach der erfolgten Abstimmung zugunsten Dänemarks, automatisch und durchaus nicht gegen unseren Willen dänische Staatsbürger. Doch wurde im Hause Sönnichsen nicht dänisch, sondern weiterhin deutsch gesprochen. Was sich jedoch grundlegend änderte, war der Umstand, dass die Erwachsenen von nun an immer ihren Reisepass mitführen mussten, wenn sie die Grenze Richtung Flensburg überqueren wollten.

Die Gegend, in die wir zogen, war uns nicht unbekannt: Meine Mutter Antoinette, eine sehr begabte Klavierlehrerin, hatte es in den letzten Jahren zur Tradition werden lassen, zusammen mit uns Kindern die Sommermonate in Großmutters Sommerhaus zu verbringen. Der Sommer an der Förde hatte uns allen gut getan, denn gerade in Kriegszeiten war die Ernährungslage im ländlichen Kollund sehr viel besser als die im städtischen Wandsbek, wo es zur Kaffeestunde statt Kaffee nur Fencheltee gab und man dazu Anchovis aß, weil nichts anderes zu bekommen war.

Außerdem waren einige Verwandte meiner Mutter nach wie vor im reizvoll gelegenen Nordschleswig wohnhaft, was nun unser Einleben zusätzlich vereinfachte.

Vor unserem Umzug war das von Großmutter Roll geerbte Sommerhaus nach Bauplänen eines Architekten aus Vaters Freundeskreis renoviert und für unsere Zwecke vergrößert worden. So entstand ein schönes, komfortables Wohnhaus, dessen untere drei großen Wohnräume mit einem modernen Holzofen beheizt werden konnten. Über den weiten Flur und durch ein geräumiges Treppenhaus gelangte man zu den fünf Schlafzimmern in der oberen Etage sowie zum Bad, in dem sich jedoch nur die Badewanne befand; für den Toilettengang aber musste man weiterhin das Plumpsklo außerhalb des Hauses bemühen. Auf dem geräumigen Dachboden gab es noch ein weiteres Zimmer, und im Nebengebäude waren die Waschküche, die Werkstatt, der Holz- und Kohlenraum sowie der Hühnerstall untergebracht.

Ein ganz besonderer Vorzug unseres Hauses bestand in der wunderschönen Aussicht von Terrasse und Balkon, denn beide gingen zur Förde hinaus. Außerdem waren wir, wenn wir auch noch ohne fließendes Wasser auskommen mussten, immerhin schon an die Elektrizität angeschlossen, ein enormer Luxus in jenen Zeiten. Meist jedoch versammelten wir uns um unsere moderne Petroleumlampe in edlem Jugendstil, die auf dem großen runden Holztisch unserer Wohnstube stand: zum einen, um Kosten zu sparen, zum anderen aber, weil es gemütlicher war.

Auf Vaters Schreibtisch befand sich noch eine weitere technische Errungenschaft, nämlich ein Telefon. Es anzufassen war uns Kindern strengstens verboten. Einmal jedoch sah sich Sönke genötigt, eine Ausnahme zu machen. Als er einmal allein im Zimmer war und es klingelte, nahm der damals Fünfjährige den Hörer ab und meldete sich wie ein Rezeptionist mit unserer Telefonnummer: „Hier 91. Wen soll ich rufen: Vater oder Mutter?“ Dann reichte er das Gespräch souverän an Mutter weiter.

Von unserem malerisch gelegenen Wohnhaus gelangte man auf sandigem Fußweg in fünf Minuten zum Strand der Flensburger Förde. Nach Norden war das als Ferienort beliebte Kollund von hügeligen Wäldern und Feldern umgeben, und entlang des Westufers der Förde zog sich ein herrlicher Buchenwald. Das deutsche Ufer war in Sichtweite, und die gemütlichen alten Fördedampfer fuhren die Strecke nach Flensburg fünfmal täglich.

In dieser idyllischen Umgebung verlebten Sönke und ich eine traumhafte Kindheit und genossen unsere Freiheiten. Die Förde, der Strand, die Wiesen und Wälder waren unsere Spielplätze. Inzwischen verstanden wir Geschwister uns fabelhaft, wenngleich Sönke mich immer „Heulboje“ nannte, wenn ich den Kopf zurücklegte und aus tiefstem Herzensgrund aufjaulte, weil mir wieder mal etwas gar nicht passte.

Bei aller erzieherischer Großzügigkeit gab es allerdings einige wenige Regeln, die wir zwingend einzuhalten hatten: Wenn die Kirchenglocken mittags und abends läuteten, mussten wir die Beine in die Hand nehmen und zusehen, dass wir innerhalb von zehn Minuten zu Hause waren.

Außerdem bekamen wir unserem Alter entsprechend Pflichten übertragen, die wir ohne Diskussionen erfüllen mussten. Zu diesen „Kinderdiensten“ gehörte beispielsweise, am Strand Muscheln für die Hühner zu sammeln, Ähren auf den abgeernteten Feldern aufzulesen, Brombeeren und andere Wildfrüchte am Waldrand zu pflücken sowie bei der Ernte im Garten zu helfen.

Wir fühlten uns sehr wohl im neuen Haus. Außerdem hatten wir nun so viel Platz, dass wir ab 1921 sogar die beiden Weststuben Mutters Schwester Lucie, meiner geliebten Tante „Luke", überlassen konnten. In diesem Sommer wurde zudem meine Cousine Traute, die Tochter von Tante Luke, Haustochter bei uns. Und als Traute später nach Hamburg ging, kamen andere junge Damen ins Haus, um Mutter im Haushalt zu unterstützen.

Diese Haushaltsgehilfinnen waren ein Segen für uns, denn Gastfreundschaft war unseren Eltern sehr wichtig. Wir hatten wirklich häufig Besuch. Natürlich wurden die Gäste auch bestens bewirtet. Zu den besonderen Leckerbissen, die bei Sönnichsens auf den Tisch kamen, gehörten Hummer- und Wildgerichte, aber auch Delikatessen wie Artischocken und Spargel.

Für ein reges Kommen und Gehen im Hause sorgten außerdem die Klavierschüler, die sich nach Kriegsende allmählich wieder einfanden, um bei Mutter Unterricht zu nehmen.

Doch waren die Zeiten politisch gesehen alles andere als beschaulich, und allmählich machte sich auch die Inflation bemerkbar. Dennoch vertraute man den Banken und legte dort das ersparte und ererbte Geld an. Im Jahr 1923 allerdings steuerte die Inflation ihrem Höhepunkt entgegen, und plötzlich betrug unser beträchtliches Vermögen nach der sogenannten „Aufwertung" nur noch zehn Rentenmark! Das bedeutete eine Enteignung in ganz großem Stil und hätte uns in große Not bringen können, wenn wir Stadtmenschen geblieben wären. So aber wohnten wir auf dem Land, hatten ein eigenes, schuldenfreies Haus und einen einträglichen Garten, der unser Überleben sicherte.

Ich selbst machte mir im Alter von fünf Jahren natürlich noch keine Gedanken über politische oder wirtschaftliche Themen, freute mich aber, als zwischen 1926 und 1929 ein Stück des Bredsdorff-Waldes gerodet wurde, damit auf diesem „Neuen Land" Kartoffeln, Mais und Tomaten angebaut werden konnten.

Entschieden spannender als die Inflation war für mich zudem die Ankunft von Sönkes Hauslehrerin, denn mit dem beginnenden Schuljahr zu Ostern 1922 wurde mein Bruder schulpflichtig. Eine glückliche Fügung sorgte dafür, dass er in den Genuss von Privatunterricht kam. Die dänische Dorfschule nämlich hatte keinen besonders guten Ruf, und eine Flensburger Schule kam für Sönke wegen des weiten Schulweges nicht in Frage. Da flatterte die Bewerbung von Elisabeth Wittrock aus Flensburg ins Haus: Sie hatte soeben ihre Ausbildung als Lehrerin beendet und wollte im Hause Sönnichsen als „Haushaltslehrling" anfangen. Chancen im Leben zu erkennen und zu nutzen, das ist eine wichtige Fähigkeit, die meine Eltern glücklicherweise beherrschten. Und so zögerten sie nicht lange, sondern holten Fräulein Wittrock zu uns ins Haus.

Der Unterricht fand im geräumigen unteren Flur unseres Hauses statt. Sönke saß an der einen Seite des Tisches, Fibel und Schiefertafel lagen vor ihm, *Mutter Wittrock* nahm – mit mir auf dem Schoß – ihm gegenüber Platz. Dadurch, dass ich bei Sönkes Unterricht dabei sein durfte, war ich zum einen gut beschäftigt, zum anderen lernte ich auf diese Weise ganz nebenbei zu lesen und zu schreiben.

Bald kam Hannes Jessen als weiterer deutschsprachiger Schüler hinzu. Allerdings fiel ihm das Rechnen schwer. Da ließ Mutter Wittrock ihn, um ihm das Addieren und Subtrahieren verständlich zu machen, die Treppen hinauf- und hinunterhüpfen. Ich fand das so lustig, dass ich begeistert mitmachte – und dabei ebenfalls spielerisch rechnen lernte.

Leider verließ uns Mutter Wittrock zu Ostern 1926 wieder, zeitgleich mit Sönkes Schulwechsel in die Sexta des Flensburger Gymnasiums.

Abgesehen von den üblichen Geschwister-Kabbeleien kamen wir beide ganz prächtig miteinander aus. Als kleine Schwester bewunderte ich Sönkes vielfältigen Fähigkeiten: Niemand aus der Familie war in Laubsägearbeiten so geschickt wie er, doch auch seine Zeichenkünste waren beeindruckend. Außerdem erhielt er als Zwölfjähriger Geigenstunden, spielte bald im Schulorchester und sang im Chor des Gymnasiums. Den Höhepunkt seiner musikalischen Karriere erreichte er, als er im Oktober 1933 in einem der öffentlichen Flensburger Konzerte das D-Dur-Violinkonzert von Mozart spielte, und zwar in Begleitung eines Profi-Orchesters. Er meisterte seine Aufgabe souverän, wurde von allen Seiten sehr gelobt und bekam glänzende Kritiken. Kaum zu glauben, dass er zu dieser Zeit schon in einer so unerquicklichen Lebensphase steckte.

Denn neben der Musik war schon immer das Segeln seine große Leidenschaft gewesen. Wohl aus diesen glücklichen Erinnerungen heraus traf Sönke die Entscheidung, das Gymnasium nach der Mittelstufe zu verlassen, um Seemann zu werden. Für die hochwertige, aber auch teure Lehre auf einem Schulschiff der Handelsmarine war leider kein Geld vorhanden. Also heuerte er unter Zahlung eines deutlich niedrigeren Lehrgeldes als Schiffsjunge auf dem Motorsegler M. S. Seestern an. Zwar war dies nicht gerade Sönkes Traumschiff, aber ohne finanzielle Rücklagen eine Ausbildungsstelle in der Handelsschifffahrt zu finden, war in diesen Zeiten beinahe unmöglich. Selbst die Stelle auf der Seestern war nur zustande gekommen, weil Vater seine Kontakte bei der Hamburger Reederei hatte spielen lassen. Also ließ mein Bruder sich darauf ein.

Sönkes offizieller Dienstantritt – und damit auch der Zahlungstermin der ersten 40 Reichsmark Lehrgeld – war der 6. April 1932. Um aber überhaupt auf deutschen Schiffen fahren zu können, musste Sönke zuerst wieder deutscher Staatsbürger werden. Die Einbürgerungsurkunde wurde am 3. Mai 1932 durch die Freie und Hansestadt Hamburg ausgestellt, ihm aber erst Mitte Juli in Sonderburg ausgehändigt. Dadurch hatte er wegen der Umständlichkeit der Behörden bereits zwei Monate Ausbildungszeit versäumt, die Vater aber dennoch bezahlen musste.

Leider erwies sich auch die weitere Ausbildung als arger Fehlgriff. Sönke durchlief eine extrem harte Lehrzeit, in der er neben der körperlich anspruchsvollen Tätigkeit auf Deck auch als Koch fungieren musste. Er versuchte mit aller Kraft durchzuhalten, dennoch war er auf diese Art von Seemannsleben überhaupt nicht vorbereitet. Zwar war er sportlich und konnte zupacken, zudem hatte er vom Segeln her auch Nautik-Erfahrung; doch war an Bord niemand an seinen Kenntnissen interessiert, sondern einzig daran, ihm die unbeliebte Drecksarbeit aufzudrücken. Neben der menschlichen Erniedrigung, die er hier erfuhr, hatte er zugleich unter der geistigen Ödnis an Bord zu leiden. Zudem war er als ehemaliger Gymnasialschüler beim Kapitän von vornherein nicht beliebt. Wenn ich mich recht erinnere, bekam Sönke in dieser Zeit seinen melancholischen Gesichtsausdruck.

In acht aufeinanderfolgenden Briefen bat er Vater und später auch Mutter, ihn von Bord zu nehmen, da er nach diesen ersten Erfahrungen zu der Überzeugung gelangt war, für die Seefahrt nicht geeignet zu sein: Aufgrund der allgemeinen Überforderung litt Sönke nun immer häufiger an Kopfschmerzen und sogar Ohnmachtsanfällen. Dennoch riet Vater ihm dringend davon ab, die Ausbildung abzubrechen, und vertrat die Ansicht, er solle sich durchbeißen. Das vertrauensvolle Verhältnis zwischen Vater und Sohn nahm durch Vaters verständnislose Art für Sönkes Nöte nachhaltigen Schaden. Selbst Mutters Vermittlungsversuche, die für das Leid ihres sensiblen Sohnes sehr viel mehr Mitgefühl aufbrachte, stießen bei Vater auf taube Ohren. Es half nichts: Sönke musste sich der schlimmsten Herausforderung seines bisherigen Lebens stellen, ohne auf Unterstützung durch die Familie zählen zu dürfen.

Nachdem er sich auf einer bitterkalten Überfahrt nach Schweden eine schwere Bronchitis zugezogen hatte, durfte er im November 1932 das Ausbildungsschiff endlich verlassen. Üblicherweise dauerte die Lehrzeit ein ganzes Jahr; unter diesen Umständen aber brach man vorher ab, entließ ihn aber wenigstens im Rang des *Jungmanns*. Das Lehrgeld jedoch hatte Vater noch bis Mai 1933 weiterzuzahlen. Neben der „Blamage", dass sein Sohn die ihm übertragenen Aufgaben nicht hatte erfüllen können, sorgte bei Vater auch die finanzielle Belastung für großen Unmut.

Nun allerdings zeigte sich das nächste Problem. Denn nach seiner Genesung fand sich für Sönke lange keine neue

Anstellung: Die Seefahrt in Deutschland und Dänemark lag aufgrund der schlechten Wirtschaftslage im Argen. Bis mein Bruder also seine erste Heuer auf einem Schiff bekam, musste ein anderer Weg gefunden werden, um etwas Geld zu verdienen. Glücklicherweise tat sich eine Stelle im *Freiwilligen Arbeitsdienst F. A. D.* in Glücksburg auf, so dass Sönke den Eltern nicht weiter auf der Tasche liegen musste.

Auch später, als er endlich wieder als Seemann arbeiten konnte, ergaben sich für ihn immer wieder Schiffswechsel und oft längere Wartezeiten zwischen den Heuern. Auf allen Schiffen aber, auf denen er nach seiner Ausbildung arbeitete, war das Seemannsleben sehr viel angenehmer, als er es auf der *M. S. Seestern* kennengelernt hatte. Eine Tour brachte ihn sogar bis nach Belgien und Frankreich, und auf der *M. S. Agnes* und der *M. S. Romanus* war es eine noch gemütlichere Schipperei von einem dänischen Hafen zum anderen.

Dieses Leben nun gefiel Sönke ganz ausgezeichnet, und bereitwillig ließ er uns an seinen Fahrten teilhaben: Die wunderschönen Karten und liebevollen Briefe, die er uns schickte, sein präzises Beobachtungsvermögen und der sprachlich ausgereifte Schreibstil machten seine Berichte höchst lesenswert.

Wenn das Schiff mal länger im Hafen lag, kam Sönke nach Hause, erholte sich vom engen Leben an Bord, half Vater im Garten und war mit Freunden zusammen. Selbstverständlich bereiteten wir meinem Bruder im Dezember 1933 zu seinem 18. Geburtstag ein ganz besonderes Fest: Mutter und ich hatten zwei Tage wie wild geschuftet, damit er seine Gäste zu einem feinen Hasenessen einladen konnte, dazu gab es heißen Punsch. Da sich Sönke kurz zuvor auf einem Landgang seinen Fuß heftig verknackst hatte, kam er zwecks Genesung nun in den Genuss von zweiwöchigem Heimaturlaub. Das wiederum war gerade über den Geburtstag natürlich ein ganz besonders willkommenes Geschenk.

Auch das Weihnachtsfest feierte Sönke nun bei uns und genoss die gemütlichen Tage in Kollund. Zu Ostern bekam er dann noch einmal frei und war schon Karsamstag zum nachmittäglichen Ostereier-Essen daheim. Diese Aktion war Vaters Spezialität: Jeder durfte sich Eier beliebiger Art und Menge bestellen, die dann, liebevoll mit Namen versehen, in einer großen, flachen, salzgefüllten Schüssel serviert wurden. Die Beschriftung war dabei entscheidend, denn Mutter beispielsweise bevorzugte hartgekochte Eier, während es für mich eher weichgekochte Eier sein sollten und sich Sönke – als echter Seebär – sogar manchmal rohe Eier wünschte. Zu vorgerückter Stunde schreckte er nicht einmal davor zurück, eines dieser Eier mit Gin und Zucker zu vermischen und als Cocktail zu genießen.

Ansonsten aber war Sönke nun viel auf dem Schiff unterwegs. Endlich, so schien es, hatte er seinen Frieden mit dem Seemannsleben gemacht, was ja während seiner unangenehmen Ausbildungszeit niemand zu hoffen gewagt hätte. Darüber waren wir alle goldfroh. Allerdings brachte sein Marinedasein ein anderes Problem mit sich: Aufgrund seiner teilweise längeren Törns konnte er nicht frei über seine Zeit verfügen, was bedeutete, dass er auch Heimaturlaube nicht mehr sicher vorhersagen konnte. Nicht einmal zu Mutters Geburtstag im Mai 1935 sah er eine Möglichkeit zu kommen. Das war natürlich sehr schade, aber angesichts eines intakten Arbeitsverhältnisses mit seinem momentanen Chef auch für Mutter durchaus zu verschmerzen. So feierten wir also nur mit der Roll-Verwandtschaft. Spät am Abend gab es aber doch noch ein ganz besonderes Geschenk für Mutter, denn völlig überraschend kam Sönke vorbei und konnte sogar für drei Tage bleiben. Das war für Mutter das Schönste überhaupt, und sie freute sich mächtig.

Keiner von uns konnte ahnen, dass dies Sönkes letzter Besuch bei uns sein würde.

Genau sechs Tage nach Mutters Geburtstag bekamen wir einen Telefonanruf, dass Sönke vermisst würde. Sein Schiff lag in Eckensund im Hafen, der Kapitän wohnte während dieser Zeit zu Hause, und Sönke war noch zum Abendessen dort gewesen. Anschließend hatte er Freunde auf dem Nachbarschiff getroffen und sich dort gegen 23 Uhr verabschiedet. Seither fehlte jede Spur von ihm.

Es begann eine qualvolle Zeit des Wartens, wir bemühten uns, beim Suchen behilflich zu sein, zermarterten uns das Hirn, bei welchem Freund er wohl untergekommen sein konnte und aus welchen unerfindlichen Gründen er sich bisher noch nicht gemeldet hatte.

Am Nachmittag des 24. Mai entdeckte man in der Ostsee, weit draußen vor Eckensund, eine männliche Leiche: Sie trieb im Wasser, die starke Strömung im Hafen hatte sie so weit hinausgetragen. Als der leblose Körper geborgen war, wurde es traurige Gewissheit: Der Tote war Sönke.

Die Umstände seines Todes blieben mysteriös, denn seine Schläfe wies eine große Platzwunde auf. Da es keine Zeugen gab, die zur Aufklärung hätten beitragen können, vermuten wir, dass Sönke wohl in der regnerischen Nacht auf dem Weg zurück zu seinem Schiff auf einer glatten Planke ausgeglitten und dabei zwischen Schiff und Brücke geraten war. Vielleicht aber hatte er auch gerade eine seiner häufigen Migräneattacken gehabt. Jedenfalls hatte er sich bei diesem Sturz wohl so schwer am Kopf verletzt, dass er das Bewusstsein verloren hatte und nach seinem Sturz ins Wasser ertrunken war.

Ich konnte das alles nicht begreifen: Ein kleiner Fehltritt, und alles war zu Ende. Wozu dann sein Leben? Wozu?! Ich hatte meinen Bruder verloren. Ich war fassungslos ... und fühlte mich von einem Moment auf den anderen schrecklich allein.

Dann aber wurde mir klar, dass ich jetzt als einziges noch lebendes Kind doppelte Verantwortung für Vater und Mutter zu tragen hatte. Ich würde meine eigene Trauer verbergen müssen, um die Eltern nicht zusätzlich zu quälen. Und ich wollte Stärke zeigen, um ihnen in dieser schweren Zeit eine Stütze zu sein. Ja, ihnen zuliebe musste ich Stärke zeigen.

Das Aufwachen am nächsten Morgen aber war fürchterlich: Die Einsamkeit und die auf mir liegende Bürde schienen mich zu erdrücken, und die Aussicht auf den Tag war noch trostloser. Denn uns erwarteten all die schrecklichen Formalitäten, die Sönkes Schicksal aktenkundig machen und uns seinen Tod in grausamer Endgültigkeit vor Augen führen würden. Aber ich musste mich jetzt zusammenreißen, schon um Mutters Willen.

Gegen Abend nahmen Vater, Mutter und ich Abschied von Sönke, der in der Friedhofskapelle von Bov aufgebahrt war. Es war erschütternd, ganz besonders für Mutter. Als wir aus der Kapelle kamen, läuteten die Glocken.

Die Nachricht von Sönkes tragischem Tod machte schnell die Runde, und die ehrliche Anteilnahme der Menschen war überwältigend. Alle waren so rührend zu uns. Aber ich mochte bald niemanden mehr sehen.

Sönkes persönliche Gegenstände – samt Ausstattungsliste – wurden uns überbracht. Vater bewahrte diese Liste bis zu seinem eigenen seligen Ende in seiner Dokumentenmappe auf.

Am 28. Mai 1935 wurde mein Bruder beerdigt. Wir gingen erst in die Kirche, nachdem der Sarg bereits ins Grab hinabgesenkt worden war, und das war auch besser so. Denn auf diese Weise nahm man nicht den Abschiedsschmerz als letzten Eindruck mit, sondern den Trost der Trauerfeier. Die Ansprache unseres Pastors Heinrich Kähler, so schlicht, so eindringlich und persönlich. Er, der meinen Bruder drei Jahre zuvor konfirmiert hatte ... Sönke wurde nur 19 Jahre alt.

Unser Leben ging weiter. Es musste weitergehen. Doch klang seither in allem ein neuer, dunkler Unterton mit. Für mich war der Verlust so schmerzhaft und die Situation zugleich so irreal, dass ich zunächst nicht darüber reden, geschweige denn schreiben konnte. Für Mutter aber war es am schlimmsten – sie hat den Tod ihres Sohnes niemals verwunden. Ihre allgegenwärtige, tiefe Traurigkeit und mein eigenes Gefühl, nichts für sie tun zu können, nagten an mir.

Tatsächlich konnte Mutter erst ein knappes Jahr später wieder Fahrten unternehmen, die nicht an Sönkes Grab führten.

Für mich aber lebte Sönke in meinen Gedanken weiter. Selbstverständlich gedachte ich seiner an seinem Geburtstag und am Todestag, dann besuchte ich ihn in Bov. Im Winter war sein Grab liebevoll hergerichtet mit Tannenzweigen und Moos. Im Sommer wiederum erblühte neben Sönkes Grabstein eine wunderschöne weiße Rose, die einen ganz einzigartigen, lieblichen Duft verströmte und mich auf magische Weise mit meinem Bruder verband.

„Wiebke-Deern, dein Rad ist fertig!“ Der junge Marinesoldat rief mich zurück in die Gegenwart. Und tatsächlich hatte er alles wieder in beste Ordnung gebracht. Darüber war ich überglücklich und wusste nicht, wie ich ihm danken sollte. Er aber strahlte über das ganze Gesicht und meinte: „Immer zu Diensten, junge Dame. Auf die Jungs von der Marine ist Verlass!“

Die Eltern:
Antoinette und Rudolf Sönnichsen

Sönke und Wiebke

„Nis Puk“: Bäberlein und Wiebke vorn sitzend

Chorleiter Johannes Röder

Cousine Traute auf der Bühne

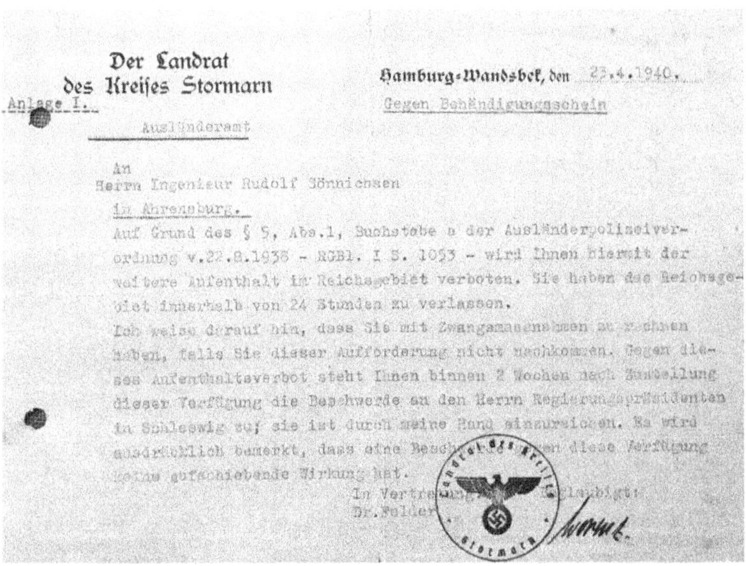

Der Landrat
des Kreises Stormarn

Hamburg-Wandsbek, den 23.4.1940.

Anlage I.

Gegen Behändigungsschein

Ausländeramt

An
Herrn Ingenieur Rudolf Sönnichsen
in Ahrensburg.

Auf Grund des § 5, Abs.1, Buchstabe a der Ausländerpolizeiverordnung v.22.8.1938 - RGBl. I S. 1053 - wird Ihnen hiermit der weitere Aufenthalt im Reichsgebiet verboten. Sie haben das Reichsgebiet innerhalb von 24 Stunden zu verlassen.

Ich weise darauf hin, dass Sie mit Zwangsmassnahmen zu rechnen haben, falls Sie dieser Aufforderung nicht nachkommen. Gegen dieses Aufenthaltsverbot steht Ihnen binnen 2 Wochen nach Zustellung dieser Verfügung die Beschwerde an den Herrn Regierungspräsidenten in Schleswig zu; sie ist durch meine Hand einzureichen. Es wird ausdrücklich bemerkt, dass eine Beschwerde gegen diese Verfügung keine aufschiebende Wirkung hat.

In Vertretung: Beglaubigt:
Dr. Folder

Ausweisung Rudolf Sönnichsen

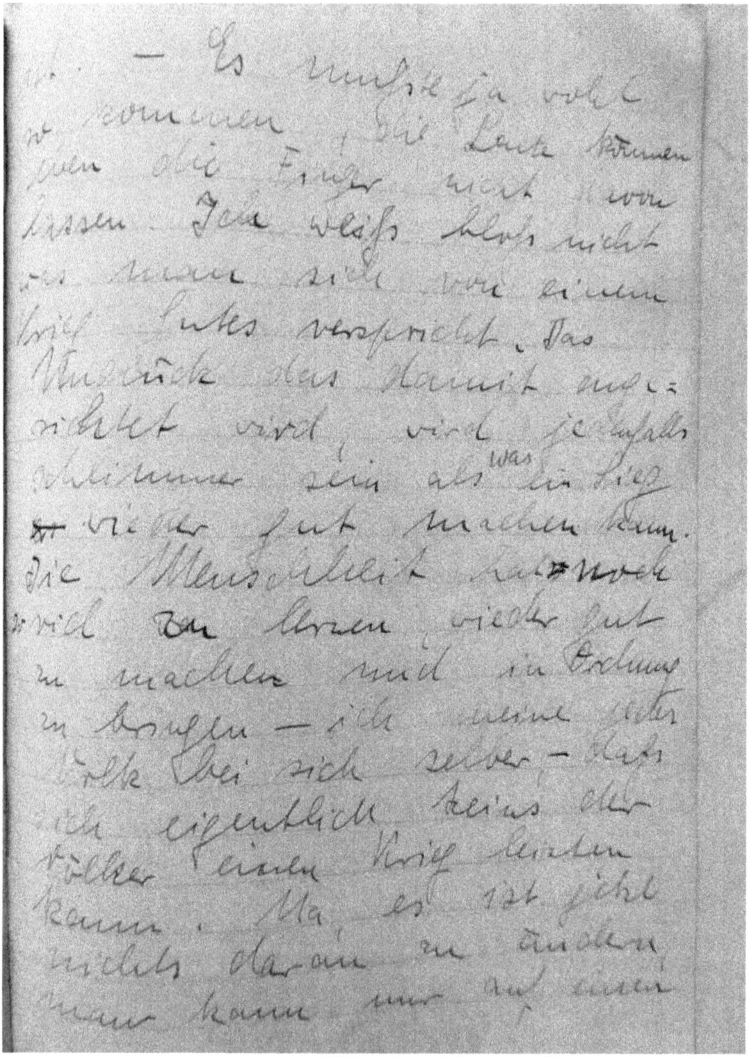
... – Es mußte ja wohl
so kommen, die Leute können
den Finger nicht davon
lassen. Ich weiß bloß nicht
was man sich von einem
Krieg Gutes verspricht. Das
Unglück das damit ange-
richtet wird, wird jedenfalls
schlimmer sein als was ein Krieg
wieder gut machen kann.
Die Menschheit hat noch
viel zu lernen, wieder gut
zu machen und in Ordnung
zu bringen – ich meine jedes
Volk bei sich selber – daß
sich eigentlich keins der
Völker einen Krieg leisten
kann. Na, es ist jetzt
nichts daran zu ändern
man kann nur auf einen

Tagebucheintrag 1. September 1939 (Kriegsanfang)

Wiebke, mit Anfang 20

Kammersänger Gerhard Hüsch

Familie Hüsch, Solln

5. Auf dem Flakwagen nach Göttingen

Was für ein Geschenk, dass ich in meiner Trostlosigkeit dem jungen Marinesoldaten begegnet war, er hatte mich auf so angenehme Weise von meinen Grübeleien abgelenkt. Überhaupt kam ich allmählich zu der Erkenntnis, dass nicht die Fahrt selbst, sondern die Wartezeiten dazwischen das Anstrengendste der Reise waren. Wenn ich doch nur schon weiter nördlich wäre! Um endlich vorwärts zu kommen, würde ich mich dann auf mein Fahrrad setzen und nach Hause radeln – auch wenn es noch einige hundert Kilometer wären. Vielleicht würde ich damit auch meinen Erinnerungen entkommen, die sich jetzt immer öfter ungefragt in mein Bewusstsein drängten.

Nachmittags kam endlich ein Zug mit dem Ziel Fulda und erlöste mich vorerst aus meiner Melancholie. Doch auch diesmal endete die Reise nicht am Bahnhof der Stadt, sondern schon 20 Kilometer vorher, in Flieden. Dort kamen wir abends an und mussten etwa vier Stunden auf den nächsten Zug warten.

Ich hatte noch nie so viele Menschen auf so engem Raum gesehen wie dort, denn es war den ganzen Tag über noch kein einziger Zug gefahren. Und als nach Mitternacht endlich der erste ankam, entbrannte eine wahre Schlacht um jeden Platz, denn alle Gestrandeten hatten nur ein Ziel: Sie wollten möglichst schnell weiterkommen. Ich hätte wohl auch keinen Platz zur Weiterfahrt gefunden, wenn nicht wieder die Marine in Person meines hilfsbereiten Marine-Obergefreiten eingegriffen hätte. Ohne groß zu fragen, bugsierte er mein Rad samt Gepäck auf einen Flak-Wagen – einen gepanzerten Waggon mit zwei Flugabwehrkanonen, der dem Zug zu dessen Schutz angehängt worden war. Mich brachte er auf der Ladefläche eines Lastwagens unter, der auf dem Waggon mitgeführt wurde. Dort saßen bereits sechs Rotkreuzschwestern um ein gut geheiztes Öfchen herum. Nun also konnte die abenteuerliche Reise weitergehen!

Natürlich war ich überglücklich über das beherzte Handeln meines „Ehrenbruders". Andererseits aber lag spürbar Spannung in der Luft, wohl wegen meiner ungefragten Einquartierung hier. Ich grüßte freundlich in die Runde, erntete allerdings nur irritierte Blicke, und eine lähmende Stille breitete sich aus. Schnell durchschaute ich die Hierarchie innerhalb der Gruppe: Die etwas ältere, verhärmt aussehende Dame mit strenger Hochsteckfrisur und Brille war wohl die Leiterin dieser Expedition. Mit ihr würde ich mich gut stellen müssen, um eine halbwegs entspannte Nacht zu haben. Rechts und links neben ihr saßen eher farblose Gestalten, die jedoch auffällig deutlich die Körperhaltung und Mimik ihrer Anführerin imitierten: Mitläufer also, die wahrscheinlich noch gefährlicher waren, zumindest so lange ich das „Alpha-Weibchen" noch nicht auf meiner Seite hatte. Die übrigen drei aber, ganz junge Mädels allesamt, machten schon jetzt einen freundlichen Eindruck.

Eine von diesen dreien war es dann auch, die mir Tee anbot, der in einem Metallpott auf dem Öfchen stand. Ich nahm die Einladung dankbar an, kramte meinen Becher aus dem Rucksack und genoss die Wärme des Augenblicks. Es war nicht das Gebräu selbst, das mir guttat, denn der Tee war eine dünne Plörre aus getrockneten Salbeiblättern. Wohl aber läutete diese Teezeremonie das Ende der zwischenmenschlichen Eiszeit auf der Ladefläche unseres Lastwagens ein.

„Woher kommen Sie?“, begann die Chefin das Verhör, nachdem sie ebenfalls einen Schluck aus ihrer Tasse genommen hatte.

„Aus München“, antwortete ich, „und ich möchte möglichst schnell zurück nach Deutsch-Dänemark, bevor das nicht mehr möglich ist.“

Während die drei jungen Mädchen verständnisvoll nickten, zeigte die Ältere keine Regung, so dass ich hinzufügte: „Meine Eltern wohnen nördlich von Flensburg, jenseits der Grenze, sie sind schon alt und brauchen mich jetzt.“

Diese Erklärung befriedigte „Frau General in Schwesterntracht“ schon eher, und die Gesichtszüge entspannten sich erstmals seit meiner Ankunft in dieser Runde.

Wieder war es die Junge, die mir auch schon den Tee angeboten hatte, die nun das Gespräch weiterspann: „Dann haben Sie ja auch schon einen gehörigen Weg hinter sich. Wie man hört, hatte München wohl auch ziemlich unter den andauernden Bombenangriffen zu leiden. Wir kommen aus Donaueschingen, vom Fürstenberg-Lazarett. Bis Ende des vergangenen Jahres dachten wir noch, dass wir verschont blieben, weil die Stadt ja für ihre zahlreichen Krankenhäuser bekannt ist.“

„Dann aber“, fiel ihr die andere junge Krankenschwester mit den langen dunklen Zöpfen ins Wort, „kam die amerikanisch-französische Doppeloffensive. Damit hatte wirklich niemand von uns gerechnet. Zunächst überflogen Tiefflieger das Gebiet, um alles auszuspähen. Dann aber kam am 22. Februar der Fliegerangriff. Und der galt wirklich der Innenstadt!“, fügte sie im Brustton der Entrüstung hinzu.

Das Eis war offenkundig gebrochen, denn nun mischte sich sogar eine von „Frau Generals“ Vertrauten in das Gespräch ein: „Daran zeigt sich die ganze Unmenschlichkeit des Feindes: dass er nicht einmal eine Lazarettstadt schont. Man muss aber zugeben, dass sich vor Ort eine 2.000 Mann starke Garnison befindet und wichtige Bahntrassen durch Donaueschingen verlaufen ... “

„Trotzdem“, verteidigte die Dunkle ihre Empörung, „339 Menschen verloren ihr Leben! Das waren nicht einmal alles Soldaten. Und überhaupt: Jeder, der in einem Krieg stirbt, ist einer zu viel!“

„Zumindest jeder Deutsche, der stirbt“, ergänzte nun Frau Generals zweite „Adjutantin“ sarkastisch. Bevor die Dunkelhaarige widersprechen konnte – sie trug ein feines Silberkettchen mit einem Kreuzanhänger um den Hals –, fuhr die Vorrednerin fort: „Von nun an wurde jeder Überflug von Jagdbombern eine Nervenzerreißprobe, vor allem für die Verwundeten. Die armen Teufel hatten ja schon allerhand an der Front mitgemacht. Und ihnen war auch klar, dass wir im Notfall nicht alle Patienten würden rechtzeitig evakuieren können.“

„Es war barbarisch kalt, weißt du“, erklärte mir nun die dritte junge Krankenschwester; mit den unzähligen Sommersprossen in ihrem Gesicht machte sie einen sehr freundlichen, wenn auch etwas naiven Eindruck. „Der Frontlazarettzug brachte unablässig Verwundete. Die meisten waren mehr tot als lebendig. Täglich trafen neue Züge von der Front ein. Die Betten waren bald doppelt oder dreifach belegt. Elend war das, wirklich elend! Doch auch unsere Ausstattung ließ ziemlich zu wünschen übrig. Es fehlte uns an allem: an Verbandmaterial, an Medikamenten, sogar an Nahrung! Überall stank es nach Schweiß, Blut, Unrat und Eiter ..."

Ein strafender Blick von „Frau General" brachte sie sofort zum Schweigen. „Unsere Militärärzte leisten Übermenschliches: Sie kämpfen um das Leben aller Männer, auch wenn es für den Einzelnen manchmal nur noch wenig Hoffnung gibt", stellte sie mit einer unüberhörbaren Schärfe in ihrer Stimme klar.

Die kleine Sommersprossige hatte die öffentliche Richtigstellung bezüglich der Arbeitsbedingungen in Militärkrankenhäusern wohl nicht verstanden, denn mit großem Engagement erzählte sie weiter: „Notwendige Amputationen fanden aus Platzmangel bald sogar auf den Fluren statt. Glücklicherweise versorgte die Bevölkerung aus der Umgebung ihre Angehörigen mit Lebensmitteln, sonst hätten wir so manchen von ihnen nicht durchgebracht." Wieder unterbrach ein strenger Blick die weiteren Schilderungen der kleinen Sommersprossigen. Sie wechselte daraufhin rasch das Thema und meinte: „Jedenfalls haben wir seit jener kalten Zeit dieses Öfchen hier. Es hat uns schon viele gute Dienste geleistet."

„Es wäre besser, Gerda, wenn du nicht so viel unsinniges Zeug von dir geben würdest", kam nun die Maßregelung von ganz oben. „Ich war von Anfang an skeptisch wegen der 1942 durchgesetzten Verkürzung der Schwestern-Ausbildung auf zwei Jahre. Doch kamen zunächst noch durchaus fähige Pflegekräfte nach." Über den Brillenrand musterte sie wohlwollend die blonde Krankenschwester, die mir anfangs den Tee angeboten hatte. „Allerdings habe ich in

Anbetracht deines unreifen Verhaltens, liebe Gerda, durchaus meine Zweifel, ob die weitere Ausbildungsverkürzung für Schwesternhelferinnen wie dich vielleicht doch auf Kosten der geistigen und emotionalen Reife geht und damit unserem Berufsethos schadet!" Klein-Gerda sackte in sich zusammen. Doch die entwürdigenden Gängeleien gingen weiter: „Wir wollen doch keinen schlechten Eindruck in der Öffentlichkeit hinterlassen, nicht wahr?"

„Nein, selbstverständlich nicht, Frau Feldoberin", stotterte Gerda.

„Na, dann lass unseren Gast doch bitte wissen, was die Beweggründe dafür sind, weshalb du zum Sanitätsdienst gegangen bist."

„Das Wohl des Volkes steht über dem Wohl des Einzelnen!", kam es nun wie aus der Pistole geschossen. „Jede unverheiratete Frau sollte Dienst am Vaterland leisten. Der Führer kennt nur Kampf, Arbeit und Sorge. Wir wollen ihm den Teil abnehmen, den wir ihm abnehmen können!"

„Sehr gut, Gerda. Auf diese Weise wandelt sich die Rolle der Krankenschwester von der hauptsächlich karitativ agierenden Schwester", sie schickte einen bedeutungsschweren Blick zur Dunkelhaarigen mit dem Kreuzkettchen, „zur opferbereiten Heldin."

„Nicht zu vergessen die Selbstlosigkeit und der bedingungslose Gehorsam gegenüber Ärzten und Vorgesetzten", ergänzte die Schwester zur Linken von Frau Feldoberin mit sarkastischem Unterton. „Wie gut, dass man schon an unserer Schwesterntracht erkennen kann, dass wir sittlich und politisch zuverlässig sind; und vor allem, dass in unseren Adern arisches Blut fließt." Jetzt erst wurde mir klar, dass „Frau General" und ihre beiden Bluthunde offensichtlich einer

NS-Schwesternschule angehörten, darauf ließen jedenfalls die Dienstzeichen an ihrer Uniform schließen.

Doch die drei waren noch nicht fertig. Zunächst ließ Frau Feldoberin ihren Blick nun prüfend auf mir ruhen, dann setzte sie zum Kampf an: „Sie tragen keine Uniform. Und offensichtlich sind Sie nicht verheiratet, haben weder Mann noch Kind. Welchen Dienst für unser deutsches Vaterland haben Sie denn übernommen? Wegen der Kriegskrankenpflege sind ja immer weniger Schwestern vor Ort, um – nur ein Beispiel – Krankenpflege an der Zivilbevölkerung zu leisten."

Noch bevor ich antworten konnte (und was hätte ich denn überhaupt antworten können?), rettete mich die blonde Schwester. „Ja, es ist zum Verzweifeln: Seit Monaten waren wir nun nicht mehr auf Heimaturlaub, denn egal an welcher Front, überall werden Krankenschwestern benötigt. Da fehlt daheim natürlich jede helfende Hand: in der Pflege von zivil Verwundeten, in der Kinder- und Altenpflege, aber eben auch bei der Versorgung hilfsbedürftiger Familien." Sie schaute mich fragend an, in der Hoffnung, mir mit diesen Gedanken eine goldene Brücke gebaut zu haben. Glücklicherweise schaltete ich schnell. Ja, die Hilfe unterstützungswürdiger Zivilpersonen, das war meine Rettung! Erleichtert berichtete ich nun möglichst sachlich und unter Anwendung des passenden paramilitärischen Fachjargons von meinem wichtigen Einsatz in einer hilfsbedürftigen Familie, deren Vater im Kriegseinsatz war – den Zusatz „Künstler" verkniff ich mir. Die Familie sei vom Feind ausgebombt worden – zumindest die hintere Wand des Hauses war ja wirklich einem Bombenangriff zum Opfer gefallen. Dann erwähnte ich, dass sich die heldenhafte Mutter von vier Kindern, der ich zur Seite gestanden hatte, trotz aller persönlicher Not dennoch selbstlos für das Volkswohl eingesetzt habe: Sie habe Leid gemildert, indem sie bereit war, weitere hilfsbedürftige, kriegsgeschädigte Menschen bei sich aufzunehmen und zu versorgen. Auch dies war nicht gelogen. „In dieser Familie also", schloss ich meine Ausführungen, „habe ich meinen Dienst verrichtet, bis meine alten, hilfsbedürftigen Eltern mich baten, nach Nordschleswig zurückzukommen. Nicht etwa aus Eigennutz, versteht sich, sondern weil Dänemark ja bis zum letzten Mann verteidigt werden soll. Da kann man zivile Hilfskräfte wie mich, die gesund sind und anpacken können, dringend gebrauchen."

Frau General – oder vielmehr Frau Feldoberin, wie ich gerade gelernt hatte – schien damit vorerst zufrieden zu sein. Allerdings konnte sie es dann doch nicht lassen, noch ein letztes Mal nachzuhaken: „Wenn Sie aus dem besetzten Dänemark stammen, werden Sie doch sicher eine Fortbildungsschule des VDA besucht haben?"

Auch diese Frage konnte ich wahrheitsgemäß bejahen und ergänzte: „Kurz nach meinem Schulabgang erhielt ich im Herbst 1934 einen Freiplatz an der Volkshochschule Tingleff, 20 Kilometer nordwestlich meines Heimatortes. Diese Fortbildungsschule wird tatsächlich vom *Verein für das Deutschtum im Ausland* unterstützt. In meinem Winterkurs waren wir eine bunte Mischung aus Däninnen und Deutschen, Mädels aus Siebenbürgen und Estland, und unsere gemeinsamen deutschen Wurzeln sorgten dafür, dass wir uns alle sehr gut verstanden."

Nun endlich waren die Fronten geklärt, der verbale Dauerbeschuss hatte ein Ende. Ich hatte meinen Platz in dieser Runde – und aus Sicht von Frau Feldoberin wohl auch meine Lebensberechtigung als Volksgenossin – behauptet und hätte nun eigentlich zur Ruhe kommen können.

Aber während die anderen die sich entspannende Atmosphäre tatsächlich zur Erholung nutzten und allmählich eindösten, spürte ich mein Adrenalin bis in jede Haarspitze. Das lag natürlich an Frau Feldoberin und dem Verhör, das sie angestellt hatte, aber auch daran, dass sie mich irgendwie an meine damalige Internatsleiterin aus Tingleff erinnerte. Wenn man mich weiter offiziell befragt hätte, so hätte ich wohl geantwortet, dass eben diese Schulleiterin die große Schar junger Damen mit starker Hand und kräftiger Stimme sehr erfolgreich zusammengehalten und uns wichtige Lebensweisheiten mit auf den Lebensweg gegeben hatte. Doch glücklicherweise fragte niemand, und so konnte ich ganz bei der Wahrheit bleiben. Denn nun kamen weitere Erinnerungen in mir hoch.

Tingleff selbst war ein typisches nordschleswigsches Dorf und hatte außer einem Bahnhof und der Volkshochschule nicht viel zu bieten. Diese ablenkungsfreie Umgebung war bestimmt bewusst gewählt, damit das Ausbildungsziel nicht aus dem Blick geriet und die bunt zusammengewürfelte Schülerinnenschar schon allein aus Mangel an Kontakt-Alternativen zusammenhalten musste.

Was genau da auf mich zukommen würde, konnte ich im Herbst 1934 natürlich noch nicht ahnen. Und so bereitete ich mich mit einer gewissen Vorfreude auf meine halbjährige „Internatszeit" vor: Bis spät in die Nacht wurde zu Hause geplättet und gepackt, die Nähmaschine stand nicht still, bis ich mit angemessener Kleidung in ausreichender Menge versorgt war. Außerdem mussten noch die Apfelbäume in Tante Lukes Garten abgeerntet werden, wobei auch ein schöner Reiseproviant für mich abfiel. Selbstverständlich meldete ich mich auch beim hochverehrten „Großfürsten", meinem Chorleiter, ab, weil ich ja für ein halbes Jahr nicht würde an Proben oder Aufführungen teilnehmen können, und dementsprechend war mir in der letzten gemeinsamen Probe recht wehmütig ums Herz. Umso romantischer verlief anschließend unser Abschied, denn Johannes Röder schenkte mir ein aktuelles Foto von sich, damit ich ihn immer bei mir hätte, so seine Worte. Was für eine schöne Geste!

An einem regnerischen Novembertag ging es also hoch zu Rad nach Tingleff. Meinen Koffer nahm glücklicherweise ein Bekannter mit und setzte ihn in der Empfangshalle meiner neuen Lehranstalt ab. Gegen ein Uhr mittags trudelte auch ich an meiner neuen Wirkungsstätte ein, einem zweigeschossigen Backsteinbau mit zahlreichen weißen Fenstern und einem würdevollen Eingangsportal. Hier wurde ich von der Leiterin der Schule willkommen geheißen: Fräulein Werther machte einen geradlinigen und zunächst recht sympathischen Eindruck. Außerdem war sie bestens organisiert und wies mich mit wenigen Sätzen in das Leben der Hausgemeinschaft und in meine neuen Pflichten ein. Ich war während der ersten Woche in der Haushalts-Truppe eingeteilt und damit zuständig für die Reinigung der Gemeinschaftsräume. Auch fragte Fräulein Werther mich, ob ich an den Theaterfahrten interessiert sei, die einmal monatlich angeboten würden. Natürlich wäre ich gerne mitgefahren, doch reichten meine finanziellen Möglichkeiten dafür nicht, so dass ich leider absagen musste.

Gemeinsam gingen wir in den Schlaftrakt hinüber, und Fräulein Werther zeigte mir das Zimmer, in dem ich während des kommenden Semesters wohnen würde: Wir waren in Vierbettzimmern einfachster Möblierung untergebracht. Nicht einmal einen eigenen Schreibtisch hatte ich. Auf meine entsetzte Frage, wo ich denn dann schreiben solle, folgte die distanzierte Gegenfrage: „Was möchtest du denn schreiben?"

„Ich führe Tagebuch. Und ich habe viele Freundinnen, denen ich regelmäßig schreibe."

„In unserer Anstalt ist das Schreiben von Tagebüchern untersagt: Es verdirbt die Moral!" bekam ich zur Antwort. „Und Briefe an die Eltern" – sie machte eine bedeutungsschwere Pause, wohl um mich darauf hinzuweisen, dass ich ausgerechnet Vater und Mutter in meiner Aufzählung vergessen hatte – „kannst du auch in den Gemeinschaftsräumen schreiben. Du hast doch schließlich nichts zu verbergen, nicht wahr?"

„Natürlich nicht", stammelte ich.

„Wenn du dich nach deiner Anreise frisch machen möchtest: Im Zimmer stehen Krüge mit frischem Wasser und Waschteller bereit. Deine Zimmerkameradinnen werden dir gerne zeigen, wo ..."

Im selben Moment flog die Tür schwungvoll auf, und in den Raum stürmte Inken, eine meiner Flensburger Chorbekannten. Für ihr Temperament war sie schon damals bekannt gewesen, und augenscheinlich hatte sich daran nichts geändert. Fräulein Werther blickte sie zunächst wegen ihres ungestümen Auftretens strafend an, wurde dann aber wieder förmlich: „Dies ist Inken Holst." Und zu meiner Zimmerkollegin gewandt sagte sie etwas verbindlicher: „Inken, darf ich dir Wiebke Sönnichsen vorstellen? Sie kommt aus Kollund in Nordschleswig und wird für die nächsten Monate das Zimmer mit dir teilen.

Würdest du Wiebke bitte durch das Haus führen und über unsere Ausbildungs-Abteilungen informieren." Dann wandte sie sich noch einmal mir zu: „Du wirst sehen: Es gibt hier neben der Schule so viel Praktisches zu lernen, dass du abends nicht mehr zum Schreiben kommen wirst. Bettruhe gilt ab 22.30 Uhr – für alle! Und nun entschuldigt mich."

Damit wandte sie sich zur Tür und verließ den Raum in Richtung ihres Büros. Ihre energischen Schritte hallten von den kahlen Wänden des Ganges wider und wurden erst allmählich leiser.

„Hallo, Wiebke, schön dass du da bist. Was für eine Überraschung! Und dann haben wir auch noch ein gemeinsames Zimmer! In welcher Arbeitsgruppe bist du denn eingeteilt? In der Wasch-Gruppe, so wie ich? Das wäre schön. Hauptsache nicht gleich die Koch-Gruppe: Wie man hört, ist die wohl die schlimmste." Während Inken munter auf mich einplauderte, war mir zum Heulen zumute. Ich war müde und hätte mich am liebsten auf mein Bett geschmissen. Schluss mit dem schönen Leben, dachte ich. Kein Chor mehr, keine Klubsitzungen mit den Freundinnen, keine Zigaretten ... soweit ging das ja noch in Ordnung. Doch dass die Erzieherinnen hier behaupteten, dass es gefährlich sei, Tagebuch zu schreiben, das konnte ich gar nicht nachvollziehen: Von so vielen großen deutschen Denkern war bekannt, dass sie ihre Gedanken in Tagesjournalen festgehalten hatten. Also würde auch ich dies weiterhin tun, ob es erlaubt war oder nicht. An mir selbst nämlich hatte ich beobachtet, dass ich mir während des Schreibens über viele Erlebnisse des Tages klarer wurde, meine Gedanken ordnete und mir den Ärger von der Seele schrieb, der sonst ein anderes Ventil gebraucht hätte. Zur „Aufrechterhaltung des

Gemeinschaftsfriedens“ war es also zwingend notwendig, dass ich weiter Tagebuch führte, da sollte mir niemand etwas anderes einzureden versuchen! Ich musste es nur geschickt anstellen, um mich nicht unnötig mit den Erzieherinnen anzulegen.

Als ob Inken meine Gedanken gelesen hätte, fragte sie: „Du bist so still. So kenne ich dich gar nicht. Das Tagebuch-Verbot geht dir gegen den Strich, oder? Da hast du Tante Motor – pardon, Fräulein Werther – wohl auf dem falschen Fuß erwischt. Aber wenn wir Mädels hier im Zimmer alle dichthalten, kannst du abends machen, was du willst. Die Schulleitung muss ja nicht alles mitbekommen!“ Freundschaftlich knuffte sie mich gegen die Schulter.

„Danke, Inken, es tut gut, das zu wissen. Dennoch scheint man hier ja die Wahrheiten eines Tagebucheintrages mehr zu scheuen als der Teufel das Weihwasser. Und offensichtlich hat mich die Anstaltsleiterin diesbezüglich schon jetzt auf dem Kieker. Also muss ich zusehen, dass wirklich kein Verdacht aufkommt.“

Kritisch sah ich mich in unserem Zimmer um: Die Zimmertür schloss so schlecht, dass in der Dunkelheit mit Sicherheit der Lichtschein einer Kerze nach außen dringen und die diensthabende Erzieherin ins Zimmer locken würde. Auf die Fensterbretter konnte ich mich zum Schreiben nicht setzen, denn dann hätte man das Licht ja sogar von draußen gesehen. Schließlich fiel mein Blick auf die vier riesigen Schränke, in denen wir unsere komplette Ausstattung verstauen sollten. Glücklicherweise hatte ich ja nicht viel mitgebracht, und auch Inken, die ebenfalls aus der Nähe kam, war nur mit einem großen Koffer angereist. Plötzlich kam mir eine Idee. Ich öffnete meinen geräumigen

Schrank, nahm die untersten Bretter heraus und legte sie auf dem obersten Brett ab. Dann stieg ich in den Schrank und probierte, ob ich darin würde sitzen können, um zu schreiben. Und siehe da, es funktionierte!

Strahlend kletterte ich wieder heraus und blickte in Inkens verwunderte Augen. Doch schon hatte sie verstanden. Mit verschwörerischer Stimme meinte sie: „Wenn in deinem Schreibstübchen kein Platz mehr für Kleidung sein sollte, kannst du deine Sachen auch bei mir unterbringen. Ich brauche bestimmt nicht den ganzen Platz für mich!" Wortlos, aber zutiefst dankbar schlug ich ein. Der Anfang einer wunderbaren Zimmergemeinschaft war gemacht.

Und um es kurz zu machen: Auch mit den anderen beiden Zimmergenossinnen verstand ich mich prächtig: Dita Frese stammte aus Reval und war ein äußerst verträgliches, ruhiges Wesen. Ebenso wie Dita kam auch Anni, die Vierte im Bunde, aus der Ferne, nämlich aus Siebenbürgen. Sie war ein sensibles und musikalisches Seelchen mit profundem Kulturwissen, sprach allerdings nicht ganz so perfekt deutsch wie wir anderen und hatte gewaltig mit Heimweh zu kämpfen. Um sie auf andere Gedanken zu bringen, veranstalteten wir noch am selben Abend zunächst ein Handarbeitsstündchen mit viel Geplauder und Gesang. Nach dem letzten Rundgang der diensthabenden Erzieherin warteten wir dann noch eine Viertelstunde, bevor die Feier auf unserer Bude so richtig losging! Das Heimweh war schnell verflogen, die Stimmung war großartig, schon in der ersten Nacht waren wir als Zimmergemeinschaft zusammengewachsen. Und da er sich so gut bewährt hatte, blieben wir bei diesem „Abendrhythmus".

In der vierten Nacht allerdings hatte unsere Hauswirtschaftslehrerin Dienst. Wegen des Lärms, den wir veranstalteten, kam das gute Fräulein Schlüter plötzlich ins Zimmer gestürzt, in heller Sorge, dass bei uns irgend etwas passiert sei. Spontan musste Inken also notgedrungen so tun, als ob sie im Schlaf phantasierte. Ihr schauspielerisches Talent war so überzeugend, dass die Schlüterin darauf hereinfiel und nun meinte, sich erst recht Sorgen machen zu müssen. Arme Seele!

Am Ende der Arbeitswoche war großer Putztag, da galt es, alles auf Hochglanz zu polieren. Also war der Samstag bei uns noch unbeliebter als die anderen Wochentage. Besonders anstrengend war es, die Küche so zu schrubben und zu scheuern, dass es sogar in den Augen des übergründlichen Fräulein Schlüter Gnade fand. Unsere erste Putzaktion musste daher leider wiederholt werden. Schließlich wussten wir, worauf wir besonders zu achten hatten, und taten uns fortan leichter. Schließlich folgte der erste Sonntag meiner Internatszeit mit dem Fazit: viel freie Zeit, aber sonst sterbenslangweilig, denn leider konnte ich ja nicht schon am helllichten Tag in meinem geheimen „Schreibstübchen" verschwinden. Also schleppte ich mich mit belanglosen Gesprächen und ein wenig Handarbeit durch den Tag. Zum Mittagessen gab es, gemäß des Spendenaufrufs für das Winterhilfswerk, fleischlosen Eintopf, nachmittags unternahm ich einen Spaziergang durch das landschaftlich schöne Tingleffer Hinterland. Zum Aufwärmen danach genoss ich in unserem Speisesaal die Kaffeestunde, heute sogar mit genießbarem Kaffee und feinem Mandelkuchen. Grundsätzlich aber wurde ich, seit ich in Tingleff angekommen war, nicht mehr wirklich satt.

Hinzu kam, dass wir bei der hier angebotenen Wochenverpflegung so gut wie keinen Stuhlgang mehr hatten – das ging wohl allen so.

Irgendwann brach sogar eine regelrechte „Kotz-Epidemie“ aus, als nämlich unsere Kost nur noch aus altem Brot, gammeliger Marmelade und ranziger Margarine bestand: Viele fingen sich da eine ordentliche Magenverstimmung ein.

Was lobte ich mir da die Lebensmittelpakete von daheim. Dann gab es zur „Feier des Abends“ auf unserem Zimmer – je nachdem, was gerade mit der Post angekommen war – Weißbrot oder Zwieback mit Marmelade, brötchenartige Rundstücke mit Sirup, Rote Grütze mit Dosenmilch oder Brot mit Wurst. Einmal kam von zu Hause sogar ein Paket mit Eiern, Zitronen und Zucker an! Da verwandelten wir nachts unser Zimmer in das *Wirtshaus zur sauberen Fußleiste* und teilten alle Leckereien geschwisterlich. Unter uns Zimmerkameradinnen galt der eiserne Grundsatz: Geteilte Freude ist doppelte Freude. Vor allem in Essensdingen!

Doch zurück zum eigentlichen Anlass des Aufenthalts in Tingleff, unserer Haushaltsausbildung! Nach meiner ersten Woche in der Putzkolonne war ich in der zweiten Woche in der Wäsche-Gruppe eingeteilt. Gott sei Dank standen keine großen Feste an, sodass die mühevolle Arbeit mit der Tischwäsche komplett entfiel. Dafür aber gehörte ein Plätt-Tag dazu, an dem wir lernen sollten, mit den schweren Plätteisen Wäsche zu bügeln. Das war wider Erwarten sehr anstrengend! Außerdem sorgte ein Herrenhemd, das ich in meinem Wäscheberg fand, für Aufregung: Außer der Dogge *Cäsar* gab es nämlich keine männlichen Bewohner hier. Welchem nächtlichen Besucher hatte es wohl gehört? Und wie war es in die Internatswäsche geraten? Unsere Phantasie schlug Kapriolen. Wie sich später leider herausstellte, diente das Hemd nur als Übungsstück und wurde regelmäßig – kaum, dass es gebügelt war – wieder zur Wäsche gegeben.

Nach der Plackerei mit der Wäsche kam die Koch-Schicht. Herrgott, war das eine Schinderei – obwohl die Älteren in unserer Gruppe sagten, sie hätten es schon schlimmer erlebt. Kaum war ich dieser Gruppe zugeteilt, wurde noch eine weitere Koch-Woche angehängt, damit wir auch gleich das Schlachten lernten. Na, denn man to! Was war das für eine Schweinerei: drei Tage lang nichts anderes als Wurst, Leberwurst und Fett. Dann aber hatten wir auch diese Lektion hinter uns – und mochten tatsächlich für eine Weile Wurstwaren weder sehen noch riechen!

Später übten wir in der Kochgruppe, wie man im Butterfass Sahne und frische Rohmilch butterte, und für offizielle Anlässe buken wir unzählige Arten von Kuchen und Torten.

Morgens Haushaltsschulung, nachmittags Unterricht, so sah es der Ausbildungsplan vor. Allerdings war ich nach dem ersten Tag in der Küche so geplättet, dass ich der Deutschstunde von Fräulein Werther nicht mit dem nötigen Ernst folgen konnte, sondern mit Inken quatschte. Prompt bekamen wir Riesenärger und wurden auseinandergesetzt. Erst jetzt merkte ich, wie gut das tat! Es wurde wohl Zeit, dass ich mich ordentlich benahm, denn das Maß meiner Regelverstöße füllte sich bereits bedenklich. „Bessern wir uns!", hieß also mein Beschluss – zumindest für diesen Moment.

Denn kurz darauf sprach Fräulein Werther noch einmal ganz offiziell das Thema „Tagebuchschreiben" an: Nach wie vor beharrte sie auf ihrer Meinung, dass es gefährlich sei, weil man leicht ins Schwärmerische oder Sentimentale abgleiten würde und dann möglicherweise nicht mehr ohne fremde Hilfe aus seiner Phantasiewelt herausfände. Der

Gedanke war ja an sich nicht ganz falsch, und so nickten die meisten Schülerinnen auch brav. Dennoch hatte ich bekanntermaßen eine andere Einstellung dazu: Notizen der eigenen Erlebnisse waren meiner Meinung nach schon als Zeitdokument interessant, noch dazu, wenn ich meine persönlichen Bemerkungen dazu ebenfalls festhielt. Ganz im Stillen beschloss ich also, auch weiterhin Tagebuch zu schreiben, und zwar ganz ohne ein schlechtes Gewissen!

Abends zog ich mich also weiterhin für ein halbes Stündchen in mein „Schreibstübchen" im Schrank zurück. Die erste Karte, die ich dort bei Kerzenschein schrieb, ging natürlich an Johannes Röder; das allerdings erfuhren nicht einmal die Mädels im Zimmer. Ebenso hielt ich auch die Antwortkarte meines lieben „Großfürsten" geheim!

Neben Deutsch, Sport und Musik gehörten auch Handarbeiten – vor allem Nähen – und Werken zu den Fächern, in denen wir unterrichtet wurden. Für die Ausbildung in Geschichte und „Volkskunde" waren Dozenten von außerhalb sowie Exkursionen vorgesehen. Feierlich wurde uns nämlich eröffnet, dass wir nun alle im *Volksbund für das Deutschtum im Ausland* organisiert seien, was uns zu kulturellen Vermittlern zwischen der weiten Welt und dem deutschen Vaterland mache. Wir sollten uns immer im Klaren darüber sein, dass dies zugleich ein Privileg und eine Verpflichtung bedeute und wir uns in der Öffentlichkeit entsprechend zu benehmen hätten. Nun, das Privileg der deutlich besseren Verpflegung „außer Haus", nämlich bei den Förderern des *Volksbundes*, ließ ich mir gefallen, ebenso wie manche Vorträge von Offizieren über historische Zusammenhänge und die Lage der deutschen Kolonien in Afrika. Auf die *Abende der Volkskunst* aber hätte ich mit

Wonne verzichten können: Die arme deutsche Kultur! Um es mit Wilhelm Busch zu sagen:

> Im Durchschnitt ist man kummervoll
> und weiß nicht, was man machen soll.

Auch mein Verhältnis zu Fräulein Werther verschlechterte sich zusehends: An einem Nachmittag bekamen wir Riesenärger mit der Anstaltsleitung wegen der herrschenden Unordnung in unserem Zimmer. „Tante Motor" hatte ja nicht ganz Unrecht. Aber das gab ihr nicht automatisch die Befugnis, alles bei uns zu durchwühlen! Jedenfalls meckerte sie auch darüber, dass wir so viele Briefe schrieben. Und da ich mit Abstand die meiste Post aufgab, ging dieser Tadel wieder einmal an mich. Glücklicherweise fand sie bei ihrer Schnüffelei nicht mein Tagebuch! Ebenso wie meine Korrespondenz mit „Großfürst Röder" und die Briefe meiner Cousine, die wegen ihres Inhalts wirklich hätten umgehend vernichtet werden müssen, lagerte ich auch mein Tagebuch grundsätzlich im privaten Schließfach.

Offensichtlich hatte „Tante Motor" sich nun aber vollends auf mich eingeschossen: Zwei Tage später war sie der Meinung, dass ich die Hallendiele nicht gründlich genug geputzt hätte und deshalb am Sonntag „nachputzen" müsste.

Selbst an der Art, wie ich die Weihnachtsgeschichte aufsagte, hatte sie etwas auszusetzen: Ich würde mit Grabesstimme reden, befand sie missbilligend. Da konnte ich mir nicht verkneifen zu erwidern, dass ich genauso sprechen würde wie sie. Das war vielleicht nicht gerade klug, musste aber sein, um Druck loszuwerden.

Diese Spannungen machten mir das Leben in Tingleff nicht angenehmer, doch hinzu kamen nun noch die unnötigen Querelen unter den Schülerinnen. Bald begann sogar eine hässliche Welle der Denunziation, und irgendwann wusste ich gar nicht mehr, wem ich trauen konnte – mit Ausnahme meiner Zimmergenossinnen natürlich.

Mit ihnen verstand ich mich weiterhin gut, und gemeinsam gestalteten wir uns auch die Adventszeit so gemütlich wie möglich.

Mit Beginn der Vorweihnachtswoche verbreitete sich endlich auch ein wenig Weihnachtsfrieden im gesamten Internat: Einer alten Tradition folgend, zogen wir nachmittags in den Wald, um Tannenbäume zu holen für das bevorstehende „Julfest" – so hieß das Weihnachtsfest in Deutsch-Dänemark. Alles im Gebäude wurde auf Hochglanz gebracht, die Geschenke für Schülerinnen und Lehrerinnen verpackt und das Festessen für das vorgezogene Weihnachtsfest zubereitet.

Dann endlich war unser Heiliger Abend in Tingleff gekommen! Nach einem feinen Essen mit Braten und Rotkraut trugen die Schülerinnen die vorbereiteten Lieder und Gedichte vor. Dann kam die Bescherung: Erst wurden die Wunschgeschenke überreicht, dann folgten noch einige Bücher und Waschteller zur allmorgendlichen Körperpflege. Während der anschließenden Kaffeetafel mit Keksen und Honigkuchen machten wir dann *Julklapp*, die dänische Form des Wichtelns, wobei jede Schülerin für eine ihr zugeloste Kameradin ein kleines Geschenk vorbereitet hatte. Tatsächlich kamen zwei Säcke mit Päckchen zusammen und wurden nun mit großem Geschrei in die Mitte des Saals geschleppt. Dann wurde ausgepackt. Selbstverständlich hatten wir auch die vorbereiteten Geschenke für die Lehrerinnen in die Säcke hineingeschmuggelt. Das war eine gelungene Überraschung und wurde von den Damen sehr honoriert. Einige von ihnen wurden sogar richtig sentimental!

Nicht so positiv fiel die Reaktion auf manche Geschenke aus, welche die Schülerinnen untereinander vorbereitet hatten. Einige ließen es nämlich tatsächlich an Würde und Anstand fehlen, und so drang allerhand von „ungewaschen und ungekämmt" an die Öffentlichkeit. Welch ein Segen, dass es morgen nach Hause ging!

Leider war am Dreikönigstag der Heimaturlaub auch schon wieder vorbei, und Inken und ich mussten zurück in unsere „Klostergemeinschaft". Mit Gottes gnädigem Beistand, so dachten wir, sollte doch auch das nächste Vierteljahr unseres „Nonnenlebens" irgendwie zu überstehen sein.

Drei Tage später jedoch folgte der grässlichste Geburtstag meines bisherigen Lebens: Als ich morgens aufwachte, war ich stockheiser. Bei Tisch hatte ich als Geburtstagskind die „Ehre", bei der Schulleiterin Fräulein Werther zu sitzen. Meine Mitschülerinnen schenkten mir ein Buch, über das ich mich nicht so recht freuen konnte, und nicht einmal die zahlreich eingegangene Geburtstagspost konnte mich aufheitern. Erst als abends das Paket von zu Hause ankam mit Pflaumentorte, herrlichem Kompott und Sahne, besserte sich meine Laune. Wir mussten uns zwar nach dem Abendbrot noch die Rede eines Offiziellen zur Lage an der Saar anhören, wobei ich beinahe eingeschlafen wäre. Dann aber, um halb elf, stieg die Feier auf unserem Zimmer. Die Fenster wurden mit Regenmänteln zugehängt, das Geschirr hatten wir aus dem Speisesaal „entliehen". Das

Schlagen der Sahne ging mit einigen Hindernissen vor sich, aber schließlich wurde sie doch steif und schmeckte auf der Pflaumentorte wirklich herrlich. An diesem Abend wurden wir alle endlich mal wieder so richtig lecker satt!

Leider hatte sich „Tante Motor“ am nächsten Morgen wieder in einen emotionalen Eisklotz zurückverwandelt: Inken und ich standen unter dem Verdacht, einer Katze die Schnurrhaare abgeschnitten zu haben. Wir waren aber wirklich unschuldig. Trotz alledem fiel der Verdacht inzwischen immer zuerst auf uns beide. Zugleich folgten offizielle Belehrungen der Schülerschaft, dass in diesem Kursus besonders viele unreife Verhaltensweisen zu beobachten seien, ein „Sich-gehen-Lassen“ einerseits, ein „Sich-überlegen-Fühlen“ andererseits. Um einige von uns mache man sich in dieser Hinsicht ganz besondere Sorgen.

Ob sie damit auf mich anspielten? Ich bekam einen ziemlichen Schrecken und wollte mich wirklich bessern.

Und kurzfristig schien davon sogar mein Verhältnis zur Anstaltsleitung zu profitieren. Denn als wir am Wochenende mal wieder in „kleiner Internatsbesetzung“ zusammensaßen, bot sich die Gelegenheit, mit „Tante Motor“ ein fabelhaft philosophisches Gespräch zu führen. Schließlich rezitierte sie sogar folgendes Gedicht von Friedrich Hebbel:

Ich und Du

Wir träumten voneinander
Und sind davon erwacht.
Wir leben, um uns zu lieben,
Und sinken zurück in die Nacht.

Du tratst aus meinem Traume,
Aus deinem trat ich hervor.
Wir sterben, wenn sich Eines
Im andern ganz verlor.

Auf einer Lilie zittern
Zwei Tropfen, rein und rund,
Zerfließen in Eins und rollen
Hinab in des Kelches Grund.

Da wir ehrliches Interesse an diesem Thema zeigten und zudem großen Gesprächsbedarf hatten, griff Fräulein Werther das Gedicht in der nächsten Deutschstunde gleich noch einmal auf und besprach mit uns das Ideal einer vollkommenen Liebesbeziehung zwischen Mann und Frau: Sie deutete die Hauptaufgabe der Frau so, dass sie dem Mann zu dienen habe und dabei auch lernen müsse, die eigenen Interessen hintanzustellen. Eventuell sei es sogar ihre Pflicht, die eigene Liebe zum Wohle des Mannes zu opfern, wenn sie ihm geistig und seelisch zu weit unterlegen sei oder ihm mit ihrer Liebe Schaden zufüge. Gerade in diesem Verzichten zeige sich die wahre Größe einer Frau.

Ich persönlich konnte diese Schlüsse zwar aus dem Gedicht nicht herauslesen, gab aber zu, dass es wirklich problematisch werden könnte, wenn der Mann seiner Frau zu sehr überlegen war. Außerdem hoffte ich inständig, dass es mir erspart bliebe, aus welchen Gründen auch immer auf die Liebe zu meinem Erwählten verzichten zu müssen – von meinem Dilemma mit Gerhard Hüsch ahnte ich zu diesem Zeitpunkt ja noch nichts.

Nun lagen bis zu meinem Ausscheiden im März nur noch zwei Großereignisse vor mir: Das erste war die Saar-Feier am 1. März 1935, an dem das Saargebiet offiziell wieder „heim ins Reich" geholt wurde; das andere war der große Eltern-Besuchstag in der Volkshochschule Mitte März.

Der Saar-Feier vorangegangen war die bereits im Versailler Vertrag festgelegte Abstimmung der Saarländer über ihre zukünftige Staatszugehörigkeit. Mit über 90 Prozent hatten sie sich im Januar 1935 für die Rückkehr ins Deutsche Reich entschieden. Auf der damals spontan abgehaltenen „kleinen" Saar-Feier war immer wieder Goebbels Propaganda-Spruch skandiert worden: „Deutsch ist die Saar, immerdar!".

Beim *Fest zur Saar-Übergabe* am 1. März 1935 nun feierte man deutschlandweit den Anschluss des neu geschaffenen Gaues Saarland an das Deutsche Reich. Tatsächlich gingen alle Darbietungen ganz gut über die Bühne: Mein Gedichtvortrag glückte, und auch der von den Lehrerinnen verfasste und von uns Schülerinnen vorgetragene Sprechchor sorgte für große Anerkennung bei den Zuschauern. Dann aber durften wir endlich tanzen! Vorher aber mussten wir noch die Litanei der Verhaltensregeln über uns ergehen lassen: „Ihr müsst mit jedem Herrn tanzen, der euch auffordert – ihr als Mädels von der Volkshochschule! Nur wenn jemand seiner Sinne nicht mehr mächtig sein sollte, dürft ihr ‚Nein' sagen. Und wenn einer der Herren euch etwas zu trinken anbietet, dann sagt ihr ‚Nein, danke'. Für alle Damen der Volkshochschule endet die Veranstaltung um Punkt ein Uhr. Dann gehen wir heim, und zwar ohne Widerrede!"

Also schwang ich das erste Mal seit meiner Tanzstundenzeit wieder das Tanzbein, was auch wirklich Spaß machte. Es wurde ein herrlicher Abend!

Eine gute Woche später wurde dann der Eltern-Besuchstag abgehalten. Ich freute mich sehr auf diesen Tag, denn sowohl Mutter als auch Vater hatten ihr Kommen angekündigt. In angenehmer Atmosphäre gab es bei uns im Haus erst ein feines Essen, dann folgten die einstudierten Vorführungen. Wieder kam der Sprechchor zur Aufführung, auch wenn Inken und Dita alles dafür gegeben hätten, diese lärmende Propagandaproklamation nicht noch einmal vortragen zu müssen. Ich wiederum hatte die Hauptrolle der *Jutta von Weinsberg* zu spielen, einem Theaterstück aus der Feder von „Tante Motor". Offensichtlich sah man zwischen der Äbtissin des 14. Jahrhunderts und mir interessante Persönlichkeitsüberschneidungen. Denn in dem Stück gebärdete Jutta sich anfangs teilweise wie ein Biest, konnte aber gegen Ende bekehrt und sogar für den Dienst in der Kirche gewonnen werden. Mir war diese Jutta in ihrer Eigenwilligkeit sogar halbwegs sympathisch, doch mochte ich das Stück an sich nicht. Zudem sollte ich am Schluss auf die Knie fallen und um Vergebung bitten, was mir gar nicht zusagte. Aber für das Gelingen der Inszenierung war es wohl unumgänglich, also tat ich es.

Soweit also war der Elterntag ein großer Erfolg gewesen. Allerdings bekam ich am übernächsten Tag einen Brief von zu Hause. Vater und Mutter hatten eine Unterredung mit „Tante Motor" gehabt, in der sie meine Eltern über Folgendes in Kenntnis gesetzt hatte: „Ich kann Wiebke und einigen anderen kein ‚gut' in Betragen geben. Sie sind wohl begabt, nutzen aber ihre Begabung so aus, dass sie in den Unterrichtsstunden die Lehrkräfte stören. Außerdem zeigen sie keinen angemessenen Respekt ihren Vorgesetzten gegenüber."

Natürlich war mir sofort klar, dass es hier um Fräulein Schlüter ging, die arme kleine Person! Sie war ja so tüterig und konfus, dass sie uns regelrecht zur Schnodderigkeit einlud. Nach unserem ersten Fauxpas in ihrem Unterricht waren Inken und ich zu ihr gegangen, um uns zu entschuldigen. Anstatt uns aber eine Standpauke zu halten, wie wir es verdient gehabt hätten, freute sie sich überschwänglich, dass wir gekommen waren. Das war ja alles gut gemeint, doch fehlte ihr jegliche Autorität. Und da unsere Taten also keine ernsthaften Konsequenzen nach sich zogen, fühlten wir uns geradezu eingeladen, munter weiterzumachen.

Meine Eltern fanden all dies überhaupt nicht spaßig und ermahnten mich in ernstem Ton, mich wenigstens während der noch verbleibenden zwei Wochen anständig zu benehmen und mich von Inken fernzuhalten. Ich gelobte reumütig Besserung, selbst wenn eine peinliche Bemerkung auf dem Zeugnis nun wohl nicht mehr zu umgehen war.

Endlich kam der letzte Tag in Tingleff. Alle heulten, ich nicht. Mit dem Zeugnis kam dann die große Überraschung: Noten „gut", Betragen „sehr gut"! Man staune! „Tante Motor" beglückte uns mit einer netten Abschiedsrede, dann hielt mich nichts mehr.

Kaum in Flensburg angekommen, meldete ich mich kurz bei Johannes Röder zurück und fuhr dann heim nach Kollund. Herrlich, endlich wieder nach Hause zu kommen, mit einem Zimmer ganz für mich allein und vor allem mit einem eigenen Schreibtisch!

Heimkommen. In Sicherheit sein. Eine so unbändige Sehnsucht überkam mich, dass ich beinahe losgeschluchzt hätte.

Mein Blick wanderte über meine Mitreisenden, die nun alle im Sitzen eingenickt waren. Ob es den sechs Damen, mit denen ich diese unruhige Nacht auf unbequemen Holzkisten verbracht hatte, genauso erging? Wie kam es, dass sie ausgerechnet jetzt ihren Standort in Donaueschingen verlassen hatten? Ich wusste, dass der Schwarzwald von alliierten Truppen immer weiter erobert wurde, sie standen wohl schon kurz vor Karlsruhe. Auch am Bodensee rechnete Bäberlein täglich mit der gefürchteten Ankunft der Franzosen.

Was also war der Anlass für diese sechs Rotkreuzschwestern, sich gerade jetzt auf den Weg zu begeben? Hatten sie das zweifelhafte Glück, in einer Flüchtlingsunterkunft Dienst zu tun? Dort herrschte schließlich auch große Not. Zudem mussten Maßnahmen ergriffen werden, dass sich von dort weder Ungezieferplagen noch Epidemien ausbreiteten. Die drei besonders linientreuen Frauen wurden aber vielleicht auch als Gemeindeschwestern gebraucht, zur Feststellung von „Verhaltensanomalien" im Sinne des Regimes beispielsweise ...

Die Antwort auf diese Fragen zu erfahren, hätte mich zwar sehr gereizt; ein feines inneres Stimmchen warnte mich aber vor zu viel Neugier.

Inzwischen war das Feuer im Öfchen ausgegangen, es war dadurch kühler geworden, und ich hoffte inständig, dass wir bald ankommen würden. Tatsächlich erreichten wir am frühen Morgen Bebra, der Flakwagen wurde dort an einen Zug nach Göttingen angehängt, und weiter ging die wilde Fahrt.

In Göttingen kamen wir im Laufe des Vormittags an. Der Bahnhof und die Bahnanlagen glichen einem Trümmerfeld:

Seit Anfang des Jahres hatte es dort schon drei große alliierte Luftangriffe gegeben, doch auch zivile Ziele waren betroffen. Einen sauberen Krieg gab es nun einmal nicht.

Endlich aussteigen und die müden Glieder strecken, wie herrlich war das! Als wir allerdings von der Ladefläche unseres Militärfahrzeugs heruntergeklettert waren, stellten wir mit Entsetzen fest, dass der Lastwagen Munitionskisten geladen hatte! Die Rotkreuzschwestern hatten sozusagen auf einem Pulverfass sitzend ihr gemütliches Öfchen angeschürt; in aller Ahnungslosigkeit hätten sie damit ein Feuerwerk zünden können, bei dem uns allen Hören und Sehen vergangen wäre.

6. Nächster planmäßiger Halt: Hamburg-Altona

Nachmittags erwischte ich durch Zufall einen Schnellzug nach Hamburg-Altona. Das war entschieden der Clou! Ich kam mir wie im Siebten Himmel vor, als ich damit durch die Gegend sauste.

Hamburg, die stolze Hansestadt an der Elbe, ist wohl für jeden Besucher eine Reise wert. Doch für mich war es nicht nur die Kulturvielfalt und hanseatische Lebensart, sondern vor allem die Nähe zu meiner Lieblingscousine, die Hamburg so einzigartig und wertvoll machte. Heute, knapp zehn Jahre später, erkannte ich, dass die Stadt schon immer ein ganz besonderer Hoffnungsort für mich gewesen war. Genau hierher hatte mich Traute gelockt, damals, nach dem völlig unerwarteten Tod meines Bruders. Sie war der rettende Engel gewesen, der mich aus meiner Seelenstarre befreit hatte. Mit Energie und Überzeugungskraft hatte sie die Meinung vertreten, dass ich einen Tapetenwechsel nötig hätte, um auf andere Gedanken zu kommen. Sie hatte mich mit einem bunten Programm abgelenkt, sich aber auch die Zeit genommen für all die schmerzvollen Gespräche, die man innerhalb der engsten Familie nicht führen konnte. Vater und besonders Mutter waren selbst in ihrer Trauer gefangen; mit wem außer mit Traute hätte ich denn sonst reden können?

Schon die Fahrt nach Hamburg war damals ein Abenteuer gewesen, denn ausgerechnet mein Jugendschwarm Johannes Röder, der aus dienstlichen Gründen in die Hansestadt fuhr, hatte mich in seinem Wagen dorthin mitgenommen. Nachdem er mich sicher bei Traute abgeliefert hatte, konnte das abwechslungsreiche Verwöhnprogramm beginnen.

Am ersten Abend besuchten Traute und ich zusammen einen entzückenden Tanzabend, am nächsten Morgen genossen wir ein gemütliches Frühstück im Bett. Anschließend lockte ein Ausflug in den Botanischen Garten, und abends gingen wir gemeinsam in die Oper. Leider konnte sich Traute nur einen Tag für mich freinehmen, ansonsten aber musste sie bei den täglichen Proben anwesend sein – sie sang zu dieser Zeit ja bereits im Hamburger Opernchor. Zwischen ihren Präsenzzeiten aber aßen wir zusammen im Deutschlandhaus oder spazierten an der Alster entlang. Wenn sie abends Aufführung hatte, bewunderte ich sie auf der Bühne, wenn aber nicht, gingen wir gemeinsam ins Kino.

Genau genommen hatte ich schon immer einen ganz besonders innigen Kontakt zu meiner 16 Jahre älteren Cousine. Sie war für mich der Fels in der Brandung, denn sie verfügte über eine gute Menschenkenntnis, gepaart mit einem klaren Willen. Obwohl sie zu den eher nüchternen Zeitgenossen gehörte, war sie keineswegs emotional unterkühlt oder humorlos. Ich würde sogar sagen, dass uns gerade dieselbe Art von Humor in besonderer Weise verband. Außerdem konnte man sich aufgrund ihrer profunden Bildung und der reichen musikalischen Erfahrung sehr gut mit ihr unterhalten. Während der Sommermonate, wenn an der Oper Spielpause war, kam Traute meist nach Kollund und genoss dort das entspannte Landleben. Ich hingegen besuchte sie immer mal wieder in Hamburg, meist sogar recht kurzfristig, wenn sich gerade eine günstige Mitfahrgelegenheit ergab oder ein besonderes kulturelles Ereignis lockte. Ansonsten unterhielten wir das ganze Jahr über einen regen Briefwechsel.

Traute war es auch, die mir den Impuls gegeben hatte, nach Abschluss meiner Lehrzeit vom provinziellen Flensburg ins mondäne Hamburg zu wechseln. Sie wusste, dass ich mich beruflich weiterentwickeln wollte. Und sie spürte wohl, dass ich mit Erreichen meiner Mündigkeit – also mit meinem 21. Geburtstag – etwas mehr Distanz zu meinen Eltern brauchte. Zudem besaß Traute beste Kontakte zur Hamburger Musikszene und war mir behilflich, eine passende Arbeitsstelle zu finden.

Der Zeitpunkt für meinen Wechsel war auch für Herrn Becker, meinen Lehrherren und aktuellen Flensburger Arbeitgeber, günstig gewählt, denn sein Musikgeschäft war gerade personell gut aufgestellt. Zwar löste meine Kündigung zunächst einen Sturm der Entrüstung aus. Doch mein Entschluss stand fest: Ich würde nach Hamburg ins Musikhaus Detmering wechseln.

In Aussicht stand eine Stelle in der Filiale am Steindamm, in der das Notenlager erheblich ausgebaut werden sollte. Phantasievoll malte ich mir schon im Vorfeld aus, wie schön es sein müsste, bald in der Kulturmetropole Hamburg zu leben.

Zum 1. September 1939 also trat ich meine neue Tätigkeit bei Detmering an, und für die erste Zeit in Hamburg hatte ich mir ein möbliertes Zimmer bei einer netten älteren Hanseatin genommen. Am Morgen des ersten Arbeitstages allerdings weckte mich meine Zimmerwirtin mit den Worten: „Fräulein Sönnichsen, Sie müssen lieber aufstehen, wir haben Krieg!" Welch ein Schock! Mein mulmiges Gefühl wegen meiner provinziellen Ausbildung wich schlagartig einer anderen, viel größeren Sorge: Seit heute befand sich Deutschland im Krieg!

„Es mußte ja wohl so kommen, die Leute können eben die Finger nicht davon lassen. Ich weiß bloß nicht, was man sich von einem Krieg Gutes verspricht. Das Unglück, das damit angerichtet wird, wird jedenfalls schlimmer sein, als was ein Sieg wieder gut machen kann. Die Menschheit hat noch so viel zu lernen, wieder gut zu machen und in Ordnung zu bringen – ich meine jedes Volk bei sich selber – daß sich eigentlich keines der Völker einen Krieg leisten kann. Na, es ist jetzt nichts daran zu ändern, man kann nur auf einen den Umständen nach möglichst guten Ausgang hoffen."

(Tagebuch, 1. September 1939)

Die neue Arbeitsstelle aber ließ sich sehr gut an: Es war nicht viel anders als bei meinem vorherigen Arbeitgeber, jedoch alles in viel größerem Maßstab, sodass ich, sehr zu meiner Freude, tüchtig dazulernen konnte. Insbesondere gab es viel mehr Instrumente zu verkaufen, und auch der Handel mit Noten florierte, weshalb der anstehende Ausbau des Notenlagers dringend nötig geworden war. Zudem war der Kundenkreis um einiges exklusiver: Nicht nur Musiklehrer und ambitionierte Privatleute gingen hier ein und aus, sondern auch berühmte Sänger und Dirigenten sowie Mitglieder der namhaften Hamburger Orchester.

Zwar war der junge, etwas eingebildete Geschäftsführer nicht sonderlich beliebt bei seinen Angestellten, weil er sich kraft seiner Stellung öfters zum Nörgeln verpflichtet sah. Ich machte aber schnell die Erfahrung, dass man ihm nur die richtigen Antworten geben musste, dann kam man ganz gut mit ihm zurecht.

Die eigentliche Seele der Firma aber war Fräulein Trinker, eine herzensgute Person, die schon seit zwölf Jahren dem Betrieb angehörte. Sie war es, die den ganzen Laden zusammenhielt, sowohl menschlich als auch organisatorisch, und unser Chef wäre aufgeschmissen gewesen, wenn er Fräulein Trinker nicht gehabt hätte. Allerdings war ich auch der Meinung, sie sollte nicht mehr allzu viel Zeit hier im Geschäft vergeuden, sondern bald heiraten und sich lieber um ihr privates Glück kümmern.

Die Erfahrenste in der Tonträgerabteilung wiederum war Frau Grassmann: Bereits seit einem Vierteljahrhundert verkaufte sie nichts als Schallplatten. Sie war mit ihrem gestrengen Aussehen und herben Wesen genau das, was ich mir immer unter einem „Strohwisch" vorgestellt hatte, verfügte dabei aber gewiss über einen guten Kern.

Fräulein Hesse wiederum, die als Lehrling in der Schallplattenabteilung zugange war, zeigte ein besonderes Talent für ausgefallene Frisuren und wilde Augenbrauenmalerei. Sie war ein schlichtes Kind aus dem Volke mit leicht ordinärem Einschlag, dabei aber entschieden mit Humor gesegnet und mir durchaus sympathisch.

Herr Pramann, der nette Radiomann, poussierte heftig mit Fräulein Hesse, war aber, wie ich bald herausfand, bereits mit einer niedlichen jungen Frau verheiratet.

Besonderes Mitgefühl empfand ich für Erich, einen aufgeweckten Knaben, der allerdings als Stift von allen Seiten viel einzustecken hatte.

Und schließlich – nicht zu vergessen, da auch nicht zu überhören – unsere Reinemachefrau: Frau Asmussen redete ohne Unterlass und mit durchdringender Stimme, arbeitete für drei und erging sich mit Vorliebe in derben Ausdrücken. Sie war ein Rasmus mit rauer Schale und, wie ich annahm, einem durchaus weichen Kern, zu dem ich aber bislang noch nicht durchgedrungen war.

Was die eigentliche Arbeit anbelangte, so ging es für mich direkt in die Vollen, denn bereits im September schien in Hamburg das Weihnachtsgeschäft zu beginnen. Das Publikum kaufte sich geradezu toll an Radiogeräten, Grammophonen und Schallplatten, die wir großenteils von der Deutschen Grammophon-Gesellschaft aus Hannover geschickt bekamen: Stapelweise schleppten unsere Kunden diese Schellackplatten aus dem Laden. Doch leider bekamen wir längst nicht genug Ware herein, um alle Wünsche erfüllen zu können, und so war es ein in meinen Augen ungesundes Geschäft.

Außerdem war bei der Notenbestellung seit einigen Jahren ein Verzeichnis aller jüdischen Musiker und Komponisten – *Das musikalische Juden-ABC* – zu berücksichtigen: Die hier aufgelisteten Musiker, darunter sogar das protestantisch getaufte deutsche Musikgenie Felix Mendelssohn Bartholdy, waren samt und sonders aus den Katalogen deutscher Musikverleger getilgt und ihre Werke folglich nicht mehr auf legalem Wege zu bekommen. Es war nicht zu fassen!

Doch auch außerhalb der Musikbranche hatten es „Nichtarier" schwer: Meine herzensgute Freundin Maria beispielsweise, mit der ich mich durch zahlreiche Sommerferien-Erlebnisse in Kollund eng verbunden fühlte, arbeitete seit dem 1. April als Schwester in einer

Hamburger Nervenklinik – so nannte man ganz vornehm die Psychiatrischen Anstalten für reiche Leute. Als Halbjüdin hatte sie es da gewiss nicht leicht, obwohl sie nicht klagte und mich immer wieder mit ernstem Blick ermahnte, sie niemals nach Details ihrer Arbeit zu fragen.

Stattdessen freute Maria sich stets, wenn wir Zeit miteinander verbrachten und etwas Interessantes zusammen unternahmen. Soweit ich es mitbekam, war die Hamburger Bevölkerung nicht sonderlich antisemitisch. In meiner Begleitung jedenfalls begegnete man Maria überall mit Achtung und Sympathie. Was allerdings die Politik und die großdeutsche Stimmungslage anbelangte, so verhielt es sich ganz anders: Hier schienen leider nur noch die Lauten und die Geistesarmen den Ton zu bestimmen.

Unser Alltagsleben wiederum lief trotz Kriegsbeginn beinahe unverändert ab, mit Ausnahme der Verpflichtung zur abendlichen Verdunkelung. Außerdem wurden uns nun die Grundnahrungsmittel über entsprechende Lebensmittelkarten zugeteilt: Jedes Familienmitglied bekam monatsweise eine eigene Karte, um Brot, Butter, Zucker und Fleisch in den angegebenen Gramm-Mengen beziehen zu können. Und auf Abschnitt C der gültigen Reichskarte wurden ab Dezember sogar Marmelade und je Kartenbesitzer ein Ei abgegeben. Außerdem gab es in der Heizperiode Bezugsscheine für Kohlen. Nicht gerade paradiesisch, aber zum Überleben reichte es.

Doch zurück zu meiner lieben Cousine: Traute war zu dieser Zeit neben ihrer Arbeit als Chormitglied der Hamburger Oper zugleich eine der handverlesenen Sängerinnen in der Singakademie der Michaeliskirche. Es gelang ihr, auch mich in diesem hochklassigen, relativ kleinen Projektchor unterzubringen. Geleitet wurde die Singakademie von Max Thurn persönlich, dem Chordirektor der Staatsoper. Er war ein exzellenter Musiker und ein gestrenger Lehrmeister mit Luchsohren, denen nichts entging. Mit Namen tat er sich allerdings schwer, und so unterschied er nicht zwischen „Traute Feldmann“, die schon länger in seinem Opernchor sang, und deren Cousine „Wiebke Sönnichsen“. Das Lob allerdings, das er einmal als „Gut gesungen, Feldmann!“ über den gesamten Chor hinwegrief, galt tatsächlich mir!

Mit diesem Chor also führten wir beispielsweise die Requien von Brahms und von Verdi auf oder Bachs *Weihnachtsoratorium* und die *Matthäus-Passion.* Leider aber hatten wir irgendwann auch die Uraufführung der *Natursymphonie* Siegmund von Hauseggers im Programm. Über dieses Werk meinte sogar unser Chorleiter während der Proben, dass es „einfach Mist“ sei. Da war ich ganz seiner Meinung, musste aber obendrein noch feststellen, dass die Symphonie technisch gesehen leider alles andere als „einfach“ war durch die garstige Aneinanderreihung sämtlicher sanglicher Schwierigkeiten, gepaart mit kompliziertesten Rhythmuswechseln und einem gänzlich unverständlichen Text. Mit Orchesterbegleitung wurde die Angelegenheit sogar noch unerträglicher. Hausegger selbst aber, der von der Generalprobe an die Leitung übernahm, zeigte sich mächtig beeindruckt von unserer gesamtmusikalischen Leistung: Beide Konzerte waren ausverkauft, und die Aufführungen wurden in der Presse wortreich gefeiert.

Neben diesem Chor war ich ab Oktober auch im Lehrer-Gesangverein aktiv und gestaltete hier diverse Wehrmachtskonzerte mit. Die Chorleitung dieses Ensembles hatte übrigens ausgerechnet mein guter alter Bekannter Johannes Röder inne. Er war inzwischen Hauptdirigent am Reichssender Hamburg geworden, was nach den zahlreichen Erfolgen, die er bereits in Flensburg gefeiert hatte, absolut berechtigt war. Er heiratete dann im Mai 1940 ein nettes Mädchen aus äußerst vornehmer Familie, und damit schloss sich auch für mich ein prägendes Lebenskapitel.

In dieser Zeit wohnte übrigens auch Tante Luke in Hamburg. Sie hatte versucht, hier sesshaft zu werden, um ihrer Tochter Traute näher zu sein. Inzwischen aber hatte sie schweren Herzens erkannt, dass dieses aufregende Leben in der Metropole, die schlechte Nahrungsmittelversorgung und die nervenaufreibenden Nächte im Luftschutzkeller ihrer Gesundheit überhaupt nicht zuträglich waren. Also wollte sie – als Deutsch-Dänin – wieder zurück ins heimatliche Kollund. Doch bekam sie im April 1940 keine Einreiseerlaubnis mehr für Dänemark. Mein Vater hingegen wurde zeitgleich aus Deutschland ausgewiesen und durfte nicht mehr einreisen. Verrückte Welt!

Der Grund für Lukes Ausreiseverbot war schnell gefunden: Dänemark hatte unglücklicherweise kurz zuvor, nämlich am 9. April 1940, Deutschland den Krieg erklärt. Es war der einzige Tag, an dem sich die beiden Länder offiziell miteinander im Krieg befanden, doch machten die dadurch gestörten Beziehungen eine Ausreise in „Feindesland“ vorübergehend unmöglich. Erst Anfang Juni bekam Tante Luke endlich die Reiseerlaubnis für Dänemark.

Es war besser für sie! Denn das allgemeine Zeitgeschehen ließ sich nun nicht mehr vom Privatleben trennen, der Krieg war bei uns angekommen. Zum Glück leistete Dänemark nach seiner Kriegserklärung gegen die deutsche Besetzung kaum Widerstand und verpflichtete sich gegenüber dem Deutschen Reich zur Neutralität. Norwegen aber erging es ganz anders. Und da Gewalt häufig Gegengewalt bedeutet, nahmen auch die Fliegerangriffe der Alliierten auf deutsche Großstädte nun deutlich zu. Seit Mitte Mai mussten wir fast jede Nacht wegen Fliegeralarms im Keller verbringen. Nicht nur die daraus resultierende ständige Müdigkeit zerrte an den Nerven und machte mürbe, sondern auch der Umstand, immer einen gepackten Notkoffer im Flur stehen zu haben. In dieser Zeit erkannte ich, dass Schlafentzug tatsächlich eine probate Foltermethode ist!

Außerdem wurden, je länger der Krieg andauerte, immer mehr Zivilpersonen zum Kriegshilfsdienst abgezogen: Sie mussten in kriegsstrategisch relevanten Betrieben die männlichen Arbeiter ersetzen, die ihrerseits als Soldaten an die Front abkommandiert worden waren.

Ich blieb zwar als Dänin von entsprechender „Arbeit fürs Vaterland“ verschont, wurde jedoch ab August 1941 innerhalb unseres Musikbetriebs in die Wexstraße versetzt, weil dort eine Mitarbeiterin in eine Pulverfabrik eingezogen worden war. Wenig später fiel noch eine weitere Angestellte der Niederlassung Wexstraße aus, weil sie angeblich zu heftig mit einem Mitarbeiter poussiert hatte und deshalb die Kündigung bekommen hatte. So hatte ich nun plötzlich die gesamte Filialleitung des Ladens unter mir, einschließlich der ungeliebten Buchhaltung.

Glücklicherweise zog ich viel Kraft aus meinen interessanten Choraktivitäten. Einen Höhepunkt bildete da die Aufführung des Brahms-*Requiems* mit der Singakademie im November 1941. Gekrönt wurde dieses Konzert durch die Mitwirkung eines mir schon aus Flensburger Zeiten sehr vertrauten Solisten: Gerhard Hüsch! Die umstehenden Chordamen platzten fast vor Eifersucht, als Gerhard mich mit den Worten begrüßte: „Ach Wiebke, du bist es, wie geht es dir?"

Nach dem Konzert machte Gerhard sich zunächst von allen Einladungen frei und entwischte mit mir in die befohlene Verdunkelung, um dann den Abend ganz allein mit mir zu verbringen. Es war ein herrlicher Festabend mit französischem Sekt, und meine Seligkeit war unbeschreiblich. Alle sorgenvollen Gedanken waren einfach weggefegt, und ich genoss aus tiefstem Herzen unser Zusammensein. In solchen Momenten hoffte ich nur immer, dass auch Gerhard etwas von unseren gemeinsamen Stunden hatte und ich ihm etwas von meiner eigenen Glückseligkeit zurückgeben konnte. Ich erkannte, dass ich noch zu sehr von meinem Egoismus geleitet wurde, der mir vieles erschwerte und mich zu einer überempfindlichen Membrane werden ließ. Das wiederum führte dazu, dass ich bisweilen zu heftig reagierte, wenn die Dinge nicht den Lauf nahmen, den ich mir erträumt hatte. An diesem Abend aber traten alle meine Sorgen in den Hintergrund – welche Wohltat!

Nun also begann für mich die Zeit des Abwägens, ob ich mich noch einmal beruflich verändern und es wagen sollte, tatsächlich nach München zu ziehen. Und genau in diese Phase fiel Mitte März Gerhards Liederabend in Bremen.

Als überzeugter Förderer und persönlicher Freund des finnischen Komponisten Yrjö Kilpinen hatte Gerhard dessen Liederzyklen *Lieder der Liebe* und *Lieder um den Tod* ins Programm genommen. Die ausdrucksstarken Gedichte stammten von Christian Morgenstern und beeindruckten mich sehr, vor allem das letzte Lied des Zyklus. Es lautete:

Unverlierbare Gewähr
Eines gibt´s, darauf ich mich
freuen darf. Das wird nicht trügen.
Eines Abends sicherlich
ruht dies Herz von allen Flügen
aus.
Schlafen darf dann dieser Wandrer.
Denn – was etwas weiter wacht,
wird ein andres, wird ein andrer.
Dieser hat sein Werk vollbracht
– Dann.

Anders als *Vöglein Schwermut* schenkte dieses Gedicht Ruhe und Zuversicht, doch war es eine reife, melancholische Ruhe. Ich gebe zu, dass ich mich wegen meiner seelischen Zerrissenheit Gerhard gegenüber von diesem Gedicht besonders angesprochen fühlte. Die Zeit würde aus uns andere Menschen machen, so wie die Zeit eben alles veränderte. Doch was würde das dann für Gerhard und mich bedeuten, für unsere Beziehung? Und wofür stand das „Dann"?

Trotz aller Nachdenklichkeit freute ich mich unendlich auf dieses Wiedersehen mit Gerhard und Yrjö, denn der Komponist höchstselbst sollte die Klavierbegleitung übernehmen. Und ebenso wie die Künstler würde auch ich im Hotel Hillmann wohnen.

Leider kam ich am Tag des Konzerts erst am frühen Nachmittag in Hamburg los, sodass der Liederabend schon begonnen hatte, als ich in Bremen eintraf. Nachdem ich mich im Hotel angemeldet und konzerttauglich umgezogen hatte, sauste ich also in die Stadt. Der Liederabend fand im kleinen Glockensaal statt: ein ganz wunderhübscher Konzertsaal im Art Déco-Stil, aber wegen der lupenreinen Akustik gerade im Pianissimo etwas heikel. Zudem ließ diese Räumlichkeit eine besondere Nähe zwischen Künstler und Publikum zu, was für die Zuhörer phantastisch war, für die Musiker aber eine zusätzliche Herausforderung darstellte. Ich kam gerade richtig zur zweiten Hälfte, und das Konzert war natürlich im Ganzen sehr schön. Doch waren die beiden Musiker recht nervös: Gerhards Stimme zeigte bei bestimmten Vokalen eine Schärfe, die ich nicht von ihm kannte. Aber auch die Klavierbegleitung durch den Komponisten anstelle eines versierten Liedbegleiters barg ihre Tücken.

Nach dem Konzert jedenfalls wurde zunächst in der *Glocke* gefeiert, einem namhaften Restaurant. Gastgeber war ein mir schon aus Erzählungen bekannte Bremer „NS-Grande“: Und er übertraf in seiner ordinären Spießigkeit meine schlimmsten Vorstellungen noch bei weitem. Seine Frau und Tochter passten recht gut zu ihm, die ganze Familie hatte etwas Beängstigendes an sich. Gerhard, Yrjö und ich waren anschließend noch privat bei ihm eingeladen, und dort wurden bis gegen Mitternacht die edelsten Gaumenfreuden verschlungen und ziemlich viel Unsinn geredet. Ich verstand nicht, dass Gerhard solche Menschen wie seine Freunde behandelte. Das Verhalten dieses stolzen und durchsetzungsstarken Künstlers hatte dann plötzlich etwas Unfreies und sogar Anbiederndes, das fand ich schade. Jedenfalls atmeten wir alle drei auf, als der offizielle Teil überstanden war und wir in Reihen zu dreien gen Hillmann zogen. Am kommenden Nachmittag um vier Uhr reiste Yrjö weiter nach Berlin, Gerhard und ich fuhren zusammen nach Hamburg. Alles in allem waren wir aber ziemlich müde und hatten darum in Hamburg nur noch ein braves Abendbrot zusammen. Dann aber brauchte ich mal wieder heimatliche Gefilde und die Gesellschaft von Traute!

Traute, meine liebe Traute! Wer hätte gedacht, dass ich bald nach meinem Umzug nach München Todesängste um dich ausstehen würde? Ja, ich hatte mich im Dezember 1942 entschlossen, beruflich nach München zu gehen. Ich war aus unserer gemeinsamen Wohnung ausgezogen und hatte mich darauf gefreut, bald ganz auf eigenen Füßen zu stehen. Doch hätte ich nicht im Traum daran gedacht, dass ich unser gemütliches Reich in der Klosterallee nie wiedersehen würde!

Operation *Gomorrha* – dieser Begriff weckte in mir schlimmste Erinnerungen. Bilder des zerbombten Hamburg in der Wochenschau! Feuersturm! Keinerlei Möglichkeit zu erfahren, wie es um Traute stand! Allein der Gedanke daran ließ mich immer noch erschauern: Völlig geschockt hatte ich damals alle Nachrichten im Radio verfolgt und erfahren, dass die Alliierten in der Nacht vom 24. auf den 25. Juli 1943 einen ganz schweren Angriff auf Hamburg gestartet hatten: Mit Unterstützung der Amerikaner hatten die Engländer zuerst mehrere schwere Luftangriffe auf den Westen der Stadt geflogen und für massive Zerstörungen gesorgt. Doch auch in den Tagen danach erfuhr ich immer wieder von neuen, noch entsetzlicheren Angriffen auf die

Hansestadt: Nachdem in der Nacht zum 28. Juli im Osten der Stadt 100.000 Spreng- und Brandbomben niedergegangen waren, entwickelte sich bald aus den Einzelbränden ein Feuersturm, der an Grauenhaftigkeit und Zerstörungswut alles bisher Dagewesene bei weitem übertraf: Im Zentrum der Flächenbrände herrschten Temperaturen, die sogar Stahl zum Schmelzen brachten. Gleichzeitig aber hatte die Feuerwalze einen derartigen Bedarf an Frischluft, dass sich orkanartige Winde entwickelten: Jedermann, der sich nicht ausreichend festhielt, wurde quasi in die Flammen hineingesogen. Auf offener Straße verglühten die Menschen. Doch auch die Bombenschutzkeller wurden zu Todesfallen: Zahlreiche Leute erstickten hier qualvoll. Bis Anfang August wütete das schreckliche Inferno, die Opferzahlen stiegen immer weiter an, und ich hatte keinerlei Ahnung, wie es Traute gehen mochte. War sie ausgebombt? Lebte sie überhaupt noch? Ich war ganz außer mir vor Sorge. In meiner Verzweiflung setzte ich alle Hebel in Bewegung, um persönlichen Kontakt zu ihr aufzunehmen oder überhaupt irgendwie telefonisch oder telegrafisch nach Hamburg durchzudringen. Doch alles vergeblich. Ich konnte nichts tun. Nur abwarten. Scheußlich war das!

Zehn grässliche Tage zwischen Hoffen und Bangen. Zehn Tage beinahe ohne Schlaf. Dann endlich bekam ich die erlösende Nachricht: Traute hatte in Hamburg zwar alles verloren, war aber rechtzeitig nach Flensburg geflohen, wo sie bei Freunden untergeschlüpft war.

Traute lebte! Das war das einzig Wichtige, was ich hören wollte, und mir kamen die Tränen, so selig war ich. Natürlich war es ein Jammer um Trautes schöne Wohnung; aber wenigstens hatte sie den Höllensturm lebend überstanden!

Vierzehn Tage später, im August 1943, konnte ich mir selbst ein Bild des Grauens machen, als ich zusammen mit Picco gen Norden reiste: Sie wollte nach Flensburg, ich wiederum war auf dem Weg nach Kollund.

Es wurde eine sehr nette Fahrt, zumindest bis wir Hamburg erreichten. Hier hatten wir zweieinhalb Stunden Aufenthalt, die ich nutzte, um mich in der Stadt etwas umzutun. Entsetzlich sah es dort aus: Von der Stern-Chaussee bis Altona gab es nichts als Ruinen und Schutthaufen. Zwar waren einige Strecken für Omnibusse schon wieder befahrbar, allerdings wurde nur Hamburgs arbeitende Bevölkerung befördert. Noch fürchterlicher aber als die verheerende Zerstörung war das Leben, das sich nun in diesen Ruinen abspielte. In besonderer Weise bewegte mich der Anblick der verwilderten, schreienden Straßenkinder, die wie Müllkatzen auf den Trümmerbergen spielten.

Schließlich erreichte ich die Klosterallee, in der Traute und ich ehemals unsere gemeinsame Wohnung gehabt hatten: Nichts als Schutt und Asche. Vielleicht war meine Hoffnung, hier noch irgendetwas retten zu können, naiv gewesen. Aber wenigstens hatte ich es versucht. Seltsam poetisch war mir zumute. Die Stimmung hatte eine friedliche Feierlichkeit, wie sie uns ergreift beim letzten Abschied von einem Verstorbenen. Mein Besuch hier hatte mir also endgültige, traurige Gewissheit gegeben, half mir aber auch, das Geschehene begreifen und verarbeiten zu können.

Dann aber dachte ich an meine Cousine und ihre schwere Aufgabe, irgendwann wieder in diese Trümmerlandschaft zurückkehren zu müssen: Ob die Oper, wie Traute hoffte, wirklich schon im Oktober wieder spielen würde, wenn auch vielleicht im *Thalia*-Theater als Ausweichquartier?

Und wo in dieser Einöde würde Traute wohl eine Wohnung finden?

Das Ruckeln des Zuges holte mich zurück in die Gegenwart: Erst verlangsamte sich unser Schnellzug, dann kam er ganz zum Stehen. So endete denn auch diese Reise nicht wie geplant in Altona, sondern schon etwa 70 Kilometer weiter südöstlich in Lüneburg. Wäre ja sonst auch zu schön gewesen, um wahr zu sein!

7. Wiedersehensfreude in Lüneburg

Auf das Bahnhofsviertel von Lüneburg, so erfuhren wir, hatte es Ende Februar schwere Luftangriffe gegeben, weshalb unsere Reise auch hier ein vorzeitiges Ende nahm. Doch war es inzwischen schon beinahe unerheblich, welche Hindernisse die Weiterfahrt verhinderten: Wieder einmal war ich unplanmäßig gestrandet, und wieder einmal musste ich das Beste daraus machen. Alles andere hätte sowieso nur unnötig Energie gekostet. Besser, man hielt die Hoffnung aufrecht und die Augen offen nach neuen Perspektiven.

Und tatsächlich: Mitten auf dem trostlosen Bahnhof von Lüneburg traf ich morgens um vier Uhr eine Bekannte, die ich schon ewig nicht mehr gesehen hatte: meine Flensburger Arbeitskollegin Kathi! In der Dunkelheit hätten wir uns beinahe nicht wiedererkannt. Dann aber war die Freude über unser absolut unerwartetes Wiedersehen riesig! Ich hätte nicht für möglich gehalten, dass man sich über die zufällige Begegnung einer Person, die man seit sieben Jahren nicht mehr gesehen hatte, so freuen könnte. Trotz der Uhrzeit und der zermürbenden Tage, die hinter mir lagen, war ich sofort putzmunter. Kathi ging es übrigens genauso. Und da wir beide dazu verdammt waren, uns in Geduld zu üben, bis wir unsere abenteuerliche Fahrt gen Heimat fortsetzen konnten, nutzten wir die Zeit des Wartens für einen munteren Klönschnack. Selbstverständlich ging es um die kuriosen Erlebnisse unserer gemeinsamen Zeit in Flensburg.

„Kann es sein", begann ich ziemlich entgeistert, „kann es wirklich sein, dass wir uns seit 1938 nicht mehr gesehen haben?"

„Das könnte hinkommen", bestätigte Kathi.

„Und wie es der Zufall will, treffen wir uns nach sieben langen Jahren nicht auf dem Hohn in Flensburg oder bei einem Kirchenkonzert in St. Nikolai wieder, sondern ausgerechnet auf diesem kleinen, dunklen Bahnhof hier! Dich schickt wirklich der Himmel! Ich wäre durchgedreht, wenn ich nicht bald jemanden zum Reden gefunden hätte. Je näher ich meiner Heimat komme, umso wirrer werden meine Gedanken."

„Wirklich? Du warst doch immer so souverän und willensstark. Alles andere eben als verwirrt im Kopf."

„Da hatte ich ja auch noch Menschen, mit denen ich quatschen konnte", lachte ich.

„Jedenfalls hat deine selbstbewusste Art auch unserem Chef damals mächtig imponiert, sonst hätte er dich wohl nicht als Aushilfe eingestellt. Wann war das nochmal?"

„Im Dezember 1935. Monatelang war ich auf der Suche nach einer Stelle gewesen, doch bezahlte Arbeit war kaum zu finden. Durch reinen Zufall erfuhr ich, dass bei euch im Musikgeschäft eine Weihnachtsaushilfe gesucht wurde. Und da mich die Aufgabe reizte, griff ich zu."

„Ich befürchtete ja schon Schlimmstes, so mitten im Trubel des Weihnachtsgeschäftes." Kathi grinste schelmisch. „Aber dann hat das Fräulein Sönnichsen losgelegt! Für einen Neuling warst du wirklich nicht ungeschickt; vor allem hattest du ein Händchen im Umgang mit Kunden."

Das stimmte tatsächlich: Der direkte Kontakt mit der Kundschaft hatte mir schon immer besonders gut gefallen, da war es mir ganz egal, ob ich Noten oder Instrumente verkaufte. Was man da für Leute erlebte! Gemeinsam trugen Kathi und ich nun alle skurrilen Anekdoten zusammen, die uns gerade einfielen.

„Erinnerst du dich noch daran, als die Kriminalpolizei bei uns im Laden war, um einen Betrüger zu schnappen?", kicherte Kathi.

„Na klar, wie könnte ich das vergessen! Die Beamten hatten, woher auch immer, den Hinweis bekommen, dass er ein hochwertiges Grammophon ergaunern wollte."

„Und tatsächlich hattest du gerade einen Grammophonkunden."

„Und dieser Kunde verhielt sich wirklich etwas seltsam: Erst betonte er, dass der Preis keine Rolle spiele und es ihm nur auf das Klangerlebnis ankomme. Dann ließ er sich das allerbeste Gerät zeigen sowie sämtliches Zubehör und fragte mir Löcher in den Bauch. Ich aber hatte das Gefühl, dass er sich schon bestens mit dem Apparat auskannte."

„Ich war derweil an der Kasse und gab den Kriminalbeamten sofort den entsprechenden Tipp. Doch die klugen Herren schauten nur kurz zu euch rüber und erklärten mir dann, das könne nicht die gesuchte Person sein, weil sie keine Stiefel trage."

„Inzwischen war auch Herr Becker neugierig geworden und zu eurem Gespräch dazugekommen."

„Klar, der Chef ließ mich doch sowieso nie aus den Augen, erst recht nicht, wenn ich männliche Kundschaft hatte", stöhnte Kathi.

„Besonders dämlich war, dass die Beamten den Gesuchten dann in einer Lautstärke beschrieben, dass sogar wir jedes Wort mithören konnten!“

„Ja“, lachte Kathi auf, „das war wirklich einmalig blöd. Anschließend verließen die Zivilpolizisten das Geschäft in aller Eile, um einem anderen Kunden zu folgen. Nämlich einem, der Stiefel trug!“

„Kaum aber, dass sie den Laden verlassen hatten, meinte auch mein Kaufinteressent, er müsse leider gehen, denn er habe noch einen wichtigen Termin. Ich solle ihm aber das Grammophon zurückstellen, er würde es dann später abholen.“

„Was er jedoch nie tat!“, bemerkte Kathi trocken. „Stattdessen kamen spät nachmittags die Beamten noch einmal, weil sie inzwischen bemerkt hatten, dass ihnen der ‚richtige‘ Betrüger wohl entwischt war.“

„Dabei hätten sie es vormittags so einfach haben können: einen Täter auf dem Silbertablett!“, schnaubte ich.

Kathi pflichtete mir bei, kicherte und brachte nun eine spaßige Begebenheit nach der anderen zum Besten. Wir lachten darüber, wie viele verschiedene Menschentypen man so kurz vor dem Weihnachtsfest im Geschäft antreffen konnte; und dass es selten möglich war, vom Äußeren auf den Charakter eines Menschen zu schließen. Manche vornehme Damen mit großem Hut und teurem Schmuck beispielsweise ließen sich erst im Salon einen Kaffee servieren, um dann nach dem „Glühwürmchen-Idyll“ oder „Dornröschens Brautfahrt“ zu verlangen. Andere wiederum, die man wegen ihres unterwürfigen Auftretens beinahe übersehen hätte, fragten nach den virtuosesten Orgelwerken.

Wir amüsierten uns darüber, wie beeindruckt sich die Kunden gezeigt hatten, wenn unser Chef ihnen auf dem Akkordeon, mit in die Ferne gerichtetem Blick, „Muss i denn“ vorspielte – das einzige Stück, das er im Repertoire hatte!

Und im Kontrast dazu erinnerten wir uns an die kulturellen Sternstunden, die wir dank unserer Anstellung ebenfalls hatten erleben dürfen: Wir waren nämlich auch für den Kartenvorverkauf zahlreicher Konzerte verantwortlich gewesen und hatten teilweise vor den Konzerten sogar noch die Programme verkauft. Dadurch waren wir ganz nebenbei auch in den Genuss gekommen, einige der ganz großen Musiker hautnah mitzuerleben: Georg Kulenkampff, Gaspar Cassadó, Walter Gieseking, Peter Raabe oder das Weimarer Trio. Das entschädigte wahrlich für vieles!

„Schade eigentlich, dass du gekündigt hast, kaum, dass ich meinen Lehrvertag unterschrieben hatte. Wir hätten noch so viel Spaß miteinander haben können“, meinte ich schließlich.

Kathis Gesichtszüge verhärteten sich: „Wiebke, glaub mir, es ging nicht mehr. In jeder Mittagspause hat mir der Becker nachgestellt, ständig war er am Turteln und Knutschen. Sei dankbar über deine Körperlänge. Dadurch ist dir viel erspart geblieben!“

„Ich weiß. Auch mir ist nicht entgangen, wie unser Chef mit dir umging.“

„Anfangs war es ja noch nicht so schlimm. Da ließ er uns in der Mittagspause in Ruhe, und wir konnten dann so viel Grammophon spielen, wie wir wollten.“

„Als sich das aber änderte und er dir vermehrt auf die Pelle rückte, ahnte ich schon Schlimmstes; vor allem, weil sich deine Krankheitstage häuften." Ich sah die ganz still und blass gewordene Kathi mitleidig an. „Dann also platzte die Bombe, und deine Kündigung flatterte ins Haus. Ich ahnte ja nicht, wie sehr die Stimmung im Laden dadurch kippen würde."

„Glaube mir, deinetwegen wäre ich auch gerne länger geblieben", meinte Kathi mit ernster Miene. „Als kleiner Betrieb konnte man ja wirklich jede helfende Hand gebrauchen. Wenn ich nur an die unmöglichen Arbeitszeiten denke: Von morgens acht Uhr bis abends sieben Uhr mit nur einer Stunde Mittagspause, und das auch samstags!"

„Richtig anstrengend fand ich vor allem die Zeiten, in denen keine Kunden im Laden waren und wir Instrumente reinigen und reparieren mussten."

„Stimmt", pflichtete sie mir bei, „wenn wir auseinandergefallene Klaviere reinigen und die Tasten abschleifen mussten! Wenn ich an das furchtbare Geräusch denke, stehen mir heute noch die Haare zu Berge: Als wenn jemand mit dem Fingernagel über die Tafel kratzt ..."

„... oder mit einer Gabel über den Teller. Das ging einem wirklich durch Mark und Bein. Aber manchmal hatten wir auch Spaß dabei. Weißt du noch, wie ich mich einmal auf einen Klavierhocker habe plumpsen lassen?"

„Oh ja", lachte Kathi, „es tat einen mordsmäßigen Schlag, der Hocker ging aus dem Leim, und das Fräulein Sönnichsen saß ziemlich verdutzt auf dem Boden! Wie gut, dass wir Holzleim dahatten und das Malheur vor dem Chef verheimlichen konnten!"

„Und trotz der vielen Arbeit war der Verdienst immer mager: Als Aushilfe verdiente ich 30 Mark monatlich, und in meinem allerersten Monat, in dem das Weihnachtsgeschäft nur so brummte, gab es sogar nur 25 Mark Gehalt – wohl wegen der freien Tage rund um Weihnachten! Als Lehrling bekam ich dann 50 Mark – aber auch erst nach zähen Nachverhandlungen."

„Geschäftstüchtig war der Chef, gar keine Frage. Aber auch du konntest geschickt verhandeln, wenn ich daran denke, wie du um deinen Sonderurlaub gefeilscht hast!"

„Stimmt genau", bestätigte ich. „Diese Sommerreise nach Estland hatten meine Freundin Krischan und ich schon lange vorher geplant, und deshalb waren die vier freien Wochen im Juli eine meiner Vertragsbedingungen. Herr Becker war zwar gar nicht begeistert von meinem Plan und versuchte mit allen Mitteln, mich noch davon abzubringen. Aber da war nichts zu machen. Seit Monaten hatten wir auf diese Traumreise hingespart. Wir hatten meine estnische Freundin Dita schon über unsere Reisepläne informiert, ihre gesamte Familie freute sich auf unseren Besuch. Und auch Krischans strenge Eltern hatten wir endlich überzeugt bekommen, uns ziehen zu lassen."

„Was habe ich dich damals um diesen Sonderurlaub beneidet. Und wie habe ich Krischan und dich für den Mut bewundert, mit gerade einmal 18 Jahren und ganz ohne männliche Begleitung auf eine so abenteuerliche Reise zu gehen! Du hast mir nie ausführlich von euren Erlebnissen erzählt. Jetzt hätten wir die Zeit dafür. Tust du mir den Gefallen? Bitte, Wiebke!"

Ich hatte zunächst nicht viel Lust, denn inzwischen war ich tatsächlich ziemlich müde geworden. Aber Kathis bettelndem Hundeblick konnte ich einfach nichts entgegensetzen. Außerdem dachte ich, dass ich mithilfe der unvergesslich schönen Reiseerinnerungen vielleicht wieder munterer würde. Also begann ich meine Erzählung.

„Unsere Fahrräder waren etwa so hoch bepackt wie meins heute. Nach überschwänglichen Abschiedsszenen fuhren Krischan und ich also Anfang Juli auf unseren Rädern von Flensburg nach Kiel. Dort erfuhren wir im Fährbüro, dass es zwar noch Bordkarten für das Fährschiff *Preußen* gab, dass dieses aber am nächsten Tag nicht von Kiel, sondern von Travemünde ablegen würde. So blieb uns nichts Anderes übrig, als uns wieder auf unsere Drahtesel zu schwingen und zügig Richtung Lübeck zu radeln. Glücklicherweise wurden wir ein Stück des Weges auf der Ladefläche eines Lastautos mitgenommen, dadurch waren wir schon abends um sieben in Travemünde. Am Fährschalter erwischten wir tatsächlich noch einen Angestellten. Dem guten Mann machten wir aber gleich klar, dass wir nicht gewillt waren, schon im Voraus den kompletten Ticketpreis für Hin- und Rückfahrt zu bezahlen."

„Wie?", unterbrach mich Kathi entsetzt, „ihr hattet noch keine Karten, dafür aber die Kaltschnäuzigkeit, wegen der Zahlungsbedingungen zu verhandeln?"

„Ja, genau. Kaum zu glauben, oder? Jedenfalls erlaubte man uns tatsächlich die Nachzahlung, allerdings nur unter Hinterlegung einer Kaution. Also ließen wir unsere Halsketten da, nahmen unsere Bordkarten entgegen und fuhren dann hinüber zur Jugendherberge. Geschlafen wurde zwar auf Stroh und mit noch vier anderen Mädels im Zimmer, aber auch das lief wirklich ausgezeichnet. Am nächsten Morgen aber verbummelten wir irgendwie die Zeit, sodass es noch einmal richtig eng wurde. Kurz vor acht aber, genau pünktlich also, waren wir dann an Bord der *Preußen*. Vorbei an den Kreidefelsen Rügens und nach einem Stopp in Binz, dem wohl großartigsten aller Ostseebäder, fuhren wir weiter entlang der polnischen Küste. Und da wir keine Liegen hatten ergattern können, verbrachten wir die erste Nacht im Korridor des Speisesaals.

Am nächsten Morgen weckte uns der Kapitän persönlich. Anders als erwartet hielt er uns aber keine Standpauke, sondern zeigte sich entsetzt darüber, dass wir die Nacht auf dem harten Dielenboden hatten verbringen müssen, denn seiner Kenntnis nach gab es an Bord genügend Liegestühle für alle Passagiere. Er wies einen Kellner an, uns mit Brot und einem halben Pfund Butter für unsere Unannehmlichkeiten zu entschädigen, und schickte nach einem Matrosen, um uns die ersehnten Liegen zu organisieren.

Morgens um halb neun erreichten wir dann das hübsche Städtchen Zoppot. Hier gingen wir für einige Stunden von Bord, um meinen Cousin Hans zu besuchen, der im Militärhafen Zoppot als Kommandant des Minensuchbootes T 51 stationiert war. Über unseren völlig unerwarteten Besuch freute er sich sehr und sorgte dafür, dass wir mit edelstem Reiseproviant ausgestattet wurden: Käse, drei Würste und vier Dosen Ölsardinen, dazu eine Schachtel Zigaretten. Mit diesen Schätzen also kehrten wir auf die *Preußen* zurück. Nachmittags legten wir wieder ab, und zwei Tage später erreichten wir unseren ersten Höhepunkt der Reise, Finnlands Hauptstadt Helsingfors. Sie heißt nicht umsonst ‚Weiße Stadt des Nordens' und ist so genial und großzügig angelegt, dass sie uns sofort in ihren Bann zog. Auch die zur Einreise gehörigen Zollangelegenheiten waren in Finnland überhaupt kein Problem – ganz im Gegensatz zu unserer Ankunft einen Tag später in Reval, der Hauptstadt Estlands! Die Überfahrt von Helsingfors aus hatte gut geklappt, doch leider begannen mit dem Anlegen des Schiffs in Reval die

Probleme: Anders als besprochen, nahmen unsere Gastgeber uns leider nicht direkt am Schiffsanleger in Empfang. Nach der Ausschiffung also standen wir etwas ratlos am Hafen und folgten schließlich den Menschenmassen Richtung Zoll. Dort hatten wir nicht nur mit Sprachproblemen zu kämpfen, sondern sollten zudem 40 Kronen Kaution für unsere Räder hinterlegen, die wir bei Ausreise dann zurückbekommen sollten. Leider hatten wir das passende Bargeld nicht dabei, mussten also unsere Räder vorerst stehen lassen und uns zu Fuß auf die Suche nach Familie Frese machen.

Frau Frese war sehr überrascht, als wir plötzlich vor ihrer Tür standen. Staunend erfuhren wir, dass unsere Karte mit den aktuellen Reisedaten wohl noch auf dem Postweg unterwegs war, sodass Familie Frese bis zu diesem Zeitpunkt noch keine Ahnung von unserer genauen Ankunft haben konnte. Nachdem nun aber alle Unklarheiten beseitigt waren, half uns Frau Frese in ihrer rührenden Art bei allen Einreiseproblemen, streckte das Geld vor, damit wir unsere Räder auslösen konnten, und führte uns anschließend durch die Stadt: Reval ist wirklich wunderschön mit seinem romantischen, mittelalterlichen Stadtbild, den zahlreichen Kirchen und der trutzigen Burg hoch auf dem Burgberg. Hinzu kam die große Gastfreundschaft der Bevölkerung: Sogar Frau Konsul Witte, bei der Dita als Haustochter arbeitete, wollte uns zum Diner einladen. Wir aber verständigten uns mit Frau Konsul, ihrer Einladung erst am Ende unseres Aufenthalts nachzukommen, um zunächst einmal das Land besser kennenzulernen.

Mit dem Zug, unsere Räder im Gepäckwagen verstaut, fuhren wir zunächst bis Narwa an die russische Grenze. Dort besuchten wir die Klöster Pejure und Peiposka und radelten dann entlang der Ostseeküste Estlands zurück nach Reval. Wir übernachteten in deutschen Schulen und in Pfarrhaushalten, auf ehemals prächtigen Landgütern und in privat geführten Jugendherbergen und erlebten überall herzlichste Gastfreundschaft. Bei schönstem Wetter tauchten wir in die herrliche baltische Landschaft ein, folgten mal den breiten, baumgesäumten Chausseen, mal den verschlungenen Feld- und Waldwegen, und beinahe täglich nahmen wir erfrischende Bäder in der kühlen Ostsee.

Selig kamen wir schließlich wieder in Reval an. Tags darauf waren wir dann tatsächlich zu Gast im Hause des Konsuls."

An dieser Stelle unterbrach ich meine Erzählung und sah zu meiner Freundin hinüber. Sie war schon seit einiger Zeit so still gewesen, und nun erst bemerkte ich, dass sie kurz davor war, einzuschlafen! Es wurde also Zeit, dass ich meinen Monolog beendete.

„Jedenfalls war es tatsächlich die aufregendste und schönste Reise, die ich je unternommen habe! Apropos Aufregung, Kathi! Erinnerst du dich noch an den Februar 1938, als die Berliner Staatsschauspieler Marianne Hoppe und Gustaf Gründgens nach Flensburg kommen wollten?"

Schlagartig war meine Reisebegleitung wieder hellwach.

„Wie könnte ich das je vergessen! Wochenlang hatten wir dem Tag entgegengefiebert, an dem der Ticketverkauf starten sollte. Doch leider war sofort alles ausverkauft!"

„Dann aber hattest du, Kathi, die glorreichste aller Ideen!"

Kathi ließ sich nicht lange bitten, sondern sprudelte sofort los. Detailreich erzählte sie, wie sie versucht hatte, mit den Schauspielern direkt in Kontakt zu kommen: Erst hatte sie recherchiert, wann der Sonderzug mit dem

Berliner Ensemble in Flensburg erwartet wurde. Dann ließ sie sich von einer Freundin an die letzte Station vor Flensburg bringen und passte dort den richtigen Moment ab, um unter „Einsatz ihres Lebens“ auf den anfahrenden Zug aufzuspringen. Im Sonderwagen übergab sie einer verwunderten, aber überaus freundlichen Marianne Hoppe einen Veilchenstrauß mitsamt ihrem Bittbrief und erhielt sofort die ermunternde Zusage, man werde dafür sorgen, dass wir die Abendvorstellung besuchen könnten. Wir sollten nur eine Stunde vor Aufführungsbeginn im Theater sein.

Ich hatte zwar schon damals, als Kathi diese Geschichte zum ersten Mal erzählte, meine Zweifel gehabt, ob sich das alles wirklich so zugetragen hatte. Tatsache war aber, dass wir abends wirklich im Deutschen Haus oben im Rang auf den Stufen zwischen den Blöcken saßen mit bestem Blick auf die Bühne. Also ließ ich ihr die Freude und ergänzte nur das kleine Detail, dass wir Kathi nach der Aufführung in unserer Lieblingskneipe *Maaß* hochleben ließen.

„Ja, bei *Maaß* haben wir so einiges gefeiert; auch 1937 meine bestandene Führerscheinprüfung!“, meinte sie stolz.

„Ich dachte erst, es sei ein Aprilscherz. Doch schnell hast du mich dann von deinen Fahrkünsten überzeugt.“

„Aber bereits eine Woche später war es mit meinem guten Ruf schon wieder dahin“, wandte Kathi ein. „Protzig war ich bei St. Nikolai zur Chorprobe vorgefahren.“

„Leider hatte schon auf dem Hinweg der Motor gestockt, sodass wir, am Hang anrollend, starten mussten. Da hätten wir schon hellhörig werden müssen“, sagte ich.

„Nach der Probe jedenfalls sprang der Wagen nun gar nicht mehr an. Und da ich dummerweise vor dem Parken am Kirchberg nicht gewendet hatte, rutschen wir nun langsam, aber unaufhaltsam rückwärts bis auf die Straßenbahnschienen hinunter ..."

„... wo wir ein tüchtiges Verkehrschaos verursachten. Der Kirchenchor stand drum herum und kringelte sich vor Vergnügen, alle Eleganz war nun dahin."

„Mann, was war mir das peinlich! Danach bin ich lieber wieder mit dem Rad zu den Proben gekommen. Wiebke, wann hast du eigentlich Führerscheinprüfung gemacht?"

Jetzt hatte sie mich auf dem falschen Fuß erwischt. „Ich habe keinen Führerschein", musste ich notgedrungen zugeben.

„Wie, dein Vater ist Ingenieur, und du hast keine Fahrerlaubnis?" Kathi verstand die Welt nicht mehr.

„Ach, weißt du, wir hatten bisher noch nie ein eigenes Auto. Was hätte ich da mit einem Führerschein anfangen sollen!", tat ich nun ganz abgeklärt. „Außerdem ist auch meine Mutter bisher ohne Führerschein durchs Leben gekommen. Dann scheint er ja nicht wirklich überlebenswichtig zu sein!"

„Aber wenn...", warf Kathi ein, doch ich unterbrach sofort wieder: „Aber wenn ich ihn doch irgendwann einmal brauchen sollte, kann ich ihn ja immer noch machen. Ich bin schließlich noch jung."

„Das stimmt natürlich", gab Kathi zu. „Und wenn ich es geschafft habe, wirst du es auch schaffen. Ganz gestimmt."

Während unseres munteren Schwatzens war die Nacht vergangen, und in mystischen Farben erwachte der neue Tag. Endlich erkannte man auf der anderen Uferseite der Ilmenau schemenhaft die herrlichen Gründerzeit-Villen von Lüneburg sowie den backsteinernen Kirchturm von St. Johannis: Dieser Ausblick war wirklich eindrucksvoll.

Bald fuhr auch schon der erste Zug Richtung Norden ein. Er sollte Kathi und mich bis nach Lübeck bringen, und tatsächlich schafften wir es, zwei Sitzplätze zu erobern. Das Schwierigste war jedoch, mein Rad unterzubringen, die Packwagen quollen über. Doch mit Überzeugungskraft und ausgeklügelter Stapelkunst ließ sich auch dieses Problem bewältigen.

8. Lübeck – Heimat meiner Vorväter

Mittags kamen wir in Lübeck an und erfuhren, dass wir hier mindestens bis in die Abendstunden Aufenthalt haben würden, bevor die nächste Bahn nach Kiel abginge. Also blieb genug Zeit für einen Erkundungsgang in Richtung Altstadt. Kathi zog es allerdings vor, im Bahnhof zu warten. Ich hätte sie zwar gern überredet mitzukommen, doch wusste ich, was für ein Sturschädel sie sein konnte. Also verzichtete ich notgedrungen auf ihre Gesellschaft und zog alleine los.

Vom Backsteinbau des Hauptbahnhofs aus ging ich zunächst unter den Arkaden weiter und hielt mich dann östlich in Richtung der berühmten Lübecker Altstadt. Wenn ich mich richtig erinnerte, müsste man schon vom Lindenplatz aus das majestätische Holstentor und das Panorama mit seinen charakteristischen sieben Türmen sehen können.

Als ich dann aber endlich freien Blick hinüber zur Altstadtinsel hatte, erschauderte ich: Wo vormals prächtige Patrizierhäuser aus der Blütezeit der Hanse gestanden hatten, waren nun nur noch Ruinen zu sehen, von den markanten Kirchtürmen von Sankt Marien standen lediglich die Backsteinfundamente, der Turmhelm der St.-Petri-Kirche fehlte, und auch der Lübecker Dom hatte massive Schäden davongetragen. Was für eine geschundene Stadtsilhouette!

Ob meines Entsetzens schalt ich mich nun selbst einen Esel. Was hatte ich denn erwartet? Dass ausgerechnet Lübeck von den Kriegsfolgen verschont geblieben war und sich im ungetrübten Glanze meiner Erinnerungen präsentierte? Dabei war die stolze Hansestadt doch gleich das erste zivile Ziel gewesen, das 1942 von der britischen Luftwaffe ins Visier genommen worden war. Es war ein präzise durchgeplantes Flächenbombardement gewesen, bei dem Tausende von Brand-, Phosphor- und Sprengbomben nach einer festgelegten, grausamen Choreographie die Stadt in Schutt und Asche gelegt hatten. Die Absicht hinter diesem mörderischen Plan: den Widerstand der Zivilbevölkerung zu brechen und Rache für den Angriff der deutschen Wehrmacht auf Coventry zu nehmen.

Natürlich dachten alle Kriegsstrategen, egal welcher Nation, ähnlich, doch die Folgen waren überall ebenso furchtbar wie sinnlos!

Ob wohl die Villa meines Großvaters den Bombenterror überstanden hatte? Es war nämlich seine *Villa Marly* gewesen, die 1886 als erstes Haus im heutigen Villenviertel erbaut worden war: Ein hochherrschaftliches Gebäude in unmittelbarer Uferlage, errichtet in Wilhelminischem Stil aus hellem Stein, mit dorischen Säulen, raumhohen Fenstern und einer repräsentativen Veranda, die den weiten Blick auf die Wakenitz freigab; ein Juwel inmitten eines parkähnlichen Geländes mit hohem Baumbestand. Genau hier hatte mein Großvater, der erfolgreiche Apotheker Peter August Sönnichsen, die Familienvilla für sich, seine geliebte Gattin Johanna Emilie und die gemeinsamen sechs Kinder bauen lassen.

Ihn, den gebürtigen Lübecker, der sich als Apotheker in Hadersleben einen exzellenten Ruf erworben hatte, zog es wieder zurück in seine Heimat. Jahrzehntelang war er im ersten Morgengrauen durch Wiesen und Wälder gezogen, um die Heilkräuter ganz frisch zu pflücken und später Gesundheitstees, Cremes und andere Arzneien daraus herzustellen. Wie die Familienerzählungen überlieferten, hatte sich Großvater ein immenses Heilwissen angeeignet. Immer war er sehr rege und arbeitsam gewesen und hatte nie Urlaub gemacht, da er es für „Zeitverschwendung“ hielt. Dafür aber hatte sich bei ihm eine andere fixe Idee festgesetzt: Er wollte mit 50 Jahren finanziell so unabhängig sein, dass er sich zur Ruhe setzen und den Lebensabend genießen könne. Und tatsächlich setzte er dieses Ziel um, sehr zum Erstaunen seiner Umgebung. Neben seinem Fleiß war Großvater nämlich auch ein kühl kalkulierender Geschäftsmann, der sein Bauvorhaben solide mit dem Erlös seiner Apotheke in Hadersleben finanzierte, die er 1883 gewinnbringend verkauft hatte. Und da man einen bescheidenen Lebensstil pflegte, würde die Familie durchaus vom Ersparten leben können.

Dieses Detailwissen verdankte ich dem glücklichen Umstand, dass in der Großfamilie Sönnichsen die Tradition der Ahnenforschung sehr hochgehalten wurde. Vor allem mein Vater verwandte viel Zeit und Leidenschaft darauf, unser beeindruckend großes und ausnehmend schönes Familienbuch zu führen und auszugestalten.

Schon aus der Präambel sprachen Familienstolz und Tradition, denn unter anderem stand dort:

„Mit dem vollendeten 16. Lebensjahr erhält jedes Mitglied der Familie Sönnichsen die Berechtigung, seinen Namen in dieses Buch einzutragen, welches zu dem Zweck angelegt ist, um unter den Mitgliedern der Familie das Zusammengehörigkeitsbewusstsein zu fördern, um den nachfolgenden Generationen zu zeigen, wie sich die Vorfahren in schwerer Arbeit aus kleinen Anfängen empor gerungen haben und um ihnen in der dankbaren Verehrung der Väter einen Ansporn zu geben, das begonnene Werk fortzusetzen: beizutragen zur Ehre und zum Blühen und Gedeihen der Familie.

Aus solchem Familiensinn heraus wird sich kraftvoll die Liebe zur Heimat entfalten und eine Gewähr dafür sein, daß das Vaterland auf uns zählen kann, wenn es gilt, für Recht und Freiheit einzutreten nach dem friesischen Wahlspruch: ‚Lieber tot als Sklave'."

Viele Großfamilien mochten stolz auf ihre Vorfahren und die Familientraditionen sein. In der Familie Sönnichsen aber schien wirklich ein ganz außergewöhnlicher Familienzusammenhalt geherrscht zu haben, wenn ich hörte, wie mein Vater und auch meine Onkel immer wieder davon schwärmten. Ihre Eltern hatten eine liebevolle und von gegenseitigem Respekt getragene Ehe geführt, aus der zunächst beinahe im Jahresabstand die Kinder Peter, Richard, Theodor und Sophie hervorgegangen waren. Mit fünf Jahren Abstand erblickte dann mein Vater das Licht der Welt, und zehn Jahre später vervollständigte Nesthäkchen Elisabeth die Familie. Für alle Kinder galt, dass man die Mutter innig liebte und auf Händen trug: Sie war die gütige Seele der Familie, die den künstlerischen Sinn aller Familienmitglieder förderte und zugleich eine außergewöhnlich herzliche Form der Gastfreundschaft pflegte.

In jenem Jahr also, in dem Klein Elisabeth geboren wurde, beschloss mein Großvater, sich an seinem 50. Geburtstag ganz vom Geschäft zurückzuziehen, mit seinen Lieben nach Lübeck überzusiedeln und sich dort ganz der Familienpflege und dem großen Garten zu widmen. Und drei Jahre später dann wurde die Villa Marly mit ihrer gemütlichen und anregenden Atmosphäre tatsächlich zum neuen Versammlungsort aller Familienmitglieder.

Ich musste lächeln: Was für ein schönes Lebensziel es doch war, sich mit 50 Jahren zur Ruhe zu setzen und dann endlich mehr Zeit für die Familie zu haben. Sogar mein Vater, der ja unfreiwillig in den politisch motivierten Zwangsruhestand versetzt worden war, hatte sich über diesen Vorzug gefreut. Vor allem an langen Winterabenden, wenn sich die Familie in der warmen Wohnstube versammelte, hatte er sich erst eine Zigarre angesteckt und uns dann mit Erzählungen aus seinem Leben unterhalten. Auch diese Kindheitserinnerungen gehörten dazu:

„Diese Villa war damals das erste Gebäude auf freiem Felde, jetzt ist das ganze Gelände ein dicht besiedeltes Villenviertel. Der große Garten erstreckte sich leicht abschüssig bis hinunter ans Ufer der Wakenitz, die hier einige 100 Meter breit ist und wie ein großer See wirkt. An einer Brücke am Wasser lag unser Boot, mit dem ich jeden Morgen mit unserem Knecht hinüberruderte ans jenseitige Ufer, um von dort meinen Weg in die Schule anzutreten, denn die Moltke-Brücke existierte damals noch nicht. Nur im Winter, wenn Eisbildung auf der Wakenitz die Bootsfahrt verhinderte, war ich genötigt, den weiten Umweg durch das Burgtor zu machen."

Außerdem erzählte er uns von der Deutsch-Nordischen Handels- und Industrieausstellung, die vom 21. Juni bis zum 20. September 1895 auf dem ehemaligen Gut Marly stattfand und von den Lübeckern als „Weltausstellung“ gefeiert wurde. Zu diesem Zweck wurde dann auch die Moltke-Brücke gebaut, die Vaters Schulweg deutlich vereinfachte und verkürzte.

Ach, dachte ich, was tat es gut, sich seiner Großfamilie so nah zu wissen. Spontan beschloss ich, mich auf die abenteuerliche Suche nach dem Herrenhaus meines Großvaters zu machen.

Nachdem ich das majestätische Holstentor durchschritten hatte, das erstaunlich wenige Kriegsspuren zeigte, überquerte ich die Trave und folgte der Holstenstraße den Berg hinauf. Erstaunlich, wie akkurat man hier die Häuserzeilen – zur Rechten den `Holstenkrug`, zur Linken eine Buchhandlung mit Fachwerk im Erdgeschoss – innerhalb von nur drei Jahren wiederhergestellt hatte. Auch das Kopfsteinpflaster sah frisch verlegt aus, und der metallische Glanz der Straßenbahnschienen deutete darauf hin, dass die Stadtbahn in diesem Viertel schon wieder fuhr. Abseits der Paradestraßen aber herrschte Elend und Zerstörung, soweit das Auge reichte. Offensichtlich strömten täglich neue Flüchtlinge in die Stadt, denen es nicht nur an Kleidung, Betten und Öfen fehlte, sondern auch an einem Dach über dem Kopf. Es war bedrückend zu sehen, wie viele dieser armen Kreaturen sich eine provisorische Bleibe aus zeltähnlich aufgespannten Decken gebaut hatten, um sich wenigstens notdürftig gegen Wind und Wetter zu schützen. Die hygienische Situation war so elend, dass Seuchengefahr bestand: Krätze und Ungezieferplagen war da noch das Harmloseste. Doch auch dort, wo es inzwischen wieder intakte Gasleitungen gab, durfte seit dem 20. März kein Gas mehr entnommen werden. Die Stimmung in der Stadt war sehr gedrückt. Und so sah ich zu, dass ich die Altstadtinsel möglichst schnell in nordöstlicher Richtung wieder verließ.

Kurz nachdem ich die Kanaltrave – den nordöstlichen Arm der Trave – überquert hatte, erreichte ich auch schon das Westufer der Wakenitz und folgte ihr in nordwestlicher Richtung. Dort drüben, am Ostufer, müsste sich nun die Kaiser-Wilhelm-Straße befinden, in der damals die Villa Marly gestanden hatte. Doch nein, es war die Jürgen-Wullenwever-Straße, wie ich leider feststellen musste. Schade! Ich ging dennoch weiter, beschaute mir die Villen am anderen Ufer … und erblickte plötzlich ein Herrenhaus, das dem Bild der Villa Marly überraschend ähnlich sah. War sie es? Doch, sie musste es sein! Möglicherweise war nur die Straße umbenannt worden. Ich jedenfalls war zutiefst davon überzeugt, dass ich das Haus meiner Vorväter gefunden hatte, und kehrte nun beruhigt zum Bahnhofsgelände zurück.

Kathi war ehrlich beeindruckt von meinen Berichten und meinte anerkennend: „Na, dann war er wohl ein bedeutender Mann, dein Großvater. Was hat er denn beruflich gemacht?“

„Er war Apotheker, genauso wie mein Onkel Theodor.“

„Hast du deinen Großvater noch kennengelernt?“

„Nein, leider nicht. Er starb im November 1916, mit fast 80, an einem Herzschlag. Es ging alles so schnell, dass ihm nicht einmal mehr Onkel Richard helfen konnte. Das war doppelt schlimm für ihn, denn er war Arzt und musste dennoch hilflos zusehen, wie sein Vater in seinen Armen starb. Nach diesem Schicksalsschlag holten wir Großmutter

Johanna Emilie zu uns nach Wandsbek, in das Haus, in dem ich später geboren wurde. Kurz nachdem auch sie gestorben war, zogen wir nach Kollund."

„Dann hast du ja gar keine Großeltern mehr", stellte Kathi mitfühlend fest. „Hast du denn noch Kontakt zu deinem Onkel Theodor?"

„Nein, er ist leider auch schon verstorben."

„Ist er im Krieg gefallen?"

„Nein", antwortete ich energisch und war selbst etwas verwundert, warum ich Kathis Neugier plötzlich als unangemessen und störend empfand. „Soweit ich mich erinnere, starb er infolge eines Unfalls."

„Hm, denn wenn er auch etwas am Herzen gehabt hätte, könnte das vielleicht erblich sein."

Das ging nun wirklich zu weit; als nächstes würde sie mich wahrscheinlich fragen, ob auch mein Vater Herzprobleme habe. Also musste ein überraschender Themenwechsel her.

„Kathi, wusstest du eigentlich, dass es noch einen anderen Apotheker in meinem Leben gab? Einen, der mich vielleicht sogar hätte heiraten wollen?"

„Nein!", staunte sie. „Davon hast du nie erzählt. War es was Ernstes?"

„Nun", antwortete ich feixend, „ich war damals achtzehn. Und er war ein solcher Angeber, dass es mir sogar eine diebische Freude bereitete, dem heiratswilligen Herrn eine Lektion zu erteilen. Wahrscheinlich war es gar nicht so sehr die Tatsache, dass er als vierzigjähriger, wohlsituierter Apotheker auf so armselige Art und Weise versuchte, doch noch an eine Frau zu kommen. Es war, glaube ich, vor allem sein zur Schau gestelltes Ariertum und die geradezu lächerlich wirkende Linientreue, die mich buchstäblich zum Widerspruch zwang."

Und nun erzählte ich die gesamte Geschichte von dem einsamen Apotheker aus Franken, der auf der Suche nach einer Frau fürs Leben war. Seine Not schien wirklich groß zu sein, denn seltsamerweise hatte er sich inzwischen mit Initiativbewerbungen an verschiedene Apotheken im Reichsgebiet gewandt, darunter auch die Apotheke meines Onkels Theodor in Brake. Darin schrieb der Heiratswütige, es sei ihm leider nicht gelungen, durch Annoncieren in den Apothekerzeitschriften eine passende Kollegin unter 29 Jahren aus wirklich gesunder Familie als Ehegefährtin zu finden. Dann pries sich besagter Apothekenbesitzer als Arier, Protestant und germanischen Typ im besten Alter an. Außerdem sei ihm ein schuldenfreies, sehr schön gelegenes Haus bereits zugesprochen. Sein 80-jähriger Vater verfüge zudem über eine Hypothek, welche ihm vor kurzem zurückbezahlt worden sei. Seine Mutter jedoch sei schon „zu ihrem Heilande heimgegangen", und Geschwister habe er nicht.

Diesen „Werbebrief" also gab Onkel Theodor mit süffisantem Grinsen an mich weiter und meinte: „Wiebke, vielleicht ist das ja ein Fall für dich!" Im Weiteren formulierte der Heiratskandidat nämlich ebenfalls sehr präzise seine Forderungen an die Zukünftige: Außer der Vorliebe für höhere Wissenschaften kenne er als Ideal nur „das Glück der Familie und unseres germanischen Volkes". Und daher lege er Wert auf eine Frau, welche die Tugenden der Häuslichkeit und unbedingter Treue pflege. „Bild steht auf Wunsch zur Verfügung. Anonym zwecklos. Vermittlung angenehm. Hochachtungsvollst!", so endete dieser erste Brief.

Die selbstverliebte Darstellung der persönlichen Vorzüge sowie das Propaganda-Geschwätz stachelten mich an, dem

Absender mal so richtig Kontra zu geben. Selbstverständlich legte ich mir zunächst ein Pseudonym zu und richtete bei der Flensburger Poststelle ein separates Postfach ein. Dann nahm ich zum Spaß seinen „Arier-Jargon" an und antwortete ihm, dass auch ich Germanin von nordischem Typ sei, blondhaarig, stabil gebaut, mit gesundem Gebiss und evangelisch. Ich sei gut bekannt mit der dänischen Küche, gut verwandt mit verschiedenen Apothekern, entstamme einem uralten Geschlecht und sei daher selbst wohl situiert. Dann beschrieb ich mich als volksverbunden, häuslich, nicht untüchtig und unter 29 Jahren alt und forderte ihn auf, mir umgehend zu antworten und ein Foto mitzuschicken. Dann gab ich den Brief in Flensburg auf.

„Und", gierte Kathi, „wie hat er reagiert?"

„Tatsächlich antwortete der Lackel innerhalb von nur drei Tagen, diesmal handschriftlich und mit einem feschen Foto in Lederhosen, allerdings mit ziemlich linkischem Lächeln. Erst versicherte er mir, dass auch er aus einer alteingesessenen Familie stamme. Dann aber jammerte er, dass sein Interesse für die Tonkunst und die Malerei leider in den Hintergrund treten müsse mit Rücksicht auf seinen zeitraubenden Beruf. Leider sei dennoch die Rentabilität seines Unternehmens nicht besonders groß. Er appellierte also noch einmal an die unbedingte Sparsamkeit seiner potentiellen Partnerin. Gleichzeitig aber betonte er, unter den Nicht-Apothekerinnen Auswahl genug zu haben, weil er trotz seiner 40 Jahre eine deutlich jüngere Ausstrahlung habe."

„Nicht besonders charmant, wenn man bedenkt, dass er doch auf der Suche war und bisher noch keine Dame dauerhaft von sich überzeugen konnte", bemerkte meine

Reisefreundin trocken und hob die rechte Augenbraue. „Aber deinen Arier-Ausweis oder ein Gesundheitszeugnis musstest du ihm nicht schicken, oder?!"

„Das nicht" antwortete ich, „doch listete er nun tatsächlich die Krankheiten auf, die einer Partnerschaft im Wege stehen würden. Sinngemäß schrieb er:

„Außer auf Häuslichkeit sehe ich noch auf Gesundheit: In der Verwandtschaft soll kein Krebs, Tuberkulose, Diabetes und Geisteskrankheit vorgekommen sein, ebenso soll die Dame keine größeren Operationen oder Bruch besitzen.

Mit aller Offenheit habe ich Ihnen alles klargelegt, wobei ich noch die Bedingung hinzufügen muss, dass jede Frau meinen Beruf vollständig erlernen und ausüben muss."

Kathi runzelte die Stirn: „Na, das wird ja immer bunter! Hast du darauf überhaupt noch geantwortet?"

„Ich antwortete ihm, ließ ihn aber diesmal einen Monat lang zappeln. Dann schickte ich ihm einen Brief, der an Sarkasmus und gespielter Dummheit kaum zu überbieten war: Erst schmeichelte ich der Schönheit seiner Waden; dann tat ich so, als vermutete ich Franken in Österreich und ließ ihn wissen, dass mich unser Altersunterschied von 22 Jahren nicht weiter störe. Schließlich aber knüpfte ich mir seine Liste an unerwünschten Krankheiten vor und assoziierte sie in völlig falschem Zusammenhang, gerade so, als hätte ich sie noch nie gehört. Vor allem aber erfand ich einen geistesgestörten Vorfahren."

„Recht so", rief Kathi anerkennend. „Diesem unverschämten Kerl gehörte eine Abreibung verpasst." Dann aber schaute mich Kathi ganz unvermittelt sehr ungläubig an. „Wiebke, gib zu, die ganze Geschichte hast du dir nur ausgedacht! Das klingt einfach alles zu unwahrscheinlich."

„Nein, Kathi, glaub mir: Es gab ihn wirklich, diesen blasierten arischen Lackel mit seiner Gesundheitsliste. Wenn du mir nicht glaubst, musst du mich gerne mal in Kollund besuchen kommen. Dann zeig ich dir die Briefe."

„Gut, nehmen wir diese alberne Geschichte zum Anlass, uns nach unserer Rückkehr mal zum Briefelesen zu treffen. Doch jetzt lass gut sein! Komm, ich würde mir gern noch ein wenig die Beine vertreten."

Sofort ließ ich mich überreden und ging mit ihr in Richtung Trave. Kathi jedoch hatte weniger ein Auge für die Schönheit des Ufergeländes, als vielmehr für die über uns hinwegziehenden Wolkenformationen. Irgendwann blieb sie stehen, deutete auf eine Schäfchenwolke und meinte: „Ach Wiebke, wäre es nicht herrlich, wenn wir so dahinfliegen könnten? Wir wären in kürzester Zeit an der Flensburger Förde. Bei der Familie. Endlich wieder daheim."

Die Stimmung drohte zu kippen. Doch Melancholie konnte ich gerade gar nicht vertragen. Es trennten uns nur noch wenige Kilometer von unserem Ziel, nur noch wenige Stunden. Da würde man auf den letzten Metern doch wohl nicht wehmütig werden!

Um meine Freundin wieder aufzuheitern, erzählte ich ihr also die abenteuerliche Reise meines Vaters an Bord des Luftschiffes *Hansa*. Eigentlich hatte er auf dem Flugplatz von Lübeck nur die spektakuläre Landung des 150 Meter langen Zeppelins miterleben wollen, der inzwischen auch als Verkehrsluftschiff in der zivilen Luftfahrt eingesetzt wurde. Dann aber erfuhr Vater durch Zufall, dass im Fluggastraum noch ein Platz frei sei. Kurz entschlossen kaufte er die Fahrkarte zum stolzen Preis von 125 Mark und nahm in einem der Sessel an der Panorama-Fensterfront Platz. Abends um halb sieben startete dann der Flug, und mein Vater fühlte sich dabei wie ein Pionier der Luftfahrt: Zunächst stieg das Luftschiff auf einige Hundert Meter in die Höhe, dann schwebte es nach Travemünde und Timmendorf hinüber. Weiter ging die wunderliche Fahrt bis nach Hamburg, man kreiste über dem Hafengelände und fuhr dann weiter die Elbe abwärts, bis der Zeppelin schließlich um neun Uhr abends an der Luftschiffhalle von Fuhlsbüttel landete.

Insgesamt waren es gerade einmal zehn zahlende Fluggäste gewesen; und einer dieser mutigen Reisenden war mein Vater gewesen!

Das erfüllte mich in diesem Moment mit großem Stolz. Und es führte mir vor Augen, wie viel Mut und Geradlinigkeit, Geschäftssinn und Kämpfergeist meine Vorväter mir in mein Leben mitgegeben hatten, getreu dem Familien-Wahlspruch: „Lieber tot als Sklave".

9. Kiel: Zwischen Traum und Wirklichkeit

Rechtzeitig waren wir wieder zurück am Bahnhof, um unseren Anschlusszug nicht zu verpassen: Glücklicherweise ging es schon abends weiter nach Kiel. Diesmal allerdings wurde mein Rad im überfüllten Gepäckwagen überhaupt nicht angenommen und hätte beinahe in Lübeck zurückbleiben müssen. Doch wieder kam mir das Militär zu Hilfe, dieses Mal in Person eines baltischen Offiziers, dem es mit seinem Fahrrad ebenso erging wie mir. In der Not kam ihm die geniale Idee, beide Räder hinten an den letzten Wagen anzubinden, was auch vortrefflich gelang. So konnten wir dann doch unsere Reise mitsamt unseren Drahteseln fortsetzen.

In Kiel angekommen, konnten wir nachts leider nicht direkt nach Flensburg weiterreisen, sondern mussten uns für die Nachtstunden im scheußlich stickigen Wartesaal einrichten. Überall wimmelte es von Menschen: Allein hier in Kiel vermutete man über 20.000 Evakuierte und Flüchtlinge. In besonders bedauernswürdigem Zustand waren die Vertriebenen aus den Ostgebieten, die dank ihrer beherzten Flucht den Russen gerade noch hatten entkommen können. Man erkannte sie schon von Weitem an ihrem ausgezehrten Aussehen und den mitgeführten Leiterwagen, auf denen sie ihre nötigsten Habseligkeiten untergebracht hatten. Außerdem trafen ständig Verwundetentransporte ein, vor allem von der Ostfront; man stieß auf Menschen aus den umliegenden Städten wie Flensburg und Neumünster, die bei Bombenangriffen ihr Zuhause verloren hatten und nun versuchten, bei Bekannten unterzukommen. Zudem gab es natürlich viele Reisende wie uns, die rechtzeitig ihr Zuhause erreichen wollten, bevor alles im Chaos versank. An Hygiene war unter diesen Umständen nicht zu denken, und so stank es in dem von Menschen überquellenden Bahnhofsgebäude barbarisch.

Die Not, die wir sahen, war unbeschreiblich groß. Wie gerne hätte ich den anderen geholfen, vor allem den Müttern mit ihren kleinen, teils sehr krank und abgemagert aussehenden Kindern. Aber leider hatte ich nicht einmal einen Kanten Brot, den ich hätte teilen können. Außerdem wollte ich Kathi im Gewühl nicht verlieren. Wir suchten uns also ein Plätzchen in der Nähe des Ausgangs, setzten uns auf den Boden und dösten vor uns hin.

Plötzlich riss mich Kathi aus allen Gedanken: „Erinnerst du dich noch an unseren gemeinsamen Konzertausflug nach Kiel? Zum Liederabend des berühmten Kammersängers Gerhard Hüsch? Das müsste im März 1938 gewesen sein."

„Es war der 23. März", antwortete ich wie aus der Pistole geschossen und hoffte, dass Kathi jetzt nicht gleich wieder hellhörig würde.

Ja, das war ein besonderes Konzert gewesen, auch für mich. Über das vorangegangene dreitägige „Präludium" mit dem Künstler wollte ich Kathi aber bestimmt nichts erzählen! Denn am 20. März schon hatte Gerhard mir geschrieben, ob er am 22. März zu mir nach Flensburg kommen könnte. Wie hatte ich mich gefreut! Doch kurz darauf kam noch ein Brief, in dem er die Bitte äußerte, ob wir uns nicht in Schleswig oder Lübeck treffen könnten, da er nicht gerne in einem Flensburger Hotel wohnen wolle. Als ich das las, entfuhr mir ein entschiedenes „Nein“. Er sollte nur nicht denken, dass ich ein naives kleines Ding sei, das man nur aus der Obhut seiner Anstandsdamen herauslocken musste. Ich bot ihm aber an, dass er gerne bei meinen Eltern in Kollund wohnen könne, wenn ihm Flensburg nicht recht sei. Zwar wusste ich nicht, wie er darauf reagieren würde, doch sollte er wissen, dass er mit solchen Vorschlägen bei mir nicht durchkäme. Ich hatte im Herbst 1937 nun einmal den taktischen Fehler begangen, dass ich damals beim Hamburger Konzert zu den Künstlern in den Reichshof gezogen war, das hätte man durchaus als Avance meinerseits verstehen können. Und wer weiß, wie die Nacht verlaufen wäre, wenn nicht Lisa Hüsch dazwischengekommen wäre. Das musste ich nun wohl ausbaden.

Spornstreichs am nächsten Tag rief Gerhard an: Er könne nun leider doch nicht kommen. Grund dafür sei ein neuer Klavierbegleiter, mit dem er mehr Probezeit benötige als ursprünglich geplant. Eine etwas dubiose Geschichte, aber egal: Zwei Tage später würden wir uns bei seinem Konzert in Kiel sowieso wiedersehen, dann allerdings in Begleitung meiner Mutter und zwei Freundinnen ...

Glücklicherweise war Kathi nicht hellhörig geworden, sondern plauderte fröhlich weiter: „Du warst tagsüber noch im Geschäft, deshalb kamen wir erst um fünf Uhr los. Meine Güte, war das eine aufregende Tour! In Andresens offenem Wagen, bei herrlichem Sonnenschein, Krischan am Steuer. Um halb sieben sammelten wir deine Mutter am

Kieler Bahnhof ein. Dann aßen wir im Europäischen Hof zu Abend."

„Von dort aus rief ich Gerhard an und fragte nach unserem Treffpunkt." Ich verschwieg, dass ich den armen Mann frisch aus der Badewanne geholt hatte.

„Stimmt genau: Am *Haus der Arbeit* wollten wir uns treffen, damit dein Gerhard uns die Eintrittskarten übergeben könnte."

Was heißt hier „mein" Gerhard, dachte ich empört. Doch Kathi ließ mich gar nicht zu Wort kommen: „Leider kamen wir fast zu spät, denn der Weg zur Konzerthalle war viel länger als gedacht. Erst um kurz vor acht kamen wir an, da war der Künstler natürlich längst wieder hinter der Bühne."

„Die vier Karten hatte er uns aber klugerweise an der Kasse hinterlegt."

„Ja, auf deinen Namen! Dritte Reihe Mitte! Ein Traum! Wir mussten zwar die bereits sitzenden Konzertbesucher aufscheuchen, um zu unseren Plätzen zu kommen. Aber kaum saßen wir, begann auch schon das Konzert. Noch nie habe ich die *Winterreise* so intensiv erlebt! Es war wirklich grandios!"

Ich konnte ihr nur beipflichten: Gerhard sang so wundervoll, und ebenso wundervoll begleitete ihn Udo Müller, sein erfahrener Klavierbegleiter, den ich schon ein halbes Jahr zuvor bei Gerhards Liederabend in Hamburg kennengelernt hatte. Also war Gerhards „Korrepetitoren-Problem" wohl wirklich nur eine Ausrede gewesen. Schade!

Doch nicht einmal die Enttarnung dieser kleinen Unehrlichkeit konnte den Musikgenuss trüben. Verbitterung und Resignation, Leidenschaft und größter Schmerz: Alles dies so darstellen zu können, dazu gehörte eine ganz große seelische Kraft. Und über die verfügte Gerhard, da sollte mir nur keiner etwas anderes einreden. Außerdem freute es mich sehr, wie einfühlsam Udo ihn vom Klavier aus auf musikalischen Schwingen durch den Abend trug. Erstmals konnte ich die Leistung seiner Begleitung richtig erkennen und würdigen.

„Nach den 12 Liedern des ersten Teils war Pause, und ich musste dich etwas drängeln, endlich zum Künstlerzimmer zu gehen", schwatzte Kathi weiter.

„Genau genommen musste ich euch davon abbringen, mitzukommen, um den erholungsbedürftigen Künstler nicht in seiner Ruhe zu stören!", stellte ich klar. „Natürlich freute sich Gerhard, dass es mit der Kartenübergabe geklappt hatte und dass wir zu dem Konzert gekommen waren." Wörtlich hatte er zwar gesagt: „Schön, dass *du* da bist", aber auf Wortklaubereien verzichtete ich besser.

„Und auch Udo war rührend nett. Er war der Ruhepol und strahlte eine so große Sicherheit aus. Das war für Gerhard an diesem Abend doppelt wichtig, denn der machte schon in der Pause einen völlig erschöpften Eindruck. Dabei hatte er den schwereren Teil des Konzertabends ja noch vor sich: Schuberts *Fortsetzung der Winterreise*."

Auch den weiteren Verlauf unseres Gesprächs behielt ich für mich. Denn müde lächelnd hatte Gerhard dann unseren Freund Yrjö Kilpinen zitiert: „Kraft durch Freude ist ja ganz schön, aber Kraft durch Schmerz, das ist erst das wahrhaft Große." Und das traf nun einmal in besonderem Maße auf die *Winterreise* zu, wenn sie richtig gesungen wird!

Kathi war immer noch in ihrem Element: „Ich kann mir schon vorstellen, dass so ein Liederabend für den Künstler wirklich anstrengend ist: So anspruchsvolle Musik, so viel

Gefühl. Und dann so ganz allein auf der Bühne. Aber dein Gerhard hat es bestens gemeistert. Er hat alle im Publikum verzaubert. Der tosende Beifall wollte gar nicht mehr enden. Als Zugabe dann noch Schuberts *Du holde Kunst*, was für ein würdiger Abschluss."

„Leider mussten wir nach dem Konzert ja dann ziemlich schnell aufbrechen, um noch bis nach Flensburg zurückzukommen", murmelte ich. „Aber immerhin waren wir noch dabei, als Gerhard meine Mutter begrüßte."

„Stimmt", pflichtete Kathi mir bei. „Es machte wirklich den Eindruck, als habe er sich ganz besonders gefreut, dass ausgerechnet deine Mutter mit im Publikum saß. Ach, wir waren alle noch so ergriffen von dem Konzert! Und auch nachher im Wagen sagten wir bis Eckernförde kein Wort."

„Dann aber fanden wir unsere Stimmen wieder und sangen lauthals, bis wir um ein Uhr wieder in Flensburg waren", ergänzte ich.

„Was für ein unvergessliches Erlebnis!", seufzte Kathi.

Und in Gedanken bekannte ich vor mir selbst: Genau genommenen war dieser Ausflug sogar mein schönstes Erlebnis in jenem Frühling gewesen.

Natürlich hatte ich darauf gehofft, im Anschluss wieder enger mit Gerhard in Kontakt zu stehen. Doch leider herrschte zunächst wieder Sendepause. Erst zu Ostern schrieb mir Gerhard eine Karte zu Ehren des Jahrestages unserer Bekanntschaft und berichtete, dass er nun wirklich Professor in München geworden sei. Das freute mich außerordentlich für ihn, und ich hoffte sehr, dass er dadurch finanziell unabhängiger würde und damit auch künstlerisch freier agieren könnte.

Bevor ich meine Gedanken weiterspinnen konnte, unterbrach mich Kathi: „Sag mal, Wiebke, hast du auch so einen Hunger wie ich? Ich könnte ein ganzes Wildschwein verschlingen!“ Dann schnürte sie ihren Rucksack auf und holte einige Scheiben trockenes Brot heraus. Leider waren sie am Rand schon etwas angeschimmelt, aber das störte Kathi nicht weiter. Offensichtlich war sie wirklich kurz davor zu verhungern.

Auch ich hatte seit Ewigkeiten nichts mehr gegessen. Und da das Ende unserer Reise nun greifbar nahe war, musste auch ich nicht mehr ganz so streng mit meinen Vorräten haushalten. Mein Proviant hatte schließlich nur aus dem Wurstbrot von Mutti Hüsch bestanden – das ich schon bis Augsburg verputzt hatte – und einem Kilo Zucker, das ich mir über die Lebensmittelmarken zusammengespart hatte. Nun aber, da Kathi fröhlich kauend neben mir saß, konnte auch ich mich nicht mehr zurückhalten. Wie eine Süchtige schüttete ich mir den letzten Rest des kristallinen Stoffes in den Mund, kaute gierig darauf herum, bis sich ein süßer Zuckerbrei gebildet hatte, und schluckte ihn dann in kleinen Portionen herunter. Davon wiederum wurde ich schrecklich durstig, wollte aber meinen Sitzplatz neben Kathi nicht aufgeben, um auf dem überfüllten Bahnhofsgelände nach einer Trinkwasserquelle zu suchen. Also schloss ich die Augen, versuchte zu entspannen und vielleicht noch eine Mütze Schlaf zu bekommen.

Halb dösend, halb träumend gab ich mich also meinen Gedanken hin und landete sofort wieder bei der großen Künstlerpersönlichkeit, die nun schon seit acht Jahren eine so wichtige Rolle in meinem Leben spielte und meine Gefühlswelt auf den Kopf stellte: Gerhard Hüsch!

Ich erinnerte mich an unser erstes Zusammentreffen in Flensburg, es war der 12. April 1937: Auf dem Programm des „Nordischen Abends“ standen Lieder des finnischen Komponisten Yrjö Kilpinen, dargebracht vom berühmten Münchener Bariton Gerhard Hüsch. Am Mittag dieses 12. April nun stieß ich vor dem Flensburger Musikgeschäft, in dem ich damals arbeitete, mit einem Mann zusammen, der dem prominenten Sänger verblüffend ähnlich sah. War es Fügung? Denn zufällig war ich gerade auf dem Weg zu dem Konzertsaal, um zusammen mit meiner Freundin Krischan heimlich der Probe des großen Künstlers zu lauschen. Doch leider erschien kein Gerhard Hüsch. Nach einer Stunde des erfolglosen Wartens wollten Krischan und ich gerade wieder gehen, da begegneten wir erneut diesem Mann, mit dem ich vor dem Laden zusammengestoßen war. Und tatsächlich stellte sich heraus: Es war Gerhard Hüsch! Er erlaubte uns, bei der Probe zuzuhören, ergänzte aber: „Ich singe jetzt nicht, ich markiere nur.“ Doch auch dies genügte, um uns deutlich zu machen, dass Kilpinens *Lieder um den Tod* von unendlicher Schönheit und Tiefe sind. Leider konnten wir nicht bis zum Ende der Probe bleiben, da ich wieder ins Geschäft zurück musste. Allerdings verließen wir den Saal in der Gewissheit, dass der bevorstehende Abend ein ganz besonderer Kunstgenuss werden würde. Im Rausch unserer Vorfreude kauften Krischan und ich unterwegs noch einen bunten Frühlingsstrauß nebst zwei Ostereiern, schrieben ein Grußkärtchen und brachten alles ins Bahnhofshotel, in dem Gerhard Hüsch für die Nacht absteigen würde. Dort baten wir den Concierge, unsere Gaben dem Ehrengast zu überbringen, und zogen uns dann zurück.

Das abendliche Konzert aber übertraf unsere Erwartungen noch bei Weitem. Ach, es war so herrlich, und Gerhard Hüsch sang so wunderbar! Beim Applaus am Ende trat auch der Komponist auf die Bühne, und man spürte sofort die Vertrautheit und enge Freundschaft, welche die beiden Musiker verband.

Nach dem Konzert richtete Johannes Röder uns aus, dass Gerhard Hüsch uns gerne bei der Nachfeier dabeihätte und dass auch Yrjö Kilpinen grüßen ließe. Als dieser just in diesem Moment die Treppe herunterkam, stellte der „Großfürst" uns schnell einander vor und verschwand dann im Gewühl der hinausströmenden Konzertbesucher. Wir konnten es kaum fassen, dass wir jetzt wirklich dem großen finnischen Meister gegenüberstanden. Er redete auch gleich lebhaft auf uns ein und betonte augenzwinkernd, wie schade er es fände, uns nicht früher kennengelernt zu haben, zumal, als er von unserer zurückliegenden Sommerreise nach Finnland und Estland erfuhr. Doch dann kam Gerhard Hüsch. „Ach, wie nett, dass Sie noch mit uns zusammenbleiben wollen!", rief er, als würden wir uns schon jahrelang kennen. Zu viert zogen wir also ins Restaurant. Dort wartete bereits ein Tisch mit allerlei wichtigen Leuten, die natürlich allesamt Augen groß wie Mühlräder machten, als sie ausgerechnet uns in Begleitung der Künstler den Saal betreten sahen. Es wurde eine unvergessliche Nachfeier. Als nämlich um ein Uhr allgemeiner Aufbruch war und auch wir uns auf den Heimweg machen wollten, protestierten Kilpinen und Hüsch heftigst: „Bitte, Sie müssen bleiben, denn jetzt wird es doch erst richtig nett!" Wir blieben. Und es wurde tatsächlich unbeschreiblich schön – eine Nacht, in der wir alle die Zeit vergaßen. Ein diskreter Kellner machte uns auf die nahende Sperrstunde aufmerksam, worauf wir noch fünf Flaschen Wein bestellten, diese mitnahmen und die Fortsetzung unserer Nachfeier ins Bahnhofshotel verlegten.

Ich weiß bis heute nicht, wie ich danach in mein Bett gekommen bin. Jedenfalls war ich, als ich am nächsten Morgen erwachte, noch immer hochgradig verkatert. Aber ein seliger Kater war das! Um mich herum drehte sich alles, und ich musste die Augen ziemlich aufreißen, um nicht sofort wieder einzuschlafen. Glücklicherweise war ich tagsüber allein im Laden, denn der Chef hatte externe Termine. So blieben mir wenigstens seine dummen Fragen erspart.

Vierzehn Tage nach dieser denkwürdigen Begegnung kam der erste Brief von Gerhard Hüsch an. Offenbar hatten sich unsere Briefe gekreuzt, denn auch ich hatte ihm mittlerweile geschrieben. Ich war ganz außer mir vor Freude!

Zwei Tage danach lag morgens wieder ein Brief von Gerhard im Briefkasten, und von nun an traf beinahe im Wochentakt Post von ihm ein. Anfang Juni trafen wir uns dann recht spontan für ein paar Stunden in Hamburg. Die Freude war auf beiden Seiten sehr groß, und wieder bestätigte sich, was für einen edlen Charakter Gerhard doch hatte. Denn er nutzte die traute Zweisamkeit in keiner Weise aus, sondern genoss während der gemütlichen Kaffeestunde einfach nur meine Anwesenheit. Dabei war er mir so herzlich zugetan, dass ich sicher war, ihm nicht nur die Langeweile vertrieben zu haben. Leider musste er abends schon weiterreisen, und so hoffte ich, dass unsere Pläne für ein Wiedersehen möglichst bald in die Tat umgesetzt werden könnten.

Gerhard Hüsch schrieb mir nach diesem Treffen noch ein paar Mal. Einen dieser Briefe las auch meine Mutter, als sie mich nach einem Sonntagsgottesdienst in meinem Flensburger Stübchen besuchte. Es war gut, dass sie den Brief fand, sehr gut sogar. Denn nun wusste sie um Gerhards ehrenhafte Absichten und sein gutes Herz und zeigte anschließend mehr Verständnis für meine Situation. Doch traute ich mich immer noch nicht zu fragen, ob sie damit einverstanden sei, dass ich Gerhard während seines Luftkur-Aufenthalts auf Sylt besuchen würde.

Dann aber ließ Gerhard lange nichts mehr von sich hören, bis endlich eine sommerselig-bunte Finnlandkarte kam, die er aus seinem Familienurlaub geschrieben hatte.

Die folgenden Wochen waren nicht eben schön für mich: Einerseits war ich glücklich, dass er unsere Freundschaft sogar vor seiner Familie nicht verheimlichte. Andererseits wurde mir jetzt vollends bewusst, dass aus unserer Beziehung wohl nie mehr werden könnte als eine platonische Freundschaft. Der Platz an seiner Seite war schon vergeben, und für die Rolle der heimlichen Geliebten würde ich mich nicht hergeben wollen. Es war wirklich zum Verzweifeln. Denn wenn Gerhard meine Nähe suchte und immer wieder schrieb, schien ihm in seiner Ehe wohl etwas zu fehlen, zumindest, was den geistigen Austausch anging. Tatsächlich hatte ich mich in der letzten Zeit öfter beim Tagträumen erwischt, als Frau an Gerhards Seite, umringt von unserer Kinderschar. Natürlich würde ich über solch verbotene, ja, abstruse Phantastereien niemals reden. Aber das moralische Bollwerk, das mich bisher strikt von einer Annäherung gegenüber einem verheirateten Familienvater ferngehalten hatte, schien zu bröckeln. Folglich mischte sich in meine Dankbarkeit für unsere intensive Freundschaft nun auch Neid auf seine Frau sowie Schuldgefühle wegen meiner eigenen Unmoral.

Was mich ganz besonders quälte, war das Gefühl, dass sich Mutter weiterhin Sorgen um mich machte – wegen Gerhard. Nun konnte ich meine Situation aber mit niemandem besprechen, und darum wurde es noch schwieriger. Mir selbst ging es hundeelend, ich bekam Komplexe, vertraute Gerhard und seiner Anständigkeit plötzlich nicht mehr und schrieb ihm schließlich einen langen Brief, dass es zwischen uns so nicht mehr weiterginge und ich ihn nicht auf Sylt besuchen würde. Er war erschüttert über den Brief, ein klärendes Telefonat brachte aber alles wieder ins Lot. Schließlich kam Gerhard wenigstens für ein Wochenende zu uns nach Kollund. Bei klarem, windigem Spätsommerwetter gingen wir viel spazieren und hatten wunderbare Gespräche. Man konnte sich fabelhaft mit ihm unterhalten, er war so ein feiner Kerl, und ich konnte nicht dankbar genug sein für unsere Freundschaft.

Das Verhältnis zwischen meinen Eltern und Gerhard schien sich in dieser Zeit ebenfalls zu entspannen, und Mutter war nicht mehr ganz so skeptisch. Doch konnte ich mich ihr immer noch nicht offenbaren.

Im Oktober schließlich machte ich einen Ausflug nach Hamburg zu Traute. Herrlich, mal wieder aus Flensburg rauszukommen! Mein Cousinchen holte mich am Dammtor ab, ihr neues Zimmer war zwar kleiner als das vorherige, aber sehr gemütlich, und wir klönten ausgiebigst. Am nächsten Morgen dann musste Traute zur Probe, und ich meldete mich telefonisch bei Gerhard. Natürlich hatte ich im Vorfeld mit niemandem darüber gesprochen; aber genau genommen war mein Besuch bei Traute nach Gerhards Tourenplan ausgerichtet und ich hoffte nun, ihn ganz spontan treffen zu können. Er freute sich sehr über meinen Anruf und machte den Eindruck, als hätte er ihn schon erwartet. Jedenfalls schlug er vor, dass wir uns doch sofort bei ihm im Hotel treffen könnten. Die Wiedersehensfreude war riesig, wenngleich sich bei mir zu dem freudvollen Bauchkribbeln eine bisher unbekannte Schüchternheit hinzugesellte. Wie gut, dass wir bald Gerhards Klavierbegleiter Udo Müller vom Zug abholen mussten, denn so ließen sich unbequeme Gedanken gut verdrängen. Von der Bahn ging es direkt zur Probe im Conventgarten, bei der ich zuhören durfte. Welch eine Ehre, welch ein Genuss, welch eine Seligkeit! Alle Bedenken waren vergessen, als ich spürte, wie sehr Gerhard und ich auch über die Musik miteinander verbunden waren. Spontan beschloss ich, mir abends ein Zimmer bei Gerhard im *Reichshof* zu nehmen. Ich war ohnehin zu der Erkenntnis gelangt, dass es mit einer Übernachtung bei Traute aus Platzgründen zu eng werden würde.

Als ich aber später Traute von meinen Plänen berichtete, war sie alles andere als angetan. Auch mein Einwurf, dass ich mir doch ein Einzelzimmer gebucht hatte, überzeugte Traute nicht. Richtig war mein Handeln wohl auch nicht, doch war an meiner Entscheidung nun nichts mehr zu ändern. Auf Dauer würde das Verhältnis zwischen Gerhard und mir wohl neu geordnet werden müssen. Wenn ich nur gewusst hätte, wie ...

Unmittelbar vor dem Konzert offenbarte mir Gerhard, dass gerade seine Frau gekommen sei. Die Nachricht erschütterte mich. War ihre Anreise langfristig geplant gewesen? Hatte Gerhard in Bezug auf unsere Beziehung tatsächlich nie mehr als eine rein platonische Musikfreundschaft im Sinn gehabt?

War meine Schwärmerei ihm vielleicht sogar lästig? Aber warum hatte er sich dann so sehr über unser unerwartetes Wiedersehen gefreut und es begrüßt, dass ich ein Zimmer im Reichshof buchte?

Natürlich konnte ich keine Antworten erwarten. Also beobachtete ich die rechtmäßige Frau an Gerhards Seite sehr genau, um daraus mögliche Schlüsse ziehen zu können. Ehrlich gesagt hatte ich mir Lisa Hüsch ganz anders vorgestellt, charismatischer, beeindruckender, geistreicher. Und doch war sie eigentlich genau so, wie es die Frauen von großen Künstlern häufig sind: ein bisschen farblos und eher im Hintergrund agierend, herzensgut und dabei ziemlich naiv. Das Konzert aber war ganz herrlich.

Im Anschluss daran versammelten wir uns erst im Künstlerzimmer und gingen dann gemeinsam zur Nachfeier in den *Alsterhof*. Alles war nett und amüsant. Doch war ich gefühlsmäßig völlig neben mir und konnte den Abend gar nicht richtig genießen.

Wenige Tage später, an einem grauen Novembertag, hielt ich meine innere Zerrissenheit nicht mehr aus und vertraute alle geheim gehaltenen Gedanken über Gerhard meiner Mutter an. Das war so befreiend! Mutter war wider Erwarten eine sehr verständnisvolle Zuhörerin und half mir, Klarheit in mein Gefühlschaos zu bringen. Von nun an galt also für mich der moralische Maßstab, nichts zu tun, was ich meiner Mutter nicht erzählen könnte.

Anfang Dezember, zufällig am Tag meiner zweijährigen Geschäftszugehörigkeit, telegrafierte Gerhard, ob ich nicht nach Neumünster kommen wollte, er sänge dort die *Winterreise*. Natürlich fuhr ich nicht. Aber ich rief ihn an, und es war schön, seine Stimme zu hören.

Außer einer vorgedruckten Glückwunschkarte zu Neujahr erhielt ich danach kein Lebenszeichen mehr von Gerhard. Wie schade!

In der Chronologie unserer Freundschaft folgte im März 1938 das grandiose Konzert in Kiel, bei dem auch Kathi dabeigewesen war, dann zu Ostern der Brief zum Jahrestag unserer Bekanntschaft. Auch wenn ich versuchte, meine Gefühle Gerhard gegenüber im Zaum zu halten, fieberte ich nun den Sommerferien auf Sylt entgegen – und damit auch dem Wiedersehen mit Gerhard.

Endlich hatte das Warten ein Ende: Am 30. August 1938 fuhr ich über den Damm nach Sylt. Ich war wieder an der Nordsee! Ich würde mich durchpusten lassen von der steifen Meeresbrise, die mir immer schon geholfen hatte, Krisen zu überwinden. Und ich würde Gerhard heute noch sehen! Meine Freude war unendlich groß, mein Wunsch, ihm etwas sein zu können, ebenso. Telefonisch verabredeten wir uns zu einer Strandwanderung und liefen dann stundenlang gegen den Wind am Meer entlang. Wunderschön war das! Ich spürte, dass Gerhard mich brauchte, und ich wusste, wie lieb ich ihn hatte. Das war der Kern, aus dem sich alles andere entwickeln konnte.

Am Nachmittag des Folgetages kam Mutter an. Von der moralischen Warte aus muss ich dankbar sein für ihr Kommen, denn ich hätte meine Gefühle nicht mehr lange zurückhalten können. Anschließend aber hätte ich wahrscheinlich die Achtung vor mir selbst verloren und zugleich die einzigartige Freundschaft zu Gerhard. Also freute ich mich, dass Mutters Anwesenheit Schlimmeres verhinderte. Die Tage verbrachte ich nun nicht mehr mit Gerhard, sondern großenteils mit Mutter. Doch auch Mutter und Gerhard näherten sich in unseren gemeinsamen Sylt-Tagen weiter an, spätestens nach einem schlemmerhaften Kaffeetrinken im Kurhotel und anschließender Wanderung durch die Dünen. Mutter meinte später: „Man mag den Gerhard Hüsch jedes Mal lieber." Und das freute mich außerordentlich, weil Gerhard doch auch Mutter so sehr gerne hatte. Gerhard gehörte einfach in unsere Familie, auch wenn mir die Erfüllung meiner größten Sehnsucht wohl verwehrt bleiben würde. So schwer es für mich war, dies zu akzeptieren, so sehr freute ich mich über Mutters Vorschlag, dass Gerhard gern für ein paar Tage mit zu uns nach Kollund kommen könnte. Leider lehnte Gerhard ab mit der Begründung, dass er keine einzige Stunde der heilenden Luft von Kampen entbehren könnte. Ich war darüber so selbstsüchtig enttäuscht, dass es eigentlich eine Schande war. Ich lag in seinen Armen und heulte an seiner Schulter meinen Seelenschmerz heraus, während Gerhard rührend bemüht war, mich zu trösten. Als sich meine hysterische Gefühlswelle allmählich wieder legte und ich, innerlich leer, nur noch leise schniefte, bückte sich Gerhard, pflückte ein Stiefmütterchen und reichte es mir. Es lag so viel Innigkeit in seinem Blick, dass ich mich von der Magie des Moments verzaubern ließ. Ich spürte seine Lippen auf den meinen, und eine ungeahnte Welle der Glückseligkeit durchflutete mich.

Es blieb bei diesem einen, zarten, unvergesslichen Ereignis. Die Stiefmütterchen-Blüte aber bewahre ich seither in meinem Tagebuch auf.

An meinem Abschiedstag trafen Gerhard und ich uns dann in seiner Pension zum Frühstück und machten anschließend noch eine lange Heidewanderung. Dabei sprachen wir nicht viel, sondern genossen einfach die friedvolle Harmonie. Mittags dann trennten wir uns mit einem zuversichtlichen „Auf Wiedersehen in Hamburg!"

Und tatsächlich trafen wir uns im September in Hamburg wieder. Doch genauso wie schon bei vorherigen Treffen folgte auf die glücklichen Stunden bald der Katzenjammer. Denn von diesem Septembertag an hörte ich von Gerhard nichts mehr. Außer einem vorgedruckten, grässlichen Neujahrsglückwunsch, den ich vom Postfach direkt in den Papierkorb wandern ließ, erhielt ich keinerlei Lebenszeichen mehr von ihm. Die große Ungewissheit zermürbte mich. Auch zu meinem 21. Geburtstag meldete sich Gerhard nicht.

Als er sich auch im März noch ausschwieg, beschloss ich, endgültig einen Schlussstrich unter unsere außergewöhnliche, aber auch sehr anstrengende Freundschaft zu ziehen. Ich besprach alles mit Mutter, und sie half mir, wie es eben nur eine Mutter vermag. Meine Gewissenskonflikte wurden zerstreut, Mutter war mein moralischer Kompass. Dennoch war es sehr schmerzlich für mich, die Trennung hinnehmen zu müssen. Aber die Erinnerung blieb schön und reich, und daran wollte ich festhalten. Ich zog um nach Hamburg, richtete mir mein Leben neu ein und versuchte über den Verlust des Freundes hinwegzukommen.

Dann aber, ein dreiviertel Jahr später, begegneten wir uns ganz unversehens doch noch einmal. Und die Verbindung zwischen uns war sofort wieder da, gerade so, als hätten wir uns tags zuvor zuletzt gesehen! Dann hörte ich Gerhard singen, und ich meinte erstmals widerstrebende Gefühle in mir festzustellen: Gerhard strahlte eine so tiefe Feierlichkeit und beinahe überirdische Klarheit aus, dass ich mir plötzlich ganz klein, dumm und unbedeutend vorkam.

Sein Liederabend offenbarte mir das Höchste und auch das Tiefste, was ich in Gerhard zu erkennen glaubte – ein eigenartiger Zustand. Musikalisch konnte er das gesamte Repertoire an Gefühlen auf so wunderbare Weise an sein Publikum weitergeben; wenn es aber ihn selbst betraf, blockte er sofort ab. Ob wir wohl überhaupt dauerhaft zusammenpassen würden?

Aus dem Publikum rief irgendjemand immer wieder dazwischen. Ich versuchte zwar, die Störung zu ignorieren, dann aber wurde ich am Arm gerüttelt: „Wiebke, wach endlich auf. Der Zug ist da, wir müssen einsteigen!"

Ich schlug die Augen auf und begriff, dass Kathi sich wohl schon länger bemüht hatte, mich wachzubekommen. Ich war noch ganz benommen, und immer wieder verschwammen Traum und Wirklichkeit. Dann aber hörte ich noch einmal Kathis Stimme, diesmal sehr energisch: „Wiebke, zum letzten Mal! Wenn du deinen Hintern jetzt nicht hochbekommst, fahre ich ohne dich weiter nach Flensburg!"

Flensburg! Das wirkte wie ein Signal, schlagartig war ich hellwach und vollkommen im Hier und Jetzt. Die letzte Etappe meiner abenteuerlichen Reise stand also unmittelbar bevor. Da galt es, sich noch ein einziges Mal zusammenzureißen.

Es war frühmorgens um halb fünf, als wir das stickige Gebäude verließen. Doch von der Kieler Förde wehte eine erfrischende Meeresbrise herüber und belebte die Sinne. So roch Heimat! Wir hatten unser Ziel fast erreicht!

10. Endlich wieder an der Förde!

Ein letztes Mal – so hofften wir zumindest – stiegen wir in einen Zug, fanden auch zwei Sitzplätze nebeneinander und machten es uns gemütlich. Kaum war der Zug angefahren, begann Kathi erst herzhaft zu gähnen, dann zu dösen, und schon war sie eingeschlafen. Ich aber konnte trotz der frühmorgendlichen Dunkelheit keinen Schlaf mehr finden, denn ich spürte mit jedem Kilometer, den wir der Heimat näherkamen, immer größere Vorfreude in mir aufsteigen.

Vor meinem geistigen Auge sah ich uns schon in Flensburg einfahren und überlegte, wen ich direkt nach unserer Ankunft besuchen wollte: Natürlich würde ich bei Familie Andresen klingeln und mich zurückmelden. Vielleicht würde ich dann auch erfahren, wann sie Krischan zurückerwarteten.

Noch wichtiger war mir aber ein Kurzbesuch bei meiner mütterlichen Freundin Gesa Meier, die schon immer eine vermittelnde Position zwischen meinen Eltern und mir eingenommen hatte. Sie war es gewesen, bei der ich während meiner Schulzeit an so manchem winterlichen Nachmittag Hausaufgaben gemacht hatte, zusammen übrigens mit ihrem Sohn Hans. Im Januar 1936 war ich sogar bei ihr eingezogen, denn in den Wintermonaten, wenn die Fördedampfer nicht fuhren und der Fußweg zu strapaziös wurde, brauchte ich ja eine bezahlbare Unterkunft in Flensburg.

Und auch in der zermürbenden Zeit des Wartens auf die Arbeitserlaubnis für München im Frühjahr 1943 war ich mehrere Tage bei Gesa in Flensburg gewesen. Wir hatten es so fabelhaft gemütlich gehabt, wie es nur bei ihr möglich war; und das, obwohl sie gerade ihren Sohn verloren hatte, gefallen mit nicht einmal 18 Jahren! Ich hatte sie damals aus tiefstem Herzen für ihre Tapferkeit und innere Stärke bewundert. Denn das eigene Kind zu verlieren, das war für eine Mutter wohl das Schlimmste, was ihr widerfahren konnte. Ich hatte es ja nach Sönkes Tod bei meiner eigenen Mutter miterlebt.

Richtig: Ein Besuch an Sönkes Grab stand auch an, allerdings sicher nicht sofort, denn heute zog es mich auf schnellstem Wege zu den Eltern. Allerdings würde ich noch beim Musikhaus Becker vorbeischauen und mich wohlbehalten zurückmelden. Das Geschäft war besser als jede Litfaß-Säule, denn von dort verbreiteten sich die Nachrichten – zumindest der Klatsch – wie ein Lauffeuer. Außerdem kannte Familie Becker die gesamte Musikszene der Umgebung und würde mit Freude weitergeben, dass ich wieder im Lande war.

Und bei St. Nikolai könnte ich anfragen, ob sie eine erfahrene Altstimme gebrauchen könnten, denn ich war mir sicher, dass der Kirchenchor noch existierte.

Ach, St. Nikolai! Meine Heimatkirche! Sehnsüchtig dachte ich an das stolze mittelalterliche Gotteshaus oberhalb des Flensburger Südermarktes. Von der kunstvoll geschnitzten Holzkanzel links vom Altar hatte Pastor Kähler immer so eindrucksvoll gepredigt. Vor dem Rokokoaltar, unter den Augen des auferstandenen Christus und den beiden allegorischen Figuren „Glaube und Hoffnung“ hatten wir unseren Segen zur Konfirmation erhalten: „Ein Mensch sieht, was vor Augen ist; der Herr aber sieht das Herz an." Ich war selbst überrascht, dass mir mein Konfirmationsspruch direkt präsent war. Vor allem aber durchfuhr mich ein Schauer der Rührung bei der Erinnerung an den Klang der grandiosen Renaissance-Orgel. Und am Spieltisch dieses noch über Blasebälge atmenden Instruments hatte er gesessen, der Schwarm meiner Jugend, unser Chorleiter Johannes Röder. Mein geliebter „Großfürst", der eben nicht nur unserem Chor, sondern auch dieser außergewöhnlichen Orgel die mächtigsten wie auch die zartesten Töne entlockt hatte. Diese Orgelempore also war über die Jahre hinweg mein „musikalisches Wohnzimmer" gewesen, hier hatten wir mit unserem Chor die wöchentlichen Proben abgehalten und den sonntäglichen Gottesdienst mitgestaltet, hier hatte auch meine schwärmerische Verehrung für Johannes Röder ihren Anfang genommen. Ein Lächeln huschte über mein Gesicht, als ich an den jungen Kirchenmusiker von damals und eine meiner ersten Begegnungen mit ihm dachte: „Die Lange in der letzten Reihe soll mal alleine singen", hatte er in der allerersten Chorprobe gerufen. Damit war ich gemeint! Ich war so erschrocken, dass ich tatsächlich sang! Nach der Probe dann wurde ich zur weiteren Prüfung meiner sängerischen Fähigkeiten in die Organistenwohnung bestellt. Das war mir peinlich, denn wegen des regnerischen Wetters trug ich das graugrüne Kostüm, das ich eigentlich verabscheute, und dazu hässliche schwarze Überschuhe. Dennoch folgte ich natürlich der Aufforderung. Ich sang vor, war von dem Nachmittag an als Mitglied des Kirchenchors von St. Nikolai aufgenommen – und rettungslos in Johannes Röder verliebt!

Er hatte eine so schöne, geradlinige Auffassung davon, wie die großen Sakralwerke zu interpretieren waren: so gar nicht sentimental oder weichlich, dafür aber ungemein kraftvoll und leidenschaftlich. Dies brachte er auch in den Proben wundervoll zum Ausdruck: Mit seiner Begeisterungsfähigkeit riss er den gesamten Chor mit.

Der Umstand, dass mein sehnsuchtsvoll verehrter Chorleiter sich für die Sommermonate 1934 in Kollund – in einem unserer Fremdenzimmer – einmietete, um dort die Ruhe unseres Kurortes zu genießen, hatte mich auf schwärmerische Gedanken gebracht. Doch waren es dann doch nur wenige Tage gewesen, die er überhaupt bei uns verbrachte: Er ließ sich von mir das Frühstück hinterhertragen, und nicht einmal als zuverlässige Mitfahrgelegenheit war er zu gebrauchen, so dass diese Sommerwochen eine harte Prüfung für mich jungen Backfisch wurden.

Erst mit den Jahren gewann ich den nötigen emotionalen Abstand zu meinem Schwarm. Dies hatte den großen Vorteil, dass ich nun die vielen schönen gemeinsamen Erlebnisse besser genießen konnte. Johannes Röders Genialität in musikalischer Hinsicht, sein Temperament und verrückte Spontaneität konnte ich weiterhin bewundern, ohne dass mich seine Eitelkeit, die er bisweilen an den Tag legte, persönlich gestört hätte. Wir wurden Freunde, ganz ohne irgendeine emotionale Überhöhung, und das war wunderbar. Als ich am 20. April 1937 erfuhr, dass Röder als Chefdirigent an den Reichssender Hamburg gehen würde, stellte ich erleichtert fest, dass sein Weggang für mich längst nicht so schwer zu ertragen war, wie er es möglicherweise noch ein Jahr zuvor gewesen wäre. Tatsächlich blieben wir auch weiter in losem Kontakt und trafen uns immer mal wieder in Hamburg auf einen ausgiebigen Klön-Kaffee.

Kaum zu fassen, dachte ich nun, dass mein verehrter „Großfürst" auch schon nicht mehr lebte: Er war bereits 1944 gefallen. Die Liebe zur Musik jedoch, die er in mir entfacht hatte, war der größte Schatz, den er mir hatte hinterlassen können, denn eben diese Liebe hatte sich tief in meine Seele gesenkt und begleitete mich seither durch mein Leben.

Doch zurück zu meiner Flensburger Zeit. Denn ab dem Jahr 1936 – es war zwecklos zu leugnen – wuchs ganz generell mein Interesse für das andere Geschlecht.

Durch meine rege Konzerttätigkeit mit den Chören sowie durch den Ticketverkauf für die in Flensburg stattfindenden klassischen Konzerte lernte ich ganz nebenbei zahlreiche berühmte Musikerpersönlichkeiten jener Zeit kennen. Der Höhepunkt des Jahres 1936 beispielsweise war der Kontakt zu Peter Raabe. Der Name dieses großen Dirigenten aus Weimar war mir selbstverständlich schon länger geläufig: Begeistert hatte ich schon zuvor seinen legendären Sinfoniekonzerten in Flensburg gelauscht und auch seinen Vortrag vom Januar 1936 über das Dritte Reich besucht. Unser erster persönlicher Kontakt aber kam erst im Oktober 1936 zustande. Er war dem kuriosen Umstand geschuldet, dass Johannes Röder Krischan und mich nach dem Raabe-Konzert dazu überredet hatte, zur Nachfeier mitzukommen. Leider war bei unserer Ankunft im Bahnhofshotel zunächst noch niemand vor Ort, der uns hätte vorstellen können, und so standen wir etwas verloren vor der langen Festtafel der Stadt- und Politprominenz, die meisten davon enge

Adolf-Hitler-Vertraute und hohe Würdenträger der NSDAP. Endlich erschien ein Cellist des Flensburger Orchesters und meinte: „Na, dann stellen wir uns doch mal den hohen Herrschaften vor und nehmen Platz, nicht wahr?“

Peter Raabe saß währenddessen mit dem Flensburger Oberbürgermeister Dr. Kracht an einem Tisch in der Ecke des Raumes und unterhielt sich angeregt mit ihm. Das war höchst ungewöhnlich, denn üblicherweise saß der Künstler beim Abendessen mit der Hautevolée der Stadt gemeinsam an einer großen Tafel. Offensichtlich aber hatte man Dinge zu besprechen, die nicht für alle Ohren gedacht waren. Später jedenfalls ließ Peter Raabe sich bei uns ankündigen mit den Worten: „Der Präsident der Reichsmusikkammer wünscht eure Bekanntschaft“, da näherte sich auch schon der berühmte Musiker unserem Tischende. Formvollendet stellte er sich bei uns vor, setzte sich dann zu uns und sorgte für einen ausnehmend unterhaltsamen Abend. Meine Güte, war dieser Mann geistreich und humorvoll! Bis halb zwei beschäftigte er sich ausschließlich mit uns, während die Gesichter all der wichtigen Gäste, besonders die der Nazi-Größen, lang und länger wurden. Bald verabschiedeten sich die enttäuschten Ehrengäste, wir aber waren eifrigst damit beschäftigt, mit Raabe die Generalversammlung für unseren gerade neu gegründeten Verein abzuhalten. Anschließend erhielt jeder eine Urkunde, handschriftlich ausgestellt vom Musikkammerpräsidenten persönlich. Es war ein wirklich unerhört schöner Abend!

Ich bekam am kommenden Tag im Geschäft ohne weiteres frei, um Peter Raabe an die Bahn bringen zu können, und Krischan fehlte in der Schule wegen „starker Mandelentzündung“. Raabe war erneut so fabelhaft nett und meinte, wir müssten jetzt eifrigst korrespondieren; dann verabschiedete er sich bei jeder von uns mit einem Handkuss.

Tatsächlich begann nun ein sehr reger Briefwechsel, denn wir erhielten von nun an ganz entzückende „Raabe-Post". Zudem hörten Krischan und ich nun regelmäßig Peter Raabes Radio-Sendung *Keine Angst vor der Sinfonie*. Ende November erwähnte er im Rahmen dieser Sendereihe auch die „vielen Zuschriften aus Flensburg"; damit waren natürlich wir beide gemeint. Und zu Weihnachten schickte er uns zwei Büchlein mit Bildern von Weimar, die uns Lust machen sollten, ihn dort möglichst bald zu besuchen.

Auch im folgenden Jahr blieben wir treu in Briefkontakt, und tatsächlich klappte es am 6. November 1937 ganz kurzfristig mit einem Treffen, allerdings nicht in Weimar, sondern in Hamburg. Krischan rief nämlich an und sprudelte in den Hörer: „Raabe ist hier, du musst unbedingt zum Konzert rüberkommen!" Ich telefonierte also mit meinen Eltern, ob sie einverstanden wären. Kaum hatte ich ihre Erlaubnis, saß ich auch schon im Zug nach Hamburg. In Blankenese holte mich Krischan ab, denn diesmal wohnten wir bei ihren Verwandten. Dort machte ich mich kurz frisch, dann sausten wir auch schon zum Konzert: ein schweres, aber wundervolles Beethoven-Programm. Raabe verstand es wie kein anderer, den Zuhörern diesen Komponisten nahe zu bringen.

Der begnadete Dirigent inspirierte uns jedoch nicht nur in musikalischer Hinsicht, sondern entwickelte sich auch zur moralischen Instanz für Krischan und mich: Er sah beispielsweise unsere Freundschaft zu Gerhard Hüsch und Yrjö Kilpinen von einer übergeordneten Warte aus und äußerte seine kritische Meinung dazu, ohne jedoch allzu belehrend oder elterlich-autoritär zu wirken. Das war sehr heilsam.

Es gab in dieser Zeit aber auch noch einen anderen, nicht liierten jungen Mann in meinem Leben, und das war der 20-jährige Fähnrich Hermann Langs.

Ihn hatte ich im Geschäft kennengelernt und war nun am Vorabend des dritten Advent 1936 mit ihm verabredet – zu einem Rendezvous, wie ich meinte. Stattdessen wurde es aber ein ausgedehnter Spaziergang an der Seite eines Philosophen. Und so jemand war Fähnrich! Allerdings blieb er aufgrund seiner überraschend weisen, reflektierten Lebensanschauung in Militärkreisen ein Außenseiter.

Hermann war von einem Idealismus beseelt, der manchmal geradezu rührend war, aber unbedingt Hand und Fuß hatte. Außerdem brachte er mir von Anfang an großes Vertrauen entgegen und erzählte mir schon an diesem ersten Abend vieles, was man sich sonst erst nach Monaten oder Jahren anvertraut. Mir kam das alles aber ganz selbstverständlich vor. Ebenso selbstverständlich nahm ich ihn, als wir zu später Stunde von unserem philosophischen Rundgang zurückkamen, auf einen Tee mit auf mein Zimmer. Als er schließlich um zwei Uhr morgens ging, schrieb er mir einen wunderschönen und ausdrucksstarken Eintrag ins Gästebuch.

Zu Weihnachten schickten wir uns Briefe und kleine, geistreiche Geschenke, und ab Anfang Januar war ich beinahe jeden Abend mit Hermann zusammen: Wir tauschten uns intensiv über Lebensernst und Christentum aus, wobei er genauso weise sprach wie Pastor Kähler und sogar mit mir betete. Dabei wurde mir meine fehlende religiöse Tiefe schmerzlich bewusst, zugleich aber spürte ich zum ersten Mal, welch große Kraft vom Glauben ausgehen kann.

Einmal hatte ich das Grammophon von Familie Andresen ausgeliehen, und Hermann brachte eine Platte der Neunten Sinfonie von Antonín Dvořák mit: *Aus der Neuen Welt*. Es wurde ein wunderbarer Abend, an dem wir mit Sekt auf Du und Du anstießen. Anschließend philosophierten wir bis tief in die Nacht, wobei ich in Sachen Logik verlor, dafür aber im Spiel *Vielliebchen* gewann und daraufhin von Hermann ein Tagebuch geschenkt bekam.

Hermann teilte mit mir auch seine Sorgen um das elterliche Gut Nöllenhof, das verkauft werden musste, weil die Eltern nach ihrer Trennung die Steuern nicht bezahlen konnten.

Doch neben diesen sehr ernsten Themen las er mir auch aus seinen Logbüchern und seinen Gedichten vor.

Bei all der Seelentiefe und Ernsthaftigkeit unserer Zusammenkünfte waren wir uns nicht der geringsten moralischen Verfehlung bewusst. Dann aber wurde ich unversehens zur Vermieterin zitiert: „Mein Hausmädchen hat gestern Abend gesehen, dass um halb zwölf noch ein Fähnrich zu Ihnen nach oben ging ... also, das geht doch wirklich nicht, so spät in der Nacht, und Sie sind doch schließlich ein anständiges junges Mädchen. Wenn ich das bei seinem Kommando melde, dann fliegt er!“

Ich versuchte ihr begreiflich zu machen, dass ich durchaus ein anständiges junges Mädchen sei, meine Eltern über die abendlichen Besuche Bescheid wüssten und wir im übrigen gewiss nichts Anstößiges täten. Zehn Minuten lang redeten wir mit Fleiß aneinander vorbei und trennten uns sodann äußerst höflich, aber kühl. Für mich aber war nun klar: Ich musste in den sauren Apfel beißen, das Gespräch mit meinen Eltern suchen und auf ihr Verständnis hoffen, was die abendlichen Zusammenkünfte betraf.

An einem der folgenden Abende war ich mit Mutter in einem ganz wundervollen Konzert. In der Pause sprach ich mit ihr, doch Mutter reagierte erstaunlich ablehnend – ob das wohl mit Sönke zusammenhing? Jedenfalls wünschte sie in meinem Zimmer keine weiteren Treffen mit Hermann. Ich hätte toben und heulen können, aber was hätte es genützt? Mutter hatte entschieden, und wir mussten uns fügen.

Als ich am nächsten Abend von der Arbeit nach Hause kam, brannte Licht auf meiner Bude: Hermann, dem ich einige Tage zuvor den Schlüssel gegeben hatte, war da! Wie sehr ich mich darüber freute! Dann aber musste ich ihm mitteilen, dass er nicht mehr zu mir aufs Zimmer kommen dürfe, sondern dass wir uns irgendwo draußen verabreden müssten. Scheußlich war das, aber Mutter hatte mir dieses Versprechen abgenommen.

Hermann und ich sahen uns weiterhin fast jeden Abend, wenn auch außerhalb meines Zimmers, denn ich spürte, wie dringlich auch er einen vertrauten Menschen brauchte, mit dem er sich austauschen konnte. Kurz vor seinem Osterurlaub, den er bei seiner Mutter verbringen wollte, legte er ein glänzendes Theologie-Examen in Kiel ab. Wir feierten in guter Grammophon-Tradition unseren letzten gemeinsamen Abend mit der *Unvollendeten* von Schubert und „unserem" Violinkonzert von Brahms. Diese Werke waren zum Inbegriff unserer Verbundenheit geworden.

Am Tag darauf fühlte ich mich ziemlich einsam, weil Hermann abgereist war. Dennoch wurde mir auch klar, dass es ganz gut war, etwas Abstand zu gewinnen. Hermann schrieb mir regelmäßig während der nächsten Zeit. Manchmal wurde mir etwas Angst, wenn ich seine Briefe las, er schien mich in vielem zu überschätzen. Und schließlich war ich so blockiert, dass ich ihm gar nicht mehr zurückschreiben konnte, obwohl ich doch so viele feine Briefe von ihm bekommen hatte. Gleichzeitig aber vermisste ich ihn und erwartete seine Rückkehr mit Ungeduld.

Als Hermann dann wieder zurück in Flensburg war, wusste ich leider immer noch nicht so recht, wie das alles mit uns beiden weitergehen sollte. Eines aber spürte ich genau, nämlich dass sich etwas ändern musste. Ob das wohl mit meinen Gefühlen für Gerhard zu tun hatte?

Im Laufe des Jahres 1938 jedenfalls verständigten Hermann und ich uns dann endlich auf den Beziehungsstatus der Kameradschaft. Es ging nicht mehr anders. Ja, das war sehr schmerzlich für uns beide, für Hermann aber noch schlimmer als für mich. Da ich bei dieser klärenden Aussprache die treibende Kraft war, wäre es für mich leichter gewesen, wenn er Wut und Enttäuschung gezeigt hätte. Doch war er von einer so unbegreiflichen Güte und Kraft beseelt, dass ich es beinahe nicht aushalten konnte. Ich wusste doch ganz genau, wie sehr er unter meiner Entscheidung litt, und dennoch wollte er bei allem nur, dass ich glücklich würde. Das sagte er mir immer und immer wieder, und doch merkte ich, wie trostlos ihm dabei zumute war. Das Motto, das über diesen Tagen stand, schrieb er mir in einem Brief:

„Bitterste Wahrheit ist wohltätiger als die süßeste Täuschung, und wer nicht in allen Dingen nach Klarheit trachtet, ist nicht fähig, den Lebenskampf erfolgreich aufzunehmen."

Ich musste seufzen, als ich an meinen weisen jungen Philosophen von damals dachte. Sicherlich war es das einzig Richtige gewesen, ihn freizugeben, diesen integren und wertvollen Menschen, und ihm die Möglichkeit auf ein neues Glück zu eröffnen. Ob er als Soldat wohl den Krieg überlebt hatte? Und wenn ja: Wie mochte wohl ein so feinsinniger und religiöser Mensch die Grauen des Krieges verwunden haben? Ich war fest davon überzeugt, dass er längst am Menschenbild und am System des Dritten Reiches verzweifelt war und nach Kriegsende geläutert in sein Zivilleben starten würde. Wer weiß, vielleicht würde er ja Pfarrer irgendwo auf dem Land und glücklicher Vater von vier Kindern werden? Ich wünschte ihm jedenfalls von Herzen nur das Beste.

So ganz anders als die beinahe geschwisterliche Freundschaft, die mich mit Hermann verbunden hatte, war da doch mein Kontakt mit Gerhard. Trotz der fehlenden Kontinuität in unserer Beziehung, hauptsächlich auf Grund von Gerhards monatelangen Sendepausen, bestand zwischen uns von Anfang an eine besondere Verbindung, eine magische Anziehungskraft, die auch die Sehnsucht nach körperlicher Nähe einschloss – wenn ich ihr doch nur hätte nachgeben dürfen! Das aber war nun einmal das Schicksal, wenn man sich ausgerechnet zu einem verheirateten Mann hingezogen fühlte. Erschwerend kam hinzu, dass ich durch meine Münchener Zeit inzwischen die ganze Familie in mein Herz geschlossen hatte. Und um Lisa und den Kindern unnötiges Leid zu ersparen, verbot ich mir selbst jeden weiteren Gedanken an ein erfülltes Liebesleben mit Gerhard.

Nun erst fiel mir auf, dass ich auch von unserem Freund Yrjö Kilpinen seit September 1944 nichts mehr gehört hatte. Damals hatte Finnland seine Beziehungen zu Deutschland abgebrochen und Waffenstillstandsverhandlungen mit Russland eingeleitet. Der finnische Marschall Carl Gustav Emil Mannerheim, der seit Jahren der vielgepriesene Mann im gemeinsamen Kampf gegen die Bolschewiken im Osten gewesen war, wurde nun von der deutschen Propaganda zum „verkalkten Verräter“ erklärt. Ich jedenfalls konnte nur hoffen, dass es wenigstens für Finnland etwas Gutes hätte, wenn es sich schon in die Hände der Russen begab. Und was würde wohl mit der finnischen Bevölkerung geschehen? Ich nahm mir vor, Yrjö Kilpinen möglichst bald einen Brief zu schreiben, um Klarheit über seine Situation zu bekommen.

Pünktlich um acht Uhr morgens fuhr unser Zug in den Flensburger Hauptbahnhof ein. Kathi war rechtzeitig vorher wach geworden, und nun fielen wir uns in die Arme. Viele Mitreisende begannen zu heulen wie Schlosshunde, doch wir beide waren so überdreht-glücklich, dass uns nicht einmal Freudentränen kamen. Stattdessen sahen wir zu, dass wir rechtzeitig an die Ausgangstür kamen, um den Zug möglichst schnell verlassen und mein Fahrrad aus dem Gepäckwagen holen zu können. Dann nahmen wir Reisefreundinnen vorerst Abschied voneinander – nicht ohne Pläne zu machen, wann und wo wir uns wiedersehen könnten. Unsere Wege trennten sich, und jede von uns stürmte ihren Bekannten, Freunden und Familienangehörigen entgegen.

11. Heimkehr: Welche Seligkeit!

Tatsächlich traf ich alle an, bei denen ich mich in Flensburg zurückmelden wollte. Und es soll nicht unerwähnt bleiben, dass Gesa Meiers Reaktion auf mein unerwartetes Erscheinen besonders rührend war, die meines alten Chefs aber besonders spaßig: Statt seine Freude darüber zum Ausdruck zu bringen, dass ich wohlbehalten zurückgekehrt war, kam er sofort auf Geschäftliches zu sprechen: „Ich will Sie ja gerne wieder anstellen, ich könnte Sie auch durchaus gebrauchen, Fräulein Sönnichsen. Aber für weniger Gehalt als in München!" Ich ging auf dieses Angebot zunächst nicht weiter ein, sondern lächelte nur in mich hinein.

Dann aber schwang ich mich auf mein Rad und fuhr endlich, endlich nach Hause!

Es war der alte, mir seit meiner Kindheit bekannte Weg, den ich schon hunderte Male zurückgelegt hatte, sei es auf dem Weg zur Schule, zu den regelmäßigen Chorproben oder um Freunde zu besuchen. Ich kannte entlang der Strecke jeden Baum, jeden Stein und freute mich, alles wieder so vorzufinden, wie ich es in Erinnerung hatte.

Doch unverständlicher Weise mischte sich heute in das Gefühl von Wiedersehensfreude und Vertrautheit auch eine Unsicherheit, beinahe so, als ob ich Neuland betreten würde. Mit Spannung und vollster Aufmerksamkeit verfolgte ich jeden Meter des Weges: Vom Flensburger Stadtrand aus fuhr ich über die befestigte Straße nach Wasserleben und fragte mich, ob die Strecke früher auch schon derartige Spurrillen und kleine Schlaglöcher gehabt hatte. Dann erreichte ich den Fahrradweg, der durch bewaldetes Gebiet bis zum Grenzposten in Krusau führte. Hier hatte sich offensichtlich nichts geändert, vor allem nicht der würzige Waldduft, der mir in die Nase stieg und meine angespannten Sinne beruhigte. Nun kam ich an die Grenze. Das dänische Wachhäuschen war besetzt, und ich zeigte mein Visum für die Einreise nach Dänemark sowie meinen Pass. Dabei fiel mein Blick auf den dort offiziell vermerkten Vornamen: Ingrid! Die Hebamme war uns die Antwort schuldig geblieben, warum sie mich nach meiner Geburt beim Standesamt nicht als „Wiebke Ingrid Anna" angemeldet hatte, wie es der Wunsch meiner Eltern gewesen war, sondern nur als „Ingrid". Noch ungewöhnlicher aber war der Umstand, dass ich trotz alledem mein Leben lang überall nur Wiebke gerufen wurde und erst im Alter von zwölf Jahren – mit Erhalt meines ersten Passes – erfuhr, dass ich eigentlich einen ganz anderen Vornamen trug.

Glücklicherweise gestaltete sich mein heutiger Grenzübertritt sehr unproblematisch, die Beamten winkten mich relativ schnell durch. Ob sie mir wohl meine lange, erschöpfende Reise ansahen? Jedenfalls war ich ihnen von Herzen dankbar, dass sie keine Grundsatzdiskussion mit mir begannen bezüglich all des Hausrates, den ich da sorgfältig auf meinem Rad vertäut hatte. Für mich war es ja gewissermaßen ein Umzug quer durchs Reich gewesen.

Der letzte heikle Teil meiner Heimreise lag nun ebenfalls hinter mir: Ich war wieder in meiner Heimat, in Dänemark!

Zu Fuß müsste man nun noch eine gute halbe Stunde an der Förde entlang durch den Kollunder Wald gehen. Mit dem Rad hätte ich sogar noch schneller sein können, aber aus irgendeinem Grund wollte ich mir auf diesen letzten Metern Zeit lassen. Und schon schwelgte ich in Erinnerungen, die ich mit meiner dänischen Heimat verband …

Da waren die freundlichen Gesichter der dänischen Grenzbeamten, die zu Weihnachten 1936 ihren Dienst verrichteten. Eine wahrlich anstrengende Adventszeit lag hinter mir, denn gerade hatte ich meine erste Weihnachtssaison als Aushilfe im Musikhaus Becker hinter mich gebracht. Nun aber war ich endlich auf dem Weg nach Kollund. Mein Rad war schwer bepackt mit Geschenken für meine Lieben: Mit der Herstellung frisch gebackener Eigenkreationen, Büchlein mit selbst gedichteten Texten oder allerlei Strickwaren hatte ich mir die letzten Nächte um die Ohren geschlagen und war sogar mit dem Einpacken noch rechtzeitig fertig geworden. Allerdings hatte ich mich auch dazu bereit erklärt, Weihnachtspräsente von Freunden meiner Eltern mit über die Grenze zu nehmen, die zwar ebenfalls weihnachtlich verpackt waren, deren Inhalt mir aber gänzlich unbekannt war.

Ich kam also festlich-beschwingt auf meinem Rad nach Krusau. Am deutschen Grenzhäuschen war kein Mensch. Wenige Meter weiter am dänischen Zoll ließ ich mein Rad samt Gepäck draußen vor dem Zollhäuschen stehen und ging bester Laune hinein. Als ich wieder herauskam, standen zwei kopfschüttelnde Gendarmen bei meinem Rad und beäugten ausgerechnet die Pakete, die ich nicht selbst gepackt hatte.

„Was ist da drin?“

„Das weiß ich nicht. Harmlose Weihnachtsgeschenke."

„Ja, wir sollten doch so ungefähr wissen, was drin ist."

„Wahrscheinlich ein paar alte Bücher."

„Alkohol ist da aber nicht drin?"

„Nein, ganz bestimmt nicht!"

„Na dann, farvel og glædelig jul!"

„Ihnen auch frohe Weihnachten", flötete ich und schwang mich auf meinen Packesel Richtung heimatliche Weihnachtsstube. Ach, wie ich mich nach dieser arbeitsintensiven Vorweihnachtszeit auf das geruhsame, traditionelle Christfest daheim freute: Mutter dekorierte die Wohnstube jedes Mal so geschmackvoll und feierlich, dazu ihr feiner Weihnachtsbraten mit Apfelrotkraut. Das Stimmungsvollste aber war der Weihnachtsbaum, den Vater immer erst kurz vor dem Fest schlug, in der südlichen Ecke des Wohnzimmers aufstellte und mit zahlreichen Kerzen aus echtem Bienenwachs, Strohsternen, roten Schleifen und Äpfelchen schmückte. Unter diesen Prachtbaum legten wir alle Weihnachtsgeschenke und warteten dann ungeduldig auf die Bescherung. Zuvor aber genossen wir das edle Weihnachtsessen im Speisezimmer, versammelten uns dann in der Feststube, lasen die Weihnachtsgeschichte und sangen gemeinsam Weihnachtslieder. Dann aber durften wir endlich die Geschenke auswickeln.

Welch ein Glück, dass die freundlichen Beamten nicht schon vorher auf der Öffnung der fremden Päckchen bestanden hatten: Denn nun wurde ich noch nachträglich blass ob des hochprozentigen Inhalts!

Auch über den Ausnahmezustand dachte ich nach, der ja im September 1943 über Dänemark verhängt worden war. Genau genommen, so dachte ich im Nachhinein, war es überhaupt erstaunlich gewesen, dass die dänischen Streitkräfte bis 1943 ihr Heer und ihre Kriegsflotte hatten behalten dürfen, obwohl Dänemark dem Deutschen Reich doch schon im April 1940 den Krieg erklärt hatte. Zum Glück hatte Dänemark gegen die darauffolgende deutsche Besetzung kaum Widerstand geleistet, so dass es den Dänen deutlich besser ergangen war als den wehrhaften Norwegern. Noch besser hatte es nur Schweden angestellt, indem es während der gesamten Zeit seine Neutralität zu Deutschland gewahrt und das Reich durchgehend mit Eisenerz beliefert hatte. Einerseits fand ich dieses Verhalten nicht besonders couragiert, sondern beinahe zynisch, denn man unterstützte damit ja die Kriegsmaschinerie des Feindes. Andererseits aber musste man zugeben, dass Schweden nicht viel zur Verteidigung hätte aufbringen können: Es wäre von Deutschland überrollt worden, die Produktionsstätten wären dennoch für das Deutsche Reich ausgebeutet worden und die Folgen für die Zivilbevölkerung wären sicher verheerend gewesen. So aber lavierte Schweden sich recht geschickt durch die finsteren Zeiten hindurch und war, wie ich bei meinem letzten Kollund-Besuch unter der Hand erfahren hatte, zum Zufluchtsort für etliche politisch Verfolgte und auch für Juden geworden. Es zeigte sich also wieder einmal, dass jede Medaille zwei Seiten hat.

Auch über mein eigenes Zwitter-Dasein als Deutsch-Dänin musste ich nachdenken: Wir hatten zu Hause als Familiensprache immer deutsch gesprochen, und doch besaß ich seit 1920 die dänische Staatsbürgerschaft. Meine wichtigsten Freunde wohnten alle in Deutschland, aber wirklich Ruhe und Erholung fand ich am ehesten hier in „Lille Danmark“. Ich verehrte die deutsche Literatur und Musik, aber das Rot und Weiß der dänischen Nationalflagge waren die Farben meiner nationalen Identität. Mit der dänischen Sprache jedoch war ich nie warm geworden, obwohl meine Mutter sogar eine Bibliothek mit dänischen Büchern unterhielt.

Mutter! Meine liebe, gute Mutter! Die Sehnsucht, sie endlich wieder in die Arme zu schließen, wurde plötzlich so heftig, dass es mich beinahe schmerzte. Warum nur machte ich mir über sie so wenig Gedanken, so selten Sorgen? Lag es an der Gewissheit, dass man sich um Mutter in ihrer ruhigen, fleißigen und klugen Art einfach keine Sorgen zu machen brauchte?

Wahrscheinlich lag es tatsächlich an ihrem typischen Wesen, sich selbst zum Wohle der anderen zurückzunehmen, die Dinge aus der Ferne zu beobachten und nur dann korrigierend einzugreifen, wenn etwas grob aus dem Ruder lief. In Temperamentsdingen war sie so ganz anders als ich, und ich denke, das hatte auch mit ihrer eigenen Kindheit zu tun.

Ihr Vater, ein in Jütland sehr beliebter Pfarrer, starb, als Mutter gerade sechs Jahre alt geworden war. Bis zu ihrem 17. Geburtstag hatte sie zudem den Tod von drei ihrer fünf Geschwister zu verkraften gehabt. Ihre Heimat in Lintrup, das damals noch nicht zu Dänemark zählte, musste sie mit sechs Jahren verlassen, weil sich ihre Mutter als Witwe mit vier Kindern gezwungen sah, nach Husum zu ihrer Verwandtschaft zu ziehen. Die Witwenpension war klein, und doch schaffte es meine Großmutter Ida mit eisernem Fleiß, großer Sparsamkeit und ausgeprägtem Organisationstalent, ihren Kindern eine verhältnismäßig glückliche Jugend und eine sehr gute Bildung mitzugeben.

Mutter entschied sich früh für das Musikstudium. Das Talent dafür hatte sie wohl von Tante Mie – Großmutters Schwester – geerbt, die sich als Pianistin einen Namen gemacht hatte. Dies war umso bemerkenswerter, als sie im 19. Jahrhundert Karriere machte; zu einer Zeit also, als es für Frauen absolut untypisch war, überhaupt berufstätig zu sein, geschweige denn, in der Öffentlichkeit als Musikerin aufzutreten. Auf Fotos erinnerte mich Tante Mie stets an die reife Clara Schumann, mit streng hochgestecktem Haar und ernsten Gesichtszügen im schwarzen, langen Kleid am Flügel sitzend.

Auch wenn Mutter nie darüber gesprochen hatte, war ich mir sicher, dass Tante Mie ein wichtiges Vorbild für sie gewesen war. Tatsächlich war, wenn ich Mutter am Klavier erlebte, in ihrem Spiel stets die Sehnsucht zu spüren, auf den Schwingen der Musik der Gegenwart zu entfliehen.

Hinzu kam ihre hervorragende Musikausbildung, ihr außergewöhnlicher Fleiß und ihre pädagogische Begabung: Mutter studierte am Berliner Konservatorium, erwies sich schon während dieser Zeit als hervorragende Klavierlehrerin und unterrichtete nach ihrer Rückkehr Schülerinnen in Flensburg und Husum. Bald zog sie ganz nach Flensburg und genoss die anregende Geselligkeit dieser neuen Umgebung sowie die Möglichkeit, in allen nur denkbaren Ensembles zu musizieren. Als absolut zuverlässige und einfühlsame Klavierbegleiterin war sie bald nicht mehr aus dem regen Musikleben Flensburgs wegzudenken.

Über die Freundschaft mit der Familie des Werftdirektors von Flensburg, dessen drei Töchter zu Mutters Klavierschülerinnen zählten, kam auch die Verbindung nach Kollund zustande: Ida und Antoinette Roll – meine mütterlichen Vorfahren also – kauften dem Industriellen ein Stück Land ab und ließen darauf ein schönes, stabiles Sommerhaus errichten: Eben jenes, das Vater später wiederum für unsere Familie umbauen ließ.

Durch gemeinsame Freunde lernte Mutter meinen Vater kennen: Es muss wohl Liebe auf den ersten Blick gewesen sein. Denn wenig später verlobten sie sich, und nicht einmal zwölf Monate danach läuteten schon die Hochzeitsglocken. Dann aber zog das junge Paar vorerst nach Hamburg, weil Vater dort bereits die Firma *Elektrowacht* besaß.

Nach unserer Rückkehr 1920 nach Kollund musste Mutter sich hier einen neuen Schülerstamm aufbauen, was in Zeiten der Wirtschaftskrise gar nicht so einfach war. Später aber übernahm Mutter zusätzlich die Klavierschüler der Volkshochschule Mohrkirch und war dann sogar zwei Tage in der Woche außer Haus. Das wirkte sich natürlich auch auf unser Familienleben aus. Doch zum einen konnten wir die zusätzlichen Einnahmen für die Haushaltskasse gut gebrauchen, und zum anderen unterrichtete Mutter so gerne, dass es für sie mehr eine Freude als eine Last war, ihren Schülerkreis zu erweitern.

Vater und Mutter waren überhaupt sehr kontaktfreudig und auch stets um ein gutnachbarschaftliches Verhältnis zwischen Dänen und Deutschen bemüht. So unterhielten sie neben der deutsch-dänischen Leihbibliothek auch zweisprachige Lesezirkel. Außerdem unterstützten sie aus Überzeugung die im deutsch-dänischen Grenzland regelmäßig veranstalteten „Deutschen Abende", die der Völkerverständigung zwischen Deutschen und Dänen dienten und deshalb auf Plattdeutsch abgehalten wurden, da dieser Dialekt von allen verstanden wurde.

So sehr war ich in all diese Erinnerungen versunken, dass mein Rad, wie von Zauberhand geführt, ganz von allein den Weg nach Hause gefunden hatte: Nun trennten mich nur noch wenige Meter von meinem Elternhaus. Kaum zu glauben: Ich war wieder in Kollund!

Als ich abstieg, um unser Gartentor zu öffnen, sah ich, wie Vater die Gardine zurückzog, um nachzusehen, wer da gerade das Grundstück betreten wollte. Begeistert winkte ich ihm zu, doch dauerte es eine kleine Ewigkeit, bis er mich erkannte. Dann aber legte er in blankem Erstaunen eine Hand vor den Mund, und seine Augen weiteten sich in unfassbarer Freude. Während er die Gardine wieder zurückfallen ließ, rief er so laut nach meiner Mutter, dass ich es sogar draußen am Gartentor hören konnte: „Antoinette, schnell! Wiebke ist da!"

Vater und Mutter konnten ihr Glück kaum fassen und waren ganz überwältigt von dem Umstand, dass meine Heimreise dann doch so zügig geklappt hatte. Denn die Gerüchte sprachen von ähnlichen Reisen durch Deutschland, die bis zu vier Wochen gedauert hatten. Umso mehr grenzte es für Vater an ein Wunder, dass ich innerhalb von gerade einmal fünf Tagen wohlbehalten in Kollund angekommen war.

Während ich bei den Eltern alle Zeichen von dankbarer Rührung erkannte, durchflutete mich selbst eine Woge tiefster Glückseligkeit. Endlich war ich wieder zu Hause, in unserem geliebten, gemütlichen Heim mit dem vertrauten Duft nach Kaffee, holzvertäfelten Decken und Vaters Zigarren. Alle, wirklich alle diese Eindrücke nahm ich tief in mich auf. Heimzukommen war das Himmlischste, was man sich nur vorstellen konnte!

Dann aber rief die Badewanne: Mutter bereitete in der Küche heißes Wasser für meine mehr als überfällige Körperpflege vor, denn wir hatten noch immer kein fließendes Wasser. Ich aber ging über das geräumige Treppenhaus hinauf in die obere Etage, zum einzigen Ort, nach dem ich mich jetzt wirklich sehnte: unserem Badezimmer.

Nach fünf Reisetagen waren mein Gesicht und meine Kleidung schwarz, die Schmutzkrusten hatten sich so festgesetzt, dass ich sie erst einmal gründlich einweichen musste, um sie dann mit Kernseife und Bürste lösen zu können. Ach, was war es doch herrlich, ein gepflegtes Wannenbad zu nehmen!

Als ich wieder sauber, wohlriechend und frisch gekleidet im Wohnzimmer erschien, wurde mir beim Anblick des reich gedeckten Tisches bewusst, welchen Bärenhunger ich mitgebracht hatte. Kaum zu glauben, wieviel ein einzelner Mensch essen kann! Dann aber – es war inzwischen Mittag geworden – überkam mich die große Müdigkeit. Also zog ich mich ins Nordzimmer zurück, um Schlaf nachzuholen.

Ich hatte es also tatsächlich geschafft und war wieder daheim! Unsere kleine Familie war unversehrt und wieder vereint! Selig sank ich in die Kissen und verschlief die nächsten 18 Stunden. Doch auch danach hatten die Eltern noch nicht so sehr viel von mir: Die Erschöpfung saß sehr tief, und so schlief ich auch an den nächsten Tagen, soviel ich nur konnte ... und das war eine ganze Menge!

12. Entwurzelt in der Heimat

Seit meiner Rückkehr wohnte ich mit Mutter zusammen im Nordzimmer und hatte mir dort am Fenster meine Schreibecke eingerichtet. Da lagen nun unter der Glasplatte des Schreibtisches die Bilder meiner Lieben aus Solln, und auch ein stimmungsvolles Foto von Sylt war dabei. Wann immer ich hier an diesem Tisch saß, so meine Überlegung, würde mein Blick automatisch auf jene Menschen fallen, die zum Inbegriff meiner Lebenszufriedenheit geworden waren, und auf meine liebste Nordseeinsel, die mir immer wieder auf magische Weise geholfen hatte, schmerzhafte Änderungen in meinem Leben zu bewältigen.

Sah ich wiederum aus dem Fenster, so erblickte ich eine Pferdekoppel, die in ihrer friedlichen Beschaulichkeit ebenfalls dafür hätte sorgen müssen, dass ich zur Ruhe kam. Doch das Gegenteil war der Fall.

Ich versuchte mit aller Kraftanstrengung und von ganzem Herzen, meine herrlichen Ferienerinnerungen der vergangenen Jahre wachzurufen und Teil meiner jetzigen Realität werden zu lassen. Damals hatte es für mich nichts Schöneres gegeben, als Kollunds himmlischen Frieden zu genießen. Mal wieder richtig ausschlafen, sich nach Herzenslust sattessen, sich die steife Ostseebrise um die Nase wehen lassen und wenn möglich auch ein erfrischendes Bad in der Förde nehmen: Dies alles waren die Garanten für erholsame Heimaturlaube gewesen. Und es hatte immer, wirklich immer funktioniert.

Ich wusste nicht, was diesmal anders war. Denn sogar das Wetter meinte es gut mit mir. Und auch Mutter gab sich größte Mühe, mir mein Leben so angenehm wie möglich zu gestalten: Sie nahm sich sehr viel Zeit für mich, wir hörten unsere Lieblingsmusik und machten ausgedehnte Spaziergänge, was mir doch früher immer so viel bedeutet hatte. Ich wusste ihre Bemühungen auch sehr zu schätzen. Doch in meinem Inneren herrschte Leere.

Ich versuchte mich abzulenken und schrieb nach und nach all die Briefe, die ich mir schon während der Zugfahrt zwischen Kiel und Flensburg vorgenommen hatte. Ach, wenn ich doch nur an die Glückseligkeit und Zuversicht jener Stunden anknüpfen könnte!

Nun aber empfand ich es eher als eine Art Pflichterfüllung, Traute, Bäberlein und Picco von meiner geglückten Heimreise zu berichten. Und als ich mir den Text für das Telegramm an Hüschs überlegte, packte mich eine so tiefe Traurigkeit, dass die Worte vor meinen Augen verschwammen. Ich ärgerte mich über mich selbst. Wie konnte man nur so undankbar sein! Ich war in Sicherheit, hatte meine gefährliche Reiseroute quer durch Nazi-Deutschland in Rekordzeit hinter mich gebracht, die deutsch-dänische Grenze hatte ich ohne Probleme passieren können, mein Elternhaus unversehrt vorgefunden und meine Eltern gesund und wohlbehalten in die Arme geschlossen. Und doch war der Lebensmut erloschen.

Währenddessen erfüllten die Radionachrichten dieser Tage meine Eltern mit noch tieferer Dankbarkeit, als sie nämlich hörten, dass die Strecke, die ich vor zwei Tagen genommen hatte, inzwischen nicht mehr passierbar war: Ich wäre nicht mehr durchgekommen, wenn ich mit der Abreise nur einen Tag länger gezögert oder größere Schwierigkeiten mit meinen Anschlussverbindungen gehabt hätte. Spätestens nördlich von Würzburg wäre meine Reise dann zu Ende gewesen, denn inzwischen war der Transitkorridor von den vorwärtsdrängenden Alliierten bei Fulda schon überschritten worden. Es gab allen Grund, dankbar zu sein. Eigentlich.

Den ersten Hoffnungsstrahl aber, der mein Seelendunkel etwas erhellte, brachte Ende März eine unscheinbare Postkarte: Sie trug zwar meinen Namen, war aber an eine Freundin meiner Eltern in Flensburg adressiert, die aufgedruckte 6-Pfennig-Marke „Deutsches Reich" zeigte Hitler im Profil, dazu war in der unteren linken Ecke der Karte der vorgedruckte Spruch zu lesen: „Der Führer kennt nur Kampf, Arbeit und Sorge. Wir wollen ihm den Teil abnehmen, den wir ihm abnehmen können." Kannte ich solches Propagandageschwätz nicht schon aus dem Munde linientreuer Krankenschwestern? Der Poststempel bewies, dass die Karte am 28. März 1945 auf die Reise gegangen war, und zwar in Solln! Doch auch ohne den Blick auf den Stempel hätte ich gewusst, von wem die Karte war, denn die Handschrift war unverkennbar:

„Liebste Wiebke! Hab nochmals schönsten Dank für Dein liebes Telegramm, das uns sagte: Sonntag bist Du bei Deinen lieben Eltern. Wie freuen wir uns für Dich, wenn wir Dich auch schmerzlichst hier vermissen. Ob Du wohl mit der Ratte klarkommst? Es wäre doch wunderbar! Wie Du wohl Traute angetroffen hast? Auf ihrer letzten Karte riet sie Dir noch ab, schon jetzt nach Hause zu fahren. Für sie von Hamburg aus ist das ja

aber auch eine ganz andere Sache. Aschaffenburg ist ein zweites Breslau. Wir sind dennoch voller Hoffnung. – Euch allen, Dir ganz besonders wünschen wir nun ein gesegnetes Osterfest ... Dankbar gedenken wir der Tage Deines Hierseins und grüßen Dich alle herzlichst

Dein Gerhard und Familie"

Gerhard hatte mir geschrieben! Welche Seligkeit! Immer und immer wieder las ich seine Zeilen.

Nun wusste ich wieder, was Dankbarkeit ist! Es ging allen gut, sie waren hoffnungsfroh ... und sie vermissten mich! Schmerzlichst! Wie rührend, dass sie sich in ihrer kritischen Lage sogar Gedanken um meine berufliche Zukunft machten! Gerhard schrieb mit so viel Wärme, dass mir das Herz aufging: „Liebste Wiebke", „herzlichst", „Dein Gerhard". Ich hätte noch ewig weiterlesen mögen. Und natürlich hätte ich auch gern noch mehr persönliche Dinge erfahren. Doch die hatten auf einer offenen Postkarte, die ja jeder mitlesen konnte, nichts zu suchen. Also übte ich mich in Demut und freute mich darüber, dass die Karte überhaupt so schnell angekommen war. Da es seit der Besetzung Dänemarks keinen direkten Postverkehr mehr von Deutschland zu uns nach Kollund gab, war es besser, wenn wir uns die deutsche Post „postlagernd" zu Freunden in Flensburg schicken ließen. Wenigstens das klappte noch. Mal sehen, wie lange für uns der Grenzübertritt wohl noch möglich wäre, um die Post in Flensburg abzuholen.

Wieder und wieder las ich Gerhards liebe Zeilen und rätselte eine ganze Weile über seine politische Andeutung. Aschaffenburg mit Breslau zu vergleichen, war gewagt, schließlich war Breslau die Festung an der Oderlinie gewesen, an der die Wehrmacht das Vorrücken der Roten Armee verhindern sollte. Andererseits war die Parallele nicht ganz von der Hand zu weisen, denn auch Aschaffenburg war Anfang des Jahres zur Festung erklärt worden und musste sich seither schwerer Luft- und Artillerieangriffe durch die West-Alliierten erwehren. Hier wie dort hatte der Führer den Befehl gegeben, dass die Stadt ohne Rücksicht auf die Zivilbevölkerung zu halten sei, notfalls auch mit Waffengewalt gegen die eigenen Bürger. Mich beschlichen bei solchen Anordnungen immer Zweifel, ob wirklich dauerhaft die Kampfmoral aufrecht erhalten werden könnte, wenn grob gegen die Überlebensbedürfnisse der eigenen Bevölkerung agiert wurde. Man würde abwarten müssen, wie die Schlacht ausginge. Mein einziger Wunsch aber war, dass alles möglichst schnell ein gutes Ende finden möge – vor allem für meine Lieben in München!

Allmählich jedoch verlor die Karte ihre belebende Wirkung, die überschwängliche Freude ebbte ab. Mir wurde bewusst, dass es fraglich war, wann Gerhard und ich wieder persönlichen Kontakt zueinander haben würden – falls überhaupt! Das stürzte mich seelisch in ein tiefes Loch. Außerdem machten mir andauernde Magen-Probleme zu schaffen, ebenso wie meine allgemeine Erschöpfung. Das erste Zur-Ruhe-Kommen nach Zeiten besonderer Anspannung war ja immer schwierig und brauchte seine Zeit, doch gestaltete es sich diesmal besonders zäh.

Auch Vater hatte meine absolut untypische Antriebsschwäche beobachtet und schwankte in seinen Reaktionen zwischen väterlichem Mitgefühl, humorvollen

Aufheiterungsversuchen und markigen Sprüchen. Ich dürfe mich einfach nicht so gehen lassen, meinte er irgendwann etwas entnervt. Das erinnerte mich an seine Anfangsschwierigkeiten mit Tante Luke. Sie plagte sich schon als Mittfünfzigerin mit Arthritis in beiden Fußgelenken. Mein Vater hatte aber so gar kein Verständnis für gebrechliche Leute und meinte, sie müssten sich nur einfach ein wenig mehr zusammenreißen. Wahrscheinlich kannte er bis dahin nur die robuste Gesundheit seiner eigenen Vorfahren und urteilte deshalb so ungewöhnlich hart.

Auch wenn Vater mit mir nicht ganz so erbarmungslos ins Gericht ging, begriff ich doch, dass er mit meiner Wesensveränderung gar nicht gut umzugehen verstand. Er schickte mich erst einmal zu diversen Ärzten, die mich gründlich untersuchten. Glücklicherweise fand man keine organischen Ursachen für meine Niedergeschlagenheit, wohl aber nutzte Dr. Reuter meine Besuche für notwendige Impfungen, außerdem gaben auch die Behandlungen bei der neuen Zahnärztin in Sonderburg meinem Alltag ein wenig Struktur.

Dennoch litt ich weiterhin unter Schlafstörungen, so dass Vaters nächste Empfehlung lautete, ich solle mich tagsüber müde schaffen, dann würde es schon wieder ganz von allein mit dem Schlafen klappen. Also versuchte ich mich nützlich zu machen, indem ich im Haushalt half, während der beginnenden Gartensaison draußen mitschuftete und Mutter die Krankenbesuche bei Freunden und Verwandten abnahm. Doch war letzteres besonders unerquicklich. Denn in dem Bemühen, meine eigenen Kräfte zurückzugewinnen, hatte ich nicht viel Energie für andere übrig. Zudem tat mir die Beschäftigung mit dahinsiechenden Menschen gerade gar nicht gut, denn sie verlieh der eigenen Frage nach dem Lebenssinn eine noch trostlosere Note. Dennoch tat ich, was von mir verlangt wurde.

Mutter wiederum war aufgefallen, dass ich seit meiner Rückkehr mein Tagebuch vernachlässigte, noch nicht ein einziges Mal am Klavier gesessen hatte und – anders als sonst immer – gar nicht mehr vor mich hinsummte. Also suchte sie nach Gelegenheiten, um mich mit anderen jungen Menschen in Kontakt zu bringen. Das gestaltete sich jedoch schwieriger als gedacht, denn in der weiteren Umgebung wohnten offensichtlich keine Gleichaltrigen mehr: Entweder waren sie zum Kriegsdienst eingezogen worden, zum Studium in ferne Städte gezogen oder mit ihrer eigenen kleinen Familie beschäftigt.

Dann aber verbreitete sich das Gerücht, dass Krischan in Flensburg gesehen worden sei. Wenn das doch nur wahr wäre! Dann wäre sie in Sicherheit. Vielleicht würde sie es sogar schaffen, die Grenze zu überwinden und ebenfalls nach Kollund herüberkommen!

Sorgen und trübe Gedanken wiederum verursachte mir wiederum meine Cousine Traute, die sich ihre Entscheidung schwer machte, ob sie Hamburg verlassen und ins sichere Kollund kommen oder aber ihre Existenz in Deutschland aufrechterhalten sollte. Immerhin war sie im Besitz eines dänischen Passes und hatte ihre Mutter hier wohnen. Doch wusste man nicht mehr, was man ihr raten sollte, und ich konnte nur hoffen, dass sie für sich zur richtigen Zeit die richtige Entscheidung treffen würde. Wie schwer das war, wusste ich aus eigener, schmerzvoller Erfahrung.

Nun also erlebte ich Tante Lukes Ängste um ihre Tochter hautnah mit, was mir ebenfalls zusetzte: Offensichtlich hatte Traute sich am 21. April – aber wohl nur halbherzig – entschieden, doch nach Kollund zu kommen. Die politische Lage hatte sich inzwischen allerdings schon so zugespitzt, dass eine Ausreise aus Hamburg nicht mehr möglich war.

In unserer Sorge um Traute waren Luke und ich uns sehr nahe. Und es war mir ein inneres Bedürfnis, meiner Tante in ihrer Not beizustehen. Um sie aus ihren finsteren Gedanken herauszuholen, besuchte ich sie nun beinahe täglich in ihrem gemütlichen Waldhäuschen, in dem es immer nach frischen Äpfeln und Nadelholz duftete. Wir saßen so manche Stunde am wärmenden Holzofen und plauderten über Lukes Erfahrungen als „Mutter eines Bienenvolkes", dem Segen eines intakten Familienlebens und die persönliche Erfüllung, die sie als Schriftstellerin erfahren hatte. Und wir kamen auf die Familientradition des Theaterspielens zu sprechen: Lachend erinnerten wir uns daran, wie die Familien Roll und Sönnichsen zwischen 1926 und 1932 so manches Mal im Winter mit zwei gemieteten Autos über Land gefahren waren, Kostümkoffer, Requisiten und Dekoration auf dem Wagendach verschnürt. Tante Luke saß dann immer neben dem besonneneren der beiden Fahrer auf dem Beifahrersitz, ihrer schwachen Magennerven wegen.

Wenn wir genug in Erinnerungen geschwelgt hatten, tranken wir eine gute Tasse Kaffee und naschten von Tante Lukes berühmtem Apfelmus. Und wurde es noch später, aß ich bei ihr zu Abend und übernachtete dann in Trautes kuscheligem Federbett. Die wichtige Aufgabe, die ich zur Stabilisierung von Lukes Gemütszustand zu erfüllen hatte, sowie die harmonische Atmosphäre in ihrem Haus direkt am Waldesrand zeigten auch endlich eine entspannende Wirkung auf mich.

Kam ich dann aber wieder nach Hause, erwarteten mich dort die neuesten Schreckensberichte aus dem Radio. Einerseits hätte ich zu gerne gar keine Nachrichten mehr gehört, denn sie hinterließen immer eine bedrückende, hilflose Stimmung. Andererseits wollte, ja musste ich wissen, was in Deutschland vor sich ging. Es war wie ein innerer Zwang, sowohl den deutschen Nachrichten zu lauschen als auch den verbotenen Sendungen der BBC. Irgendwoher musste ich ja meine Informationen beziehen; und wenn von der einen Seite nur Propaganda zu erwarten war, so sah ich es als meine Pflicht an, mich auch beim „Feind" zu informieren.

Vater hegte ja schon länger die tiefe Überzeugung, dass es mit dem Deutschen Reich kein gutes Ende nehmen würde. Anders als große Teile der deutschen Minderheit in Nordschleswig hatte er der nationalsozialistischen Ideologie noch nie etwas abgewinnen können und war sehr dankbar, dass es keine deutsch-dänische Grenzrevision gegeben hatte, in deren Folge auch wir wieder ins Großdeutsche Reich integriert worden wären.

Zugleich aber war er überzeugt davon, dass die anderen europäischen Großmächte ebenfalls ihr Scherflein dazu beigetragen hatten, dass Hitlers Allmachtswahn so hatte ausufern können. Seiner Meinung nach hatten sie dieser Entwicklung nicht rechtzeitig Einhalt geboten, vielleicht deshalb, weil sie sich ihrer eigenen diplomatischen Fehler im Vertrag von Versailles schämten und viel zu lange gehofft hatten, dass mit ihrer beschwichtigenden Appeasement-Politik alles von allein ins Lot käme. Dem war leider nicht so. Stattdessen hatte der *Führer* Europa jahrelang auf der Nase herumgetanzt, ohne dass man wirkungsvoll etwas dagegen unternommen hätte. Aus dieser Stimmung heraus verfasste Vater Parodien auf das politische Establishment, wie beispielsweise die „Führer-Rede des Jahres 1950“, gehalten in der neuen Machtzentrale, dem „Braunen Haus“ in Washington.

Vielleicht war Sarkasmus für Vater ein geeignetes Ventil.

Doch dauerhaft half auch dies nicht. Man musste sich in Geduld üben und konnte nichts weiter tun, als sehenden Auges der finalen Katastrophe entgegenzugehen.

Es war ein elend verlorenes Gefühl, so gänzlich abgeschnitten zu sein von allen persönlichen Nachrichten. Man war so ganz auf die blöden Radio-Meldungen angewiesen. Etwas erleichtert war ich dann aber doch, als ich auf diese Weise erfuhr, dass wenigstens nicht die Russen München erobern würden, sondern die West-Alliierten. Dennoch trug ich immer eine große Angst in mir, denn offiziell wurde verkündet, dass die Bayernmetropole fanatisch verteidigt werde. Dies konnte ich mir bei Mutti Hüsch sehr gut vorstellen, wenn sie mit aller Konsequenz um das Leben ihrer Lieben würde kämpfen müssen; ebenso bei Gerhard, wenn auch vielleicht nicht ganz so energisch. Ob ich unter diesen Umständen einen von ihnen überhaupt noch einmal wiedersehen würde, war die große Frage – und ich betete immer und immer wieder darum.

Was Hamburg anging, so erfuhr man, dass Himmler geheime Waffenstillstandsverhandlungen geführt hatte, wovon auch die Zukunft der Hansestadt betroffen gewesen wäre. Daraufhin war er seiner Ämter enthoben worden.

Die Universitätsstadt Tübingen, Krischans Studienstadt, war inzwischen von den Franzosen eingenommen worden, und wenig später erhielt ich die Nachricht, dass dies auch mit dem Bodensee geschehen sei. In welcher Gefahr nun

Bäberlein mit ihrer Familie schwebte, wollte ich mir gar nicht auszumalen! Um mich abzulenken, half ich meiner Mutter, unser Haus gründlich zu entrümpeln. Beim Aufräumen im Keller stieß ich dabei auf eine mittelgroße Kiste, die mit meinem Namen beschriftet war. Neben anderen Erinnerungsstücken – wie meinem ersten Gedichtband, den ich zusammen mit Bäberlein verfasst hatte, und Sönkes Mappe mit wunderschönen Zeichnungen, die er mir zu meinem Geburtstag geschenkt hatte – fand ich darin das alte Gästebuch von meiner *Akropolis*! So hatte ich damals den Schuppen in unserem Garten getauft, nachdem ich ihn mir als kleines, gemütliches Reich eingerichtet hatte. Dort hatte ich mit meinen Freundinnen Club-Sitzungen abgehalten, unter Ausschluss neugieriger Eltern legendäre Mitternachts-Teepartys gefeiert und im Sommer sogar geschlafen. Im Gästebuch also fand ich folgenden Spruch, den Gesa Meier mir damals hineingeschrieben hatte:

„Wenn Kummer, Not Dich quälen,
Sollt´s Dir an Gleichmut fehlen,
Find´st Ruhe Du gewiss
Hier in Akropolis!“

Plötzlich war eine neue Sehnsucht geboren: Ich wollte meine alte *Akropolis* wieder zum Leben erwecken, sie als mein Refugium einrichten, um dort genau die Ruhe zu finden, die mir Gesa schon vor zehn Jahren prophezeit hatte.

Bei himmlischem Wetter machte ich mich also an die Arbeit, befreite die alte Hütte von allerlei Gerümpel und staunte, dass die alte Tapete von damals tatsächlich noch hing. Nachdem ich die Hütte gegen Ungeziefer ausgeräuchert hatte, konnte ich tatsächlich wieder einziehen. Wie schön es doch war, einen privaten Rückzugsort zu haben und dort meinen Gedanken nachhängen zu können, ohne mich für irgendetwas rechtfertigen zu müssen. Zwar war nicht viel Platz in der kleinen Hütte, und das Radio durfte ich auch nicht mit hineinnehmen. Aber genug Raum, um es mir auf dem Matratzenlager bequem zu machen, gab es schon.

Am 28. April 1945 überschlugen sich die Nachrichten. Teils waren es Gerüchte, teils stammten die Neuigkeiten vom Englandsender, teils vom Deutschlandsender und wieder andere von Frau Götting:

„Gerüchte: Hamburg soll zur Offenen Stadt erklärt werden.
Goebbels soll verschwunden sein – Volkswut in Flensburg!
Oberbürgermeister Fichler/München hat sich erschossen.
Seydlitz mit den Russen in Deutschland. Göring soll versuchen, nach Schweden zu kommen.
Englandsender: Unruhen in München. Seit heute Tätigkeit eines bayerischen Freiheitssenders, der zum Arbeiten gegen die Nazis, zur Ruhe und Kapitulation auffordert. Führer: Ritter v. Epp.
Giesler dagegen sagt, der Aufruhr wäre bald niedergeschlagen.“

Also gab es in jedem Fall einen Aufruhr. Und offensichtlich wehrten sich die Bayern gegen die Parole, München bis zum letzten Stein zu verteidigen: Wie gut! Weiter lauteten die Meldungen:

„Panzerspitzen am Rande der Stadt, andere Verbände 40 km westlich der Stadt.

Hitler in Berlin; mit dem Fall Berlins soll die Geschichte aus sein. Generalleutnant Dietmar gefangen, sagt Obiges über Hitler. Deutschlandsender: Goebbels ist gefallen."

Wie ich erst später erfuhr, war dies seine letzte Propaganda-Lüge; tatsächlich nämlich hatte er sich und seine Familie mit Zyankali vergiftet.

Nun hatte ich also eine Ahnung von der aktuellen politischen Lage, es schien wirklich alles dem Ende entgegen zu gehen. Jedoch fehlten mir weiterhin die so sehnsüchtig erwarteten Informationen, wie es ganz konkret um meine Lieben in Solln stand. Ich war wie von Sinnen über diese Ungewissheit. „Lieber Gott, lass doch alles gut gehen für Gerhard und alle meine Münchner! Wäre ich doch nur bei ihnen geblieben!"

Aber ich wusste natürlich ebenso gut, dass es jetzt das einzig Richtige war, hier bei Vater und Mutter zu sein: Wir konnten ja immer noch nicht absehen, wie sich das Blatt für die deutsche Minderheit in Nordschleswig wenden würde. Derzeit jedenfalls spielten sich in Dänemark die deutschen Besatzer noch furchtbar auf und beschlagnahmten dänische Fahrzeuge und auch die Häuser deutscher Staatsangehöriger, wenn sie von Dänen bewohnt waren. Es war wirklich armselig!

Am 29. April 1945 hatte ich dieses ganz starke, innerliche Gefühl: „Nun ist es passiert!" Ich konnte zwar nicht sagen, was genau damit gemeint war, aber mir war klar, dass es mit München zu tun hatte. Und tatsächlich gab es abends eine Sondermeldung, dass die Amerikaner in München einmarschiert waren. Zum Glück stießen die US-Truppen bei der Einnahme der Stadt nur auf schwachen Widerstand, und innerhalb von nur 36 Stunden war München bis zur

Isar „gesäubert“; nur Bogenhausen musste noch „befreit“ werden. Natürlich drang nun überhaupt keine private Nachricht mehr nach draußen, und meine Gedanken schlugen Kapriolen: ob sie alle noch lebten? Ob Gerhard vielleicht sogar als Kriegsgefangener festgesetzt worden war? Nicht auszuhalten, diese Vorstellung!

Am 2. Mai 1945 erreichte uns die erlösende Nachricht, dass Adolf Hitler gestorben sei. Doch wer gedacht hatte, dass all der Wahnsinn nun ein Ende hätte, irrte sich gewaltig! Denn zum einen konnte man Hitlers Leiche nicht finden und musste befürchten, dass er sich vielleicht ins Ausland abgesetzt hatte. Zum anderen hatte der *Führer* noch kurz vor seinem Verschwinden Großadmiral Dönitz zu seinem Nachfolger ernannt. Dieser hatte nicht weit von uns entfernt, nämlich in der Marineschule Mürwick bei Flensburg, Stellung bezogen und gab die unmissverständliche Parole aus: „Der Krieg geht weiter!“ Dabei musste doch jedem klar sein, dass nichts mehr zu gewinnen war.

Bis dahin aber gestaltete sich die gesamte Lage für uns im hohen Norden noch unübersichtlicher: Auf die Förde und die hier stationierten Schiffe wurde ein massiver Luftangriff geflogen, und sogar in Kollund, unserem idyllischen Dorf, schlugen vier Bomben ein. Alle Erinnerungen an Krieg und Vernichtung, an bange Stunden im Luftschutzkeller und die tiefe Angst vor den Folgen der Luftschläge waren wieder gegenwärtig. Scheußlich war das, einfach nur scheußlich!

Am nächsten Morgen dann verkündeten die Nachrichtensender, Berlin sei gefallen, die letzten Verteidiger des Deutschen Reiches hätten kapituliert. Und auch die Streitkräfte in Italien und Westösterreich hätten sich den Alliierten ergeben.

Auf oberster Ebene, so hatte es den Anschein, war der Krieg nun also für beendet erklärt worden. Doch was bedeutete das für uns, die Zivilbevölkerung? Würde es eine Ordnung geben, die das Zusammenleben wieder in geregelte Bahnen lenkte, oder mussten wir mit Anarchie, Lynchjustiz und Plünderungen rechnen? Erstmals wurde mir nun die Aufgabe deutlich, für die ich rechtzeitig vor Kriegsende zu meinen Eltern zurückgekehrt war: Ich musste sie möglichst unbeschadet durch diese Zeit des Chaos bringen!

In den großen norddeutschen Städten Kiel, Flensburg und Hamburg, für die der Status der „offenen Stadt" in Aussicht stand, herrschte noch keine Klarheit über die Zukunft. Also wussten wir auch nicht, wie es mit Traute in Hamburg weitergehen würde. Die Nachrichtenlage änderte sich ständig: Während Kampfkommandant Wolz mit den Briten über eine kampflose Übergabe der Hansestadt verhandelte, vertrat Admiral Dönitz als oberster Feldherr die kompromisslose Linie der „Verteidigung bis zum letzten Mann". Anfang Mai hieß es dann, britische Truppen würden vom Süden her Hamburg einnehmen. Doch erst am 3. Mai 1945 war klar, dass die Realisten gewonnen hatten: Hamburg hatte kapituliert.

Der 5. Mai war dann ein besonderer Tag für Kiel und Flensburg, denn auch sie wurden nun zur „offenen Stadt" erklärt. Laut Kriegsrecht bedeutete dies, dass sie nicht mehr verteidigt wurden und daher vom Feind nicht mehr angegriffen werden durften. Gerüchte besagten zudem, dass die deutschen Truppen in ganz Nordwestdeutschland, Holland und Dänemark bedingungslos kapituliert hätten. Gut, dass der Krieg endlich zu einem Ende kam!

Für Traute hatte sich also alles überraschend zum Besseren gewendet. Was aber nun aus uns hier hinter der Grenze werden würde, wusste niemand. Das änderte sich allerdings innerhalb der nächsten 24 Stunden!

Denn schon am nächsten Morgen um acht Uhr galt auch Dänemark als „befreit“, die deutsche Besatzung zog sich zurück. Kollund verwandelte sich in ein Flaggenmeer, allseits herrschte große Freude und viel Trubel, alle wollten den Einzug der Engländer miterleben. Um zwölf Uhr sprach Christian X., der König von Dänemark, im Radio, und alle Gendarmen und Polizisten erschienen zu diesem Anlass wieder in ihrer dänischen Uniform. Das völlig wertlose, in Berlin gedruckte dänische Geld wurde achtlos weggeworfen und häufte sich am Straßenrand. An der Grenze wimmelte es von bewaffneten dänischen Patrioten, die fliehende Verräter aufhalten wollten: Bisher wurden die dänischen Widerstandskämpfer von den Deutschen verhaftet, jetzt war es umgekehrt. In Troiburg und Grausehjem wiederum kam es zu Schießereien zwischen Patrioten und Marineleuten – kurzum, es herrschte ein großes Durcheinander!

Am 8. Mai 1945 kapitulierte Deutschland bedingungslos vor allen drei Westmächten und dem sowjetischen Oberkommando.

Die deutschen Soldaten zogen ab: Sie wurden schon in Dänemark entwaffnet, außerdem nahm man ihnen sämtliche Fahrzeuge ab, sodass sie zu Fuß nach Lübeck weitermarschieren mussten. Das war das gute Recht der Dänen, denn fast alle Fahrzeuge waren ja zuvor umgekehrt von der deutschen Wehrmacht beschlagnahmt worden.

Innerhalb der deutschen Minderheit wiederum waren ganz wundersame Sinneswandlungen zu beobachten: Nationalsozialistische Volksgenossen wollten jetzt wieder gute Dänen sein, meldeten sogar ihre Kinder in der dänischen Schule an und sprachen plötzlich vorwiegend dänisch. Ja, sogar die „nicht nationalsozialistischen Sönnichsens“ waren bei diesen Leuten unversehens wieder hoch angesehen.

Der uns wohlbekannte Kontorbesitzer Ove Filskov, der aus dem Internierungslager Fröslev freikam, rief als erstes in seinem Geschäft an, man solle ihm Filme schicken, damit er Fotos vom Lager machen könne. Seine Berichte über das Lagerleben hörten sich ebenso aufschlussreich wie bewegend an: Offensichtlich hatte man von dänischer Seite her dem Bau dieses Lagers nur zugestimmt, um die Deportation dänischer Staatsbürger in deutsche Konzentrationslager zu verhindern. Die Verwaltung hatte durchgehend in den Händen von dänischem Personal gelegen, und die etwa 1.600 Gefangenen – zumeist Kommunisten oder Widerstandskämpfer – hatten das gleiche Essen bekommen wie das Wachpersonal. Auch die Versorgung mit Arzneimitteln hatte man gewährleistet, sodass es den Häftlingen hier noch recht gut ergangen war.

Vieles wandelte sich jetzt zum Besseren. Der Umstand aber, dass nun die Grenze nach Deutschland sogar für arbeitswillige Dänen wie mich abgeriegelt wurde, war sehr misslich. Denn dadurch war für mich der Weg verbaut, auf die Schnelle wieder in Flensburg beim Musikhaus Becker anzufangen. Zu gern nämlich hätte ich nun doch das Stellenangebot meines ehemaligen Chefs angenommen, auch wenn es mir bei unserem Wiedersehen Ende März noch keine Antwort wert gewesen war. Die Zeiten änderten sich.

Meine Familie war inzwischen finanziell sehr klamm, was zunehmend auf die Stimmung drückte. Außerdem scheiterten alle meiner Versuche, Kontakt zu den wenigen vor Ort gebliebenen Gleichaltrigen aufzubauen, kläglich. Krischan war zwar im schleswig-holsteinischen Sörup untergekommen; und auch Dita Frese, meine Freundin aus Estland, hatte es nach einer langen Irrfahrt bis zu ihren Verwandten in Glücksburg geschafft. Beide waren also ganz in meiner Nähe – aber leider jenseits der Grenze! Zum Glück machte ich wenigstens Bekanntschaft mit Lütti Nielsen, die offensichtlich einzige ungebundene gleichaltrige junge Frau weit und breit. Sie war sehr nett und lauerte ebenso wie ich auf die nächste Gelegenheit, um wieder nach Deutschland zu kommen – mit gültiger Arbeitserlaubnis, versteht sich. Denn mit dem Rad war sie schon öfter bei Krusau über die Grenze geradelt und hatte sogar Krischan eine Nachricht von mir überbracht. Mir war das aber zu heiß, und so blieb es vorerst bei Radtouren mit Lütti in dänischen Gefilden.

Ein Schicksal aber begleitete mich weiterhin: Ich hatte noch immer kein Lebenszeichen von meinen Lieben aus München. Und ich hatte nach wie vor sehr viel Zeit, um mir Gedanken zu machen. Mein unbeschwertes Leben war vorüber.

Zwei Monate nach Kriegsende, am 8. Juli 1945, erreichte mich endlich ein Brief aus München, der den Umweg über Kopenhagen genommen hatte: Meine Münchner Kollegin Fräulein Türck hatte mir geschrieben. Ihre Berichte waren erschütternd: München war schwer verwüstet, das Geschäft stand zwar noch, war aber auf unabsehbare Zeit geschlossen. Unser Chef, Herr Horn, war am 8. Mai gestorben – wohl an Tuberkulose. Türcks wiederum waren in einem Notzimmer untergekommen, nachdem ihre Wohnung geplündert und verwüstet worden war. Die Lebensmittelversorgung in

München war schlecht; düstere Aussichten also. Das einzig Mutmachende dieses Briefes aber war auf seinem Umschlag zu lesen: Gerhard hatte einen kurzen Gruß neben die Adresse geschrieben, und so wusste ich wenigstens, dass er lebte und offensichtlich nicht gefangengenommen worden war.

Den ersten wirklich frohen Tag aber erlebte ich am 25. Juli 1945, denn da kam der lang ersehnte Brief von Gerhard! Sie waren gesund, wohlauf und alle beisammen! Während Gerhard drei neue Schüler hatte, war Mutti den ganzen Tag damit beschäftigt, um Nahrung für die Familie zu organisieren. Ansonsten, so Gerhard, bestünde die Hoffnung, dass ab dem Herbst die Akademie wiedereröffnet würde und bald auch wieder Konzerte und Opernaufführungen stattfinden könnten.

Was für wunderbare Aussichten! Plötzlich war ich davon überzeugt, dass es doch einen sehr gnädigen Gott geben müsse, der alles wieder gut werden ließ. Und mein einziges großes Lebensziel hieß: Auf nach München!

Schlagartig war meine Lebensenergie wieder da! Mit Feuereifer überlegte ich, wie ich es nur anstellen könnte, schnellstmöglich wieder gen Süden zu kommen. Selbstverständlich hatte ich zu Nazi-Zeiten im Deutschen Reich gearbeitet. Aber das konnte doch nicht automatisch bedeuten, dass ich Nazi-Sympathisantin war! Laut Pass war ich schließlich Dänin. Und der Umstand, dass Vater wegen „volksfeindlichen Verhaltens“ ausgewiesen worden war, sprach doch auch für die „richtige“ politische Gesinnung innerhalb unserer Familie. Ich war jedenfalls sehr zuversichtlich, dass man beim *SHAEF* – dem obersten Hauptquartier der westlichen Alliierten – mein Ersuchen positiv bescheiden würde und mich einreisen ließe. Endlich spürte ich wieder die Kraft, für mich und meine Zukunft zu kämpfen. Egal wie lange es dauern würde und wie viele Hindernisse es zu überwinden gab: Ich würde mein Ziel erreichen. Ganz bestimmt!

In diesen Tagen der neuen Hoffnung stieß ich durch Zufall auch auf einen weisen Spruch Friedrich Hebbels. Er lautete:

„Stelle fest, was deine innerste Bedingung ausmacht, und halte daran fest."

Dieser eine Gedanke machte mich frei von äußeren Umständen, von Erwartungen anderer, von moralischen Zwängen. Und er verdeutlichte mir, wie wichtig es war, auf das eigene Herz zu hören statt auf den Verstand.

Für meine gesamte nächste Lebensphase sollte er mein Wahlspruch und persönlicher Leitsatz bleiben.

Epilog

Ich hatte also meine innerste Lebensbedingung gefunden. Doch das Leben wäre zu einfach, wenn sich damit alles wie von allein zum Besseren gewendet hätte. Wir lebten schließlich in der Nachkriegsphase, und dies bedeutete nicht etwa Vereinfachung von Verwaltungsabläufen, sondern zusätzliche Erschwernisse …

Schon einen Tag, nachdem ich beim Supreme Headquarters Allied Expeditionary Forces, kurz *SHAEF*, mein Einreisegesuch nach Deutschland gestellt hatte, kam die Ablehnung, in einem kurzen, unfreundlichen Satz. Zwangsweise also nahm mein Leben nun doch wieder eine ganz andere Wendung, als ich es mir ausgemalt hatte. Das war nicht eben leicht. Doch persönliche Entwicklung scheint immer dann besonders intensiv zu sein, wenn sie von Widerstand und Schmerz begleitet ist.

Mir blieb also vorerst nur der Trost, über intensive Briefkontakte mit Familie Hüsch und auch Yrjö Kilpinen in Verbindung zu bleiben. Während ich Yrjö aber bereits im Sommer 1948 während einer Finnlandreise wiedertraf und er mich seither mindestens einmal im Jahr in Kopenhagen besuchte, sah ich Gerhard erst im August 1949 wieder.

Es war auf unserer Sehnsuchtsinsel Sylt. In seinen letzten Briefen hatte er dringend um dieses Treffen gebeten und dabei Andeutungen von großen Veränderungen gemacht.

Und tatsächlich bestätigten sich meine schlimmsten Befürchtungen: Er hatte sich von Lisa getrennt und beabsichtigte nun, seine Schülerin Marie-Luise Klein zu ehelichen. Welche Ironie: In Kampen waren sie schon als Ehepaar Hüsch eingebucht! Die neue Frau an Gerhards Seite stammte aus Lothringen, war also französischer Staatsangehörigkeit, katholisch und noch sechs Jahre jünger als ich! Was für eine Tragödie, vor allem für die Familie, die ohnehin schon schwer unter der Währungsreform zu leiden hatte! Nun also würden die Kinder als Scheidungskinder aufwachsen und Gerhard vorerst in einem möblierten Zimmer wohnen. Doch galt mein Mitgefühl vor allem Lisa Hüsch: Trotz aller Seitensprünge ihres Mannes hatte sie immer zu Gerhard gestanden, wohl vor allem der Familie zuliebe. Nun aber würde sie in ihrer wichtigsten Lebensaufgabe scheitern, die Vergangenheit war zerstört, eine gemeinsame Zukunft ausgeschlossen.

Doch auch ich sah mich als Verliererin: Marie-Luise hatte den Mut gehabt, zu ihren Gefühlen zu stehen, sie hatte die innere Kraft und das Selbstbewusstsein gehabt, für ihre Ziele zu kämpfen und den Traum vom Lebensglück mit Gerhard wahrwerden zu lassen. Anders als ich hatte sie in dieser Entscheidung das Herz über den Verstand und auch über das allgemeine Moralempfinden gestellt. Schmerzlich prallten in mir gegensätzliche Grundüberzeugungen aufeinander. Ich würde für mich wohl eine neue Balance zwischen Herz und Verstand, zwischen Moral und innerer Freiheit finden müssen, um in Zukunft ein glückliches, selbstbestimmtes und im besten Sinne gewissenhaftes Leben zu führen.

Mit Gerhard blieb ich weiter in losem Kontakt, zumal er mich eindringlich darum gebeten hatte. Die Verbindung zu Lisa Hüsch und ihren Kindern jedoch intensivierte sich nach diesem Schicksalsschlag. Bis zu Gerhards Tod im November 1984 hielt ich den Kontakt zu Familie Hüsch aufrecht.

Mit Gerhards zweiter Ehe also schloss sich für mich ein sehr emotionales Lebenskapitel zwischen Sehnsucht, unerfülltem Verlangen und Verzicht. Dennoch war ich nach der ersten tiefen Enttäuschung wie befreit von einer schweren Bürde.

Vieles an meiner neuen, zufriedeneren Grundhaltung verdankte ich Inga Junghanns, einer guten Freundin meiner Mutter. Als Kennerin der dänischen Kulturszene fing sie mich in meiner Krise auf, holte mich nach Kopenhagen und gewährte mir einmalige Einblicke in ihre Brieffreundschaft mit dem berühmten Literaten Rainer Maria Rilke. Mit ihr öffnete sich ein neues Lebenskapitel für mich, und meine innere Freiheit nahm deutlich zu.

Doch ein Lebensziel war noch immer nicht erreicht und drängte sich bald wieder in mein Bewusstsein: Es war der sehnliche Wunsch, möglichst bald meinem „Mann fürs Leben“ zu begegnen und endlich glücklich zu werden!